公務員試験

【高卒程度・社会人】

初級スーパー過去問ゼミ

適性試験

国家一般職［高卒・社会人］

高卒程度 都道府県職員

高卒程度 市役所職員

高卒程度 警察官

高卒程度 消防官

資格試験研究会編

実務教育出版

初級スーパー過去問ゼミ

刊行に当たって

過去問対策の定番として公務員試験受験生から圧倒的な信頼を寄せられている「初級スーパー過去問ゼミ」シリーズ。今回，平成30年度以降の問題を新たに収録し，最新の出題傾向に沿った内容に見直しを図るとともに，紙面デザインなども一新してよりわかりやすく，学習しやすく進化しました。

本シリーズは，高等学校卒業程度（初級）の公務員試験攻略のための，過去問ベスト・セレクションです。**「国家一般職［高卒］および［社会人］」「税務職員」「高卒程度都道府県職員」「高卒程度市役所職員」**試験を中心に，**「高卒程度警察官」「高卒程度消防官（消防士）」**試験などで実際に出題された過去問を使用して作られています。

採用試験の制度が変わっても，「公務員試験を攻略するためには，過去問演習が欠かせない」というセオリーは変わりません。

良質な過去問で演習を繰り返すことで，合格への道はおのずと開けてきます。本シリーズでの学習を通して，どんな出題形式にも対応できる実力を身につけてください。

本書を手に取られたあなたが，新時代の公務を担う一員となれるよう，われわれスタッフ一同も応援します！

資格試験研究会

本書の構成と使い方

本書で取り扱う試験の名称表記について

❶ **国家一般職／税務，国家Ⅲ種**…国家公務員採用一般職試験［高卒者試験］［社会人試験（係員級）］，税務職員採用試験，国家公務員採用Ⅲ種試験

❷ **社会人，中途採用者**…国家公務員採用一般職試験［社会人試験（係員級）］，国家公務員中途採用者選考試験

❸ **地方初級**…地方公務員採用初級試験（県・政令指定都市）

❹ **市役所**…市役所職員採用初級試験（政令指定都市を除く）

掲載した問題の末尾に試験名の略称と出題された年度を記載しています。

※注1　平成26年度から，国家一般職の「高卒者試験」と「社会人試験（係員級）」の問題は全問共通となっています。

※注2　平成23年度までは，国家Ⅲ種の中に「行政事務」と「税務」区分があり，問題は全問共通でした。平成24年度以降も，国家一般職と税務の問題は全問共通となっています。

本書に収録されている「過去問」について

試験実施団体により問題が公表されている試験については，公表された問題を掲載しています（平成9年度以降の国家一般職・国家Ⅲ種，平成19年度以降の社会人・中途採用者）。それ以外の問題は，過去の公務員試験において実際に出題された問題を，受験生から得た情報をもとに実務教育出版が独自に編集し，復元したものです。

本書の構成

近年の問題を選んで，学習しやすく構成しました。どのページを開いても「よく出る問題」「重要なポイント」がぎっしり詰まっています。

適性試験の概要

公務員試験における適性試験とはどのような試験なのか，その特徴，内容，形式，採点方法，勉強法など基礎的な知識について，詳しく解説しています。

❶ 入門編

適性試験の問題を，計算，分類，照合，置換，図形把握，複合問題の6つの形式に分けて，典型的な問題を紹介しながら詳しく解説しています。

基本問題	6つの形式を理解するために，形式の説明の後に基本的な問題を「基本問題」として掲載しています。まずはしっかりと基礎を身につけましょう。
実戦問題	過去に実際に出題された問題を中心に「実戦問題」として掲載しています。似た問題が出題されている場合は「類題」として試験名と出題年度を表示しています。
解法のカギ	問題を正確に素早く解くための着眼点や，考え方のアドバイス，解法のポイント，解き方のコツなどを紹介しています。
チャレンジ！	実戦問題と同じ形式の問題を10問解いて，試験の感触をつかんでください。最初は時間を気にせずに解いてみて，2度目からは，示されている解答時間内に全問答えられるように練習してみましょう。

❷ 過去問題編

出題傾向と対策

平成20・23～令和2年度の適性試験問題を分析して，試験別に問題の傾向と効果的な対策・学習方法についてアドバイスしています。

問題1～16

国家一般職・国家Ⅲ種（中途採用者を含む）10回，地方初級3回，市役所3回，計16回分の過去問を掲載しています。試験ごとに年度別に並んでいます。

練習問題	試験問題の1回分は，3つの検査形式で構成されていますが，それぞれの形式がどういうものかをここで説明しています。わかりにくい問題や間違えやすい問題もありますので，実際に例題を解いてみて，本問を始める前にしっかりとやり方を理解しておきましょう。なお，市役所は地方初級と同じ形式の問題がよく出題されます。また国家一般職でも最近，過去に出題された問題と同じ形式の問題が出題されることがあります。**同じものが出題されている場合は，練習問題のところに【国家一般職／税務・平成○年度】，〈類題：地方初級・平成○年度〉等といった注**を入れてあります。
正　答	正答とともに，目安となる合格ラインを示しています。試験結果を自己採点する際に使用する記入欄がありますので，実力の確認に役立ててください。
解　説	全体の講評と3つの検査形式ごとの分析，解き方・考え方のアドバイスを掲載しています。スピードアップを図って，全問解答をめざしましょう。

CONTENTS

公務員試験【高卒程度・社会人】
初級スーパー過去問ゼミ
適性試験

【初級スーパー過去問ゼミ】刊行に当たって …… 1
本書の構成と使い方 …… 2
適性試験の概要 …… 6

第1章 入門編 …… 11

テーマ 1 計算 …… 12
テーマ 2 分類 …… 18
テーマ 3 照合 …… 26
テーマ 4 置換 …… 34
テーマ 5 図形把握 …… 42
テーマ 6 複合問題 …… 50

第2章 過去問題編 ………… 59

出題傾向と対策 ………… 60

問題1 国家Ⅲ種【平成20年度】 ………… 64

問題2 国家Ⅲ種【平成23年度】 ………… 76

問題3 国家一般職／税務【平成24年度】 ………… 92

問題4 国家一般職／税務【平成26年度】 ………… 104

問題5 国家一般職／税務【平成27年度】 ………… 116

問題6 国家一般職／税務【平成28年度】 ………… 128

問題7 国家一般職／税務【平成29年度】 ………… 140

問題8 国家一般職／税務【平成30年度】 ………… 152

問題9 国家一般職／税務【令和元年度】 ………… 164

問題10 国家一般職／税務【令和2年度】 ………… 176

問題11 地方初級【平成15年度】 ………… 188

問題12 地方初級【平成22年度】 ………… 200

問題13 地方初級【平成25年度】 ………… 212

問題14 市役所【平成23年度】 ………… 224

問題15 市役所【平成26年度】 ………… 240

問題16 市役所【令和元年度】 ………… 256

解答用紙 ………… 269

カバーデザイン／cycledesign　書名ロゴ／早瀬芳文　イラスト／アキワシンヤ

適性試験の概要

適性試験とは

公務員試験の適性試験（事務適性）は，公務員となって事務の仕事を行うのに必要な能力，つまり文書の記入や清書，照合，転記，データの集計，分類，整理といった作業を，素早く，正確にこなすことができるかどうかを判断するために行われる試験である。国家一般職をはじめとして，多くの公務員試験の第一次試験で教養試験とともに行われる。

第一次試験では，教養試験（基礎能力試験）と適性試験の両者の総合得点で合否が決められるので，教養試験同様，その対策は万全にしておきたい（なお，募集要項で適性試験と書かれていても，クレペリン検査やY-G検査などの性格検査が課されているところもあるので，はっきりしない場合は各自で確認すること。ここでは，「事務適性」とも呼ばれる検査を対象にしており，性格検査は含まない）。

試験構成と6つの形式

適性試験は基本的に五肢択一式で，解答にはマークシートを使用するのが主流である。ほとんどの試験が120題を15分で解く（市役所試験は100題を10分）。速さと正確性が要求される試験である。

その問題は，大きく次の6つの形式に分けられる。

①計　　算……簡単な四則演算（＋，－，×，÷）
②分　　類……文字や数字を手引に従って分類する
③照　　合……文字や数字を照らし合わせる
④置　　換……数字や文字，記号などをほかの文字，数字などに置き換える
⑤図形把握……同じ形の図形や異なる形の図形を探す
⑥複合問題……以上5つの形式のうち，いくつかを組み合わせた複雑な問題

計算，分類，照合，置換，図形把握と大ざっぱに分けているが，最近の試験では，文字を数字に置き換えてから計算する置換を含んだ計算問題や，置き換えた文字を手引に従って分類する問題など，2つ以上の形式を組み合わせた問題がよく出ており，単純に1つの形式に分けられなくなっている。

そこで，本書では，2つの形式を組み合わせた複合形式の問題は，そのどちらか特色の強い形式として説明している。そして，2つ以上の形式を織り交ぜ，さらに作業量も多く，特に複雑な問題を「複合問題」として取り上げている。

出題方法はスパイラル方式

前記の6つの形式の中から，3つの形式が10題ずつ交互に出題され（スパイラル方式），それが4回繰り返し出題され，合計で120題となる。市役所の場合は，3つの形式が10題，10題，5題ずつ4回繰り返して，合計で100題となる。3つの形式をA，B，Cとすると次のようになる。

120題の場合

No. 1〜No.10A形式	No.31〜No.40A形式	No.61〜No.70A形式	No. 91〜No.100A形式
No.11〜No.20B形式	No.41〜No.50B形式	No.71〜No.80B形式	No.101〜No.110B形式
No.21〜No.30C形式	No.51〜No.60C形式	No.81〜No.90C形式	No.111〜No.120C形式

100題の場合

No. 1〜No.10A形式	No.26〜No.35A形式	No.51〜No.60A形式	No.76〜No. 85A形式
No.11〜No.20B形式	No.36〜No.45B形式	No.61〜No.70B形式	No.86〜No. 95B形式
No.21〜No.25C形式	No.46〜No.50C形式	No.71〜No.75C形式	No.96〜No.100C形式

教養試験などは，「得意な問題から解いていこう」ということができるが，適性試験の場合，B形式が得意だからといって，その形式の問題だけを先に解いていくとか，簡単なものだけを解いていくという方法は決してとってはならない。あくまでも**問題の順番どおりに，1問ずつ正確に解答していかなければならない**。なぜか？——それは適性試験の採点に「減点法」がとられているからである。

採点方法は「減点法」

適性試験に特徴的な採点方法で，次のように計算される。

減点法　| 正答数 − 誤答数 ＝ 得点 |

正答数とは，解答した最後の問題番号から，その間に誤答した数を差し引いたものである。

誤答数とは，答えを誤ったものはもちろんのこと，途中でとばした問題や，答えを2つ以上マークしたものも含まれる。

次の2人の例を参考にしてほしい。

☆Ｉ君は問題を順番どおりにNo.80まで解答し，その間7題間違え，うっかり８題とばしてしまった。

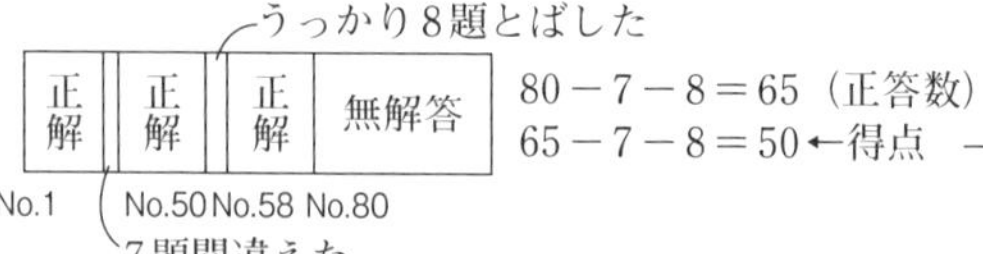

☆Ｋさんは問題を順番どおりにNo.70まで解答し，その後時間がないのでNo.71～No.110までとばして，得意なＣ形式の最後の10問を解答した。解答した問題はすべて正解だった。

Ｉ君，Ｋさん2人とも合計では80問解答したつもりでいる。Ｋさんのほうが解いた問題すべて正解だったので，得点は高くなりそうだが，減点法で採点されると点数は下がってしまう。No.70～No.110までとばしたことが致命傷となってしまったのだ。

解くスピードが速くても，誤りが多かったり，得意な形式ばかりを先に解いて，苦手な形式をとばしてしまっては高得点は望めない。あくまでも，問題の順番どおりに，形式が変わるたびに頭を切り替えながら，素早く正確に解くことが要求されるのが，適性試験なのだ。

適性試験を克服するには

基礎能力試験（教養試験），適性試験とも満点の30～40％程度が**基準点**（不合格にならない最低点）といわれる。人事院が発表した平成28年度国家一般職［高卒］試験の合格者の決定方法では，基準点は試験種目ごとに，**満点の30％**を基本に定めるとしている。つまり，教養試験がどんなによくても，適性試験で120点満点の場合，36点未満では合格の望みはないのだ。国家一般職，地方初級等の適性試験は，ここ数年，過去に比べてかなり易しい問題になっている。それだけに基準点も上がっているはずだ。合格するには7～8割以上の点数はとっておきたい。また，市役所試験は以前から，地方初級の過去問に酷似した問題が出題される傾向にあるが，国家一般職，地方初級にも近年，その傾向が見られる。どの試験も十数年分の過去問を解いて練習しておきたい。

適性試験は，スピードと正確さが要求される試験である。また，苦手な形式だからといってとばすこともできない。とにかく，あらゆる形式の問題に当たり，最初は時間がかかってもよいから，その形式をじっくり取り組んで理解し，自分なりの解法のコツをつかむことである。苦手な形式は進んで取り組む努力をしてほしい。問題の形式に慣れたら，次には時間を計りながら，スピードアップに努めていく。その際，解答には必ずマークシートを使うこと。時間内にきれいにマークシートに記入していくことも練習である。

さまざまな形式の問題に当たり，自分なりの解法のコツをつかんでいれば，実際の試験で少し変わった形式が出題されても冷静に対応していけるものだ。試験日まで，毎日欠かさず練習し，そのセンスを磨いていってほしい。

本書では，まず，各形式ごとに基本的な問題を用いて，解法のポイントを紹介していく。次に，各形式の頻出問題を中心に，その攻略法を紹介していく。そこでは，**「チャレンジ！」**として練習用の問題を10問ずつ載せているので，攻略法を参考にして，自分なりのコツをつかみながら試していってほしい。解答時間も載せたが，あくまで1つの目安にすぎない。最初は時間を気にせず，自分なりに考えながら解いていくとよいだろう。

最後に，国家一般職・国家Ⅲ種（中途採用者含む）（10回分），地方初級（3回分），市役所（3回分）の過去問を載せている。実際の試験を想定して解いてみるとよい。ここ数年は，どの試験も同じくらいのレベルの問題で構成されている。自分の受ける試験の問題だけでなく，すべての試験の問題を解いておくと，きっと役立つだろう。

本書を大いに活用し，適性試験を克服していってほしい。

第1章

入門編

テーマ 1　計算

テーマ 2　分類

テーマ 3　照合

テーマ 4　置換

テーマ 5　図形把握

テーマ 6　複合問題

テーマ1 計算

基本問題

　単純な加減乗除（＋，－，×，÷）計算から，何回も計算を行わないと正答が導き出せない複雑な問題まで，バラエティーに富んだ問題が出題される。2ケタの加減，九九など基本的な計算は，素早く，正確に行えるよう，日頃から練習しておきたい。

【問題1】　次の式を計算し，その結果の一の位の数を答えよ。

	正　答
15－9＋6＋4－7＋3	**2**
4＋5×2＋7	**1**
24÷(2＋4)－1	**3**

どの試験でも頻出の単純な四則計算。加減乗除記号の読み取りを間違えず，できるだけ暗算で処理する。また，

①乗除（×，÷）が先で，加減（＋，－）は後。

②（　　）で囲まれた部分は先に計算する。

といった四則計算の順序を間違えないこと。

〈例〉　4＋5×2＋7　の場合

4 ＋ 10 ＋ 7　←まずは乗除が先だから5×2を計算

←その後，4＋10＋7として計算

21　←答えは21だから，正答は**1**

※「計算は左から順番に……」などと思い込んでいる人，いませんよね……？

4＋5×2＋7

9 × 2

18 ＋ 7

25　←~~答えは25だから，正答は**5**~~

【問題2】 次の式が成り立つために□に当てはまる数を答えよ。

	正答
24÷□＋9＝17	3
4＋2×□＝12	4
□×6÷2＝15	5

空欄補充は□とまとまりを持たない部分を移項したり，先に計算することで，式を素早く単純化する。移項すると加↔減，乗↔除が変わることに要注意。

24÷□＋9＝17
24÷□＝17－9
24÷□＝8
□＝24÷8
□＝3

【問題3】 左側の式と同じ答えになる式を1～5から選んで答えよ。

	1	2	3	4	5	正答
4×6＋3	7＋1	3×7	51－24	18÷2	15＋14	3
21－15÷3	8－6	12÷2	6×3	9＋4	32÷2	5

数式が上下左右でいくつも並ぶので，その加減乗除の記号を見間違えないこと。左側の式の結果は暗記するとともに必ず明記する。選択肢**1**から順番に暗算で計算し，左側の結果と同じものがあったらマークし，次の問題に移る。同じような計算が続くので，つまらないミスをしないよう気をつけてほしい。

実戦問題

1 **この検査は与えられた数式を計算し，その結果の数値が1～5のどこに含まれるかを答えるものである。** **【地方初級・平成10年度】**

〈類題：国家Ⅲ種・平成18年度／地方初級・平成14，18年度〉

たとえば，**例題1**では，数式を計算すると，その結果は64となり，これは**1**の「45～76」に含まれるので，正答は**1**である。同様にして**例題2**では，結果は73となり，**2**の「70～83」に含まれるので，正答は**2**である。

		1	2	3	4	5	正答
例題1	3×(−4)＋15＋61	45～76	0～13	14～44	91～99	77～90	**1**
例題2	18＋7×18÷(−3)＋97	23～41	70～83	42～69	84～99	0～22	**2**

計算結果を分類する問題。各試験で頻出。左側の数式の計算を正確に行い，その計算結果は必ず明記すること。どんなに暗記力がある人でも，いくつも数字が並んでいると混乱しやすいものである。計算しながら走り書きでよいからメモするクセをつけてほしい。負の数を含んだ計算は，最近，どの試験でもよく出題されている。十分練習を積んでおきたい。

☆負の数の加減乗除計算。あなたは忘れていませんか？　確認しておきましょう！

○加法 〈例〉

$-A+B=B-A$ 　　$-4+2=2-4=-2$

$-A+(-B)=-A-B=-(A+B)$ 　　$-4+(-2)=-4-2=-(4+2)=-6$

○減法

$-A-B=-A-B=-(A+B)$ 　　$-4-2=-(4+2)=-6$

$-A-(-B)=-A+B=B-A$ 　　$-4-(-2)=-4+2=-2$

○乗法　同符号の2数の積→＋　異符号の2数の積→－

$-A\times B=-AB$ 　　$-4\times 2=-8$

$-A\times(-B)=AB$ 　　$-4\times(-2)=8$

○除法　同符号の2数の商→＋　異符号の2数の商→－

$-A\div B=-\frac{A}{B}$ 　　$-4\div 2=-\frac{4}{2}=-2$

$-A\div(-B)=\frac{A}{B}$ 　　$-4\div(-2)=\frac{4}{2}=2$

チャレンジ！（解答時間：1分20秒）

		1	2	3	4	5
No. 1	$25-48\div(-6)+15$	16〜36	54〜71	1〜15	37〜53	72〜94
No. 2	$9\times(-3)+7\times4+6$	1〜13	82〜99	34〜59	60〜81	14〜33
No. 3	$36\div(-6)\times3+34$	47〜68	1〜21	69〜83	22〜46	84〜98
No. 4	$71-9\times8\div(-3)-29$	74〜91	35〜50	1〜14	15〜34	51〜73
No. 5	$-8\times4\div(-2)+23$	56〜75	18〜36	76〜98	1〜17	37〜55
No. 6	$15+28\times(-3)\div4+31$	1〜16	34〜59	17〜33	60〜74	75〜91
No. 7	$-42\div(-3)+11-5\times(-4)$	33〜52	19〜32	70〜92	53〜69	1〜18
No. 8	$60\div(-4)\times3+6\times16$	78〜96	1〜15	39〜63	16〜38	64〜77
No. 9	$9\times8-7\times(-2)+7$	1〜18	79〜97	61〜78	42〜60	19〜41
No.10	$16\div(-2)\times5-12\times(-4)$	53〜74	18〜34	1〜17	75〜93	35〜52

正 答

No. 1 **4**	No. 2 **1**	No. 3 **2**	No. 4 **5**	No. 5 **5**
No. 6 **3**	No. 7 **1**	No. 8 **3**	No. 9 **2**	No.10 **3**

FOCUS

街でよく見かける数，数，数……。何げなく見ているだけではもったいない。足したり，引いたり，掛けてみたり……と頭の中で遊んでみては？　計算力がアップすること間違いなし！

瞬間に通りすぎる車のナンバーなんて，暗記力，瞬時の計算力（37－(引く)18＝19）アップに最高です。もちろん運転席では厳禁！　助手席に座って，遊んでみてください。

2 次の3つの数式を計算し，その答えの最も大きい数から最も小さい数を差し引いた値を答えよ。ただし，2つが同じ答えで1つだけ異なる場合，大きい数から小さい数を差し引くものとする。

〈類題：地方初級・平成13，19年度〉

たとえば，**例題3**では，数式をそれぞれ計算すると，答えは19，20，24となる。最も大きい数24から最も小さい数19を差し引くと，その差は5となるので，正答は**5**である。

				正　答
例題3	16＋9÷3	7×4－8	48÷2	**5**
例題4	40×1－4	32＋5	66－5×6	**1**

3つ以上の数式を計算し，その結果の大小を答える。いくつも同じような数式が上下，左右で並ぶので，その数字，加減乗除記号を読み間違えないように気をつけたい。3つの数式を計算しなければ答えが導き出せないので，それぞれの計算結果は必ず明記すること。また，この程度の計算は暗算で，素早く，正確に行えるよう，日頃から練習しておきたい。

チャレンジ！（解答時間：1分20秒）

No.11	5×6－2	42÷2＋5	7×4
No.12	12÷2×7	11×4	65－3×6
No.13	42÷2	2＋6×3	30÷2＋3
No.14	52－49÷7	16＋28	12×3＋9
No.15	6×8－9	18÷2×4	51－16
No.16	14＋37	61－4×3	7×8－5
No.17	33÷3＋7	14＋12÷4	45÷3
No.18	24×3－11	19×3	51＋16÷2
No.19	19＋24	33＋27÷3	6×8－1
No.20	15＋2×9	50－2×8	28＋6

正　答

No.11　**2**	No.12　**5**	No.13　**3**	No.14　**1**	No.15　**4**
No.16　**2**	No.17　**3**	No.18　**4**	No.19　**5**	No.20　**1**

3 与えられた4つの数を，（ ）があるものは（ ）内を優先したうえで，左側から順番に記号の向きに応じ，▷は左の数から右の数を引き，ただし，左の数より右の数が大きいときは左の数に右の数を加え，◁は右の数から左の数を引き，ただし，右の数より左の数が大きいときは右の数に左の数を加え，最後に得られる数の一の位の数を答えよ。ただし，1～5以外にはならない。

【地方初級・平成9年度】

たとえば，**例題5**では，左側から順番に，26▷32は左の26より右の32が大きいので，26＋32＝58，58◁80は80－58＝22，22◁19は右の19より左の22が大きいので，19＋22＝41となる。一の位は1なので，正答は**1**となる。

		正答
例題5	26▷32◁80◁19	**1**
例題6	53◁6▷(77▷41)	**3**

▷◁の記号を用いて，計算方法を指示した問題。こういった複雑そうな問題はとにかく焦らないことである。記号の指示について問題文の中で長々と説明しているので，それだけで「難しい⁉」と思いがちだが，うまく整理していくと実に単純な加減計算とわかるだろう。左右の数の大小によって加減が変わることは紛らわしいが，「(負の数にせずに) 引けなければ足す」と単純に考えれば，間違えることもない。記号を挟んだ左右の数値が大事になるので，順番に加減計算をしながら，わかった数値は必ず書き出していくこと。

チャレンジ！（解答時間：1分20秒）

No.21 41▷28◁52◁16
No.22 17◁72▷(67▷24)
No.23 26◁21◁64▷35
No.24 32▷(56◁81)◁30
No.25 59◁13▷48◁35
No.26 25▷(42▷11)◁60
No.27 44▷28◁(72▷31)
No.28 38◁(63◁19)◁27
No.29 74▷35◁27◁79
No.30 63◁14▷(32◁55)

正答

No.21 **5**	No.22 **2**	No.23 **2**	No.24 **3**	No.25 **1**
No.26 **4**	No.27 **5**	No.28 **1**	No.29 **3**	No.30 **4**

テーマ2 分類

基本問題

数字，文字，記号などを手引の指示に従って，素早く正確に分類する能力を試す検査である。最近は手引の内容が複雑になり，数字と文字，記号を組み合わせた問題がよく出題されている。

【問題1】 次の数字を手引に従って分類せよ。

（手引）

1	2	3	4	5
2138～2192	2382～2435	2217～2274	2109～2137	2436～2488
2275～2343	2014～2108	2489～2530	2344～2381	2193～2216

	正答
2345	**4**
2203	**5**
2172	**1**

4ケタの数字を分類する問題。最初の数字は手引も問題もすべて「2」で同じなので，その下の位の数から暗記して（「345（サンヨンゴ），203（ニマルサン），172（イチナナニ）」），手引を見ていくと分類しやすい。4ケタの数を暗記するより，3ケタの数を暗記するほうが簡単だろう。

数字の読み取りを間違えると，分類箇所が異なってしまうので，この数字の読み取りを素早く，正確に行えるよう工夫していってほしい。

【問題2】 次のひらがなと数字の組合せを手引に従って分類せよ。

（手引）

1	ひ～り	353～380	426～471
2	う～て	307～346	403～464
3	よ～ん	474～526	311～352
4	な～む	383～425	293～336
5	け～ぬ	469～513	347～382

	正答
へ－418	**4**
せ－379	**5**
ら－486	**3**

文字，数字の両方が含まれる欄を見つける。手引の中で，文字，数字が重複していることに要注意（たとえば，「へ」は**1**の欄「ひ～り」，**4**の欄「な～む」で重複。「418」は**2**の欄「403～464」，**4**の欄「383～425」で重複）。どちらか一方だけで分類すると，誤った欄に分類してしまうこともあるので，文字と数字の両方を確実にチェックすること。

簡単そうに見えて意外と難しいのが文字の分類。一文字提示されて，それがどこに含まれるかを，「なにぬねのはひ……」と何度も頭の中で繰り返しつぶやき，時間ばかりかかってしまうものである。文字の分類が出されたら，あらかじめ問題の隅に，五十音字，アルファベットを順番に羅列しておくと便利である。

実戦問題

1 手引の分類表に従って，与えられた文字と数字がどこに分類されるかを1～5の中から選んで答えよ。 〈類題：国家Ⅲ種・平成12年度〉

たとえば，**例題1**では，「O－692」は，手引の「く」に分類されるので，正答は**4**である。

（手引）

	725～768 649～682	603～647 769～811	812～853 683～724
A～J	お	い	け
R～Z	う	か	あ
K～Q	き	え	く

		1	2	3	4	5	正答
例題1	O－692	あ	え	け	く	き	**4**
例題2	I－741	き	あ	お	う	け	**3**

縦欄に文字，横欄に数字を明記し，両方が含まれるその交差する箇所を見つける問題。この手引は最近頻出なので，十分練習しておきたい。

まず，アルファベットを縦欄で決めたら，①その欄を必ず指で押さえ，②数字が含まれる欄を鉛筆で横にさしながら探していき，③指で押さえた縦欄と交差するところを確認し，④選択肢の同じひらがなに○印をつけ正答をマークする。

〈例〉

O－692

②鉛筆でさしながら数字の分類箇所を探していく	725～768 649～682	603～647 769～811	812～853 683～724
A～J	お	い	け
R～Z	う	か	あ
K～Q	き	え	く

①この欄を指で押さえておく

③指で押さえたところと交差するところを確認する

④「解答ズミ」とわかるように○印をつけておく

1	2	3	4	5
あ	え	け	(く)	き

チャレンジ！（解答時間：1分10秒）

（手引）

	725～768 649～682	603～647 769～811	812～853 683～724
A～J	お	い	け
R～Z	う	か	あ
K～Q	き	え	く

		1	2	3	4	5
No. 1	N－782	か	き	え	い	く
No. 2	C－638	い	か	け	え	お
No. 3	T－715	う	あ	く	か	け
No. 4	L－846	け	き	え	あ	く
No. 5	W－807	あ	か	い	う	え
No. 6	H－750	か	い	う	お	き
No. 7	P－664	き	く	え	う	お
No. 8	X－759	お	か	う	き	あ
No. 9	F－831	く	お	い	あ	け
No.10	U－618	い	え	き	か	う

正 答

No. 1 **3**　No. 2 **1**　No. 3 **2**　No. 4 **5**　No. 5 **2**
No. 6 **4**　No. 7 **1**　No. 8 **3**　No. 9 **5**　No.10 **4**

2 次に示された数字を手引に従って分類し，該当する手引の番号を答えよ。

〈類題：国家Ⅲ種・平成17年度〉

たとえば，**例題3**では，百の位が7，一の位が2であり，これは手引の**4**の欄に該当するので，正答は**4**である。

（手引）

1	2	3	4	5
百の位が9 一の位が2	百の位が7 一の位が5	百の位が4 一の位が8	百の位が2 一の位が8	百の位が1 一の位が9
百の位が4 一の位が7	百の位が3 一の位が6	百の位が7 一の位が9	百の位が0 一の位が5	百の位が3 一の位が7
百の位が6 一の位が2	百の位が8 一の位が1	百の位が5 一の位が6	百の位が7 一の位が2	百の位が6 一の位が3
百の位が7 一の位が0	百の位が4 一の位が5	百の位が0 一の位が4	百の位が8 一の位が3	百の位が5 一の位が1

		正　答
例題3	1752	**4**
例題4	2418	**3**

手引の文字が多くて，「難しそうな分類！」と尻込みしてしまいそうな問題である。しかし，手引の内容をよく吟味すれば，すべて百の位と一の位の数を羅列しているだけ。つまり，「百の位が」，「一の位が」の文字はすべて削除してもかまわない内容だということに気がついてほしい。各欄の上下の数字だけに注目すればよいのだ。

問題の数字も4ケタで「数字が多いのは苦手！」と思いがちだが，4ケタのうち百の位と一の位の数だけに注目すればよいのだ。1752は「7，2」，2418は「4，8」という具合に。これだけ問題をうまく整理すれば，いかに簡単な分類かがわかるだろう。どうしたらすっきりと素早く分類していけるか。いろいろな問題に当たり，自分なりのセンスを磨いていってほしい。

チャレンジ！（解答時間：40秒）

（手引）

1	2	3	4	5
百の位が9 一の位が2	百の位が7 一の位が5	百の位が4 一の位が8	百の位が2 一の位が8	百の位が1 一の位が9
百の位が4 一の位が7	百の位が3 一の位が6	百の位が7 一の位が9	百の位が0 一の位が5	百の位が3 一の位が7
百の位が6 一の位が2	百の位が8 一の位が1	百の位が5 一の位が6	百の位が7 一の位が2	百の位が6 一の位が3
百の位が7 一の位が0	百の位が4 一の位が5	百の位が0 一の位が4	百の位が8 一の位が3	百の位が5 一の位が1

No.11　4356
No.12　7521
No.13　2208
No.14　8169
No.15　5437
No.16　2094
No.17　6612
No.18　1347
No.19　3705
No.20　9863

正　答

No.11　**2**	No.12　**5**	No.13　**4**	No.14　**5**	No.15　**1**
No.16　**3**	No.17　**1**	No.18　**5**	No.19　**2**	No.20　**4**

3 **与えられたアルファベットの県名，湖沼名，面積，最大水深を資料のなかから探し，指定された項目を分類表に従って分類し（県名，湖沼名は五十音順），その欄の数字を答えよ。**

〈類題：国家Ⅲ種・平成15，18年度／国家一般職／税務・平成26，28年度〉

たとえば，**例題5**では，Aの県名「北海道」は「へ〜ん」に，面積「78」は「76〜150」に分類される。その交差する欄の数字は1なので，正答は**1**である。

（分類表）

		面　積 (km^2)	最大水深 (m)	面　積 (km^2)	最大水深 (m)	面　積 (km^2)	最大水深 (m)
		151〜	1〜150	1〜75	301〜450	76〜150	151〜300
県名 湖沼名	そ〜ふ	4		5		2	
	あ〜せ	3		1		5	
	へ〜ん	2		3		1	

［資料］

	県　名	湖　沼　名	面　積 (km^2)	最大水深 (m)
A	北海道	シ　コ　ツ　湖	78	360
B	栃　木	チュウゼンジ湖	12	163
C	福　島	イナワシロ湖	103	94
D	島　根	シ　ン　ジ　湖	79	6
E	北海道	ト　ウ　ヤ　湖	71	180

正　答

例題5　A　県名／面積　**1**

例題6　D　湖沼名／最大水深　**3**

分類表のなかがいくつもの項目に分かれていたり，各問ごとに分類項目が異なる問題が，ここ数年，国家一般職で頻出である。文字と数字の単純な分類と異なり，「分類するのは何か」を各問ごとに再認識していかなければならないので，意外と面倒くさい。

例題5で，「Aの県名」を資料から探し，「北海道」と認識したら「ほ」と書き出し，分類表で「ほ」が分類される縦欄の「へ〜ん」を指で押さえる。次に，「面積」なのか「最大水深」なのかを確実に認識し，「面積78」と暗唱しながら横欄の分類箇所をエンピツで押さえる。指で押さえた横欄と交差する箇所の数字を確認する。次の**例題6**は，Dの「湖沼名」と「最大水深」を分類する問題である。**例題5**の「県名」「面積」と混乱しないよう，頭を切り替えていく。

最初に問題と資料だけに注目し，分類する項目の五十音字，数字を

10問すべて書き出し，それから分類表で分類していくのも目の移動が少ない分すばやく処理できる。その際，書き出した数字が面積なのか最大水深なのかが混乱しやすい。どちらかを○印で囲むなど，自分なりに工夫するとよいだろう。

単純な文字，数字の分類よりも面倒くさいが，実践的でおもしろい問題だ。分類表の大きさ，資料の多さに圧倒されることなく，頭を柔軟にして楽しみながら解いていってほしい。

チャレンジ！（解答時間：2分20秒）

（分類表）

		面積 (km²)	最大水深 (m)	面積 (km²)	最大水深 (m)	面積 (km²)	最大水深 (m)
		151〜	1〜150	1〜75	301〜450	76〜150	151〜300
県名 湖沼名	そ〜ふ	4		5		2	
	あ〜せ	3		1		5	
	へ〜ん	2		3		4	

［資料］

	県名	湖沼名	面積 (km²)	最大水深 (m)
A	北海道	シコツ湖	78	360
B	栃木	チュウゼンジ湖	12	163
C	福島	イナワシロ湖	103	94
D	島根	シンジ湖	79	6
E	北海道	トウヤ湖	71	180
F	茨城	カスミガ浦	168	7
G	滋賀	ビワ湖	670	104
H	北海道	サロマ湖	152	20
I	秋田	タザワ湖	26	423
J	静岡	ハマナ湖	65	16
K	北海道	マシュウ湖	19	211

No.21 C 県名／最大水深
No.22 H 湖沼名／面積
No.23 K 湖沼名／最大水深
No.24 E 湖沼名／面積
No.25 I 湖沼名／最大水深
No.26 B 県名／最大水深
No.27 F 湖沼名／面積
No.28 A 湖沼名／最大水深
No.29 G 県名／最大水深
No.30 J 湖沼名／面積

正答

No.21 **4**　No.22 **3**　No.23 **4**　No.24 **5**　No.25 **5**
No.26 **2**　No.27 **3**　No.28 **1**　No.29 **3**　No.30 **5**

照合

基本問題

文字，数字，記号などを羅列したものを照らし合わせ，同じものや異なっているものを探す能力を試す検査である。長文照合が各試験でよく出題されている。

【問題1】 次の正本と副本を照らし合わせ，副本のどの欄に誤りがあるかを答えよ。

正　本	1	2	3	4	5	正答
大幅な省エネと二酸化炭素の排出抑制にもつながる技術	大幅な省エ	ネと二酸化	炭素の排出	仰制にもつ	ながる技術	4
総務省は電話番号が変わる利用者の煩わしさを解消して	総務省は電	話番号が変	わる利用者	の煩わしさ	も解消して	5

どの試験にも頻出の文章照合。長文が多いが，文章として読まず，指と鉛筆で左右の文字を押さえながら，1文字ずつの照合に徹すること。

へん，つくりが同じ，音が同じ，形が似ている漢字は見間違えやすいので要注意。逆に考えれば，1つの「へん」，「つくり」からなる漢字が数多くあるもの（㋡きへん，いとへん，ごんべん，にんべんなど）が文章の中に出てきたら，ちょっと注意してみるとよい。

ただし，そういうことばかりに気をとられていると，「煩わしさを」→「煩わしさも」を見落としてしまったりする。あくまでも，1文字1文字の照らし合わせに徹することを忘れずに練習していってほしい。

【問題2】 左の数字の羅列と同じものを1～5から選んで答えよ。

	1	2	3	4	5	正答
391-4037	391-4307	319-4037	391-4037	391-4073	361-4307	3
526-7198	526-7168	526-7918	526-7189	526-7198	526-7981	4
843-2564	834-2564	843-2654	842-3564	834-2654	843-2564	5

ハイフンで区切られている場合，各部分ごとに照合し，選択肢を絞っていくとよい。7ケタの数字を瞬時に正確に暗記できる人は，それを頭の中で繰り返しながら選択肢を見ていけばよい。「7ケタは無理！」という人は，ハイフンで区切られた最初の3数字を暗記し，同じものがあったら，次の4数字を確実に照らし合わせ，選択肢を選ぶとよいだろう。

数字とアルファベット，記号の羅列など，すべてを暗記するのは難しい問題が多い。ハイフンで区切られている場合，各部分ごとに照合し，選択肢を絞っていくのが確実だろう。

実戦問題

1 次の正本と正本の訂正の指示（削除，追加，入れ替え）と，訂正を加えたもの（副本）とを比べて，副本の中にある誤りの箇所が1～5のどこにあるかを答えよ。ただし，削除する部分は〔削除〕と示し，追加する位置と字句は ↰( ) と示し，また入れ替える部分と字句は ( ) と示す。なお，副本中の誤りが2つの区域にまたがることはないものとする。

【国家Ⅲ種・平成11，19年度／国家一般職／税務・平成25年度／社会人・平成25年度】

たとえば，**例題1**では，指示どおりに訂正すると，副本は「隣人を真に愛することの困難さを身にしみて」となるが，「ことの」の部分が「ことに」になっており，この誤りは**3**の欄にあるので，正答は**3**となる。

正本

例題1　彼は隣人を愛することの大切さを身にしみて
〔削除〕（彼は）　↰(真に)（隣人を／愛する の間）　(困難)（大切 を入れ替え）

例題2　介護しながら仕事を続けることの大変さを感
↰(家族を)（介護 の前）　〔削除〕（ことの）　(難しさ)（大変 を入れ替え）

副本

	1	2	3	4	5
例題1	隣人を真	に愛する	ことに困	難さを身	にしみて
例題2	家族を介	護しなが	ら仕事を	続ける難	しさを感

正答　**例題1　3**　　**例題2　2**

国家一般職で頻出の照合問題。単純な文章照合に比べて，削除，追加，入れ替えという作業が加わる分，より慎重な照合に徹していきたい。「『彼は』を削除して，『真に』を追加して，『大切』を『困難』に入れ替えて……」と作業ばかりに気をとられていると，「で，結局どこに誤りがあった⁉」となりやすい問題である。作業を一体化させ，スムーズに1文字ずつ照らし合わせていきたい。削除や追加や入れ替えに用いられる文字，作業が加わる前後の文字には特に注意して照合しておこう。

チャレンジ！（解答時間：1分40秒）

正　本

No. 1　会社から戻るときれいに雪がかきだされてい
（雪は）↑（すっかり）〔削除〕

No. 2　昼食用のおにぎりを買って出勤しているので
↑（毎朝）（弁当）

No. 3　服装がカジュアルだと楽で仕事に集中できる
↑（会社の）（楽な方がより）

No. 4　生ものや特別な物以外はなんでも入れられる
（食品）（殊）（ロッカーに）

No. 5　なるべく帰宅するよう携帯でメールを送った
↑（早めに）〔削除〕

No. 6　最初は街を充分に知ろうと大人と共に街頭ア
（自分の）↑〔削除〕（仲間）

No. 7　地域ごとに子どもや子育ての問題をしっかり
（生活圏）（丁寧に）

No. 8　そば打ちは女性から定年退職後の男性まで人
↑（若い）〔削除〕

No. 9　学童の人数は増えず要望の多かった時間延長
（定員）↑（親の）（い）

No.10　自分たちが計画や実施に参加するかによって
（市民）↑（どう）

副　本

1	2	3	4	5
会社から	戻ると雪	はすっき	りかきだ	されてい
毎朝昼食	用の弁当	を買って	出勤して	いのるで
会社の服	装も楽な	方がより	仕事に集	中できる
食品や特	殊な物以	外はロッ	カーも入	れられる
なるべく	早めに帰	宅するよ	うメール	を送った
最初に自	分の街を	知ろうと	仲間と共	に街頭ア
生活圏ご	とに子ど	もや子育	ての問題	も丁寧に
そば打ち	は若い女	性から定	職後の男	性まで人
学童の定	数は増え	ず親の要	望の多い	時間延長
市民が計	画や実施	にどう参	加するか	によって

正　答

No. 1　**3**	No. 2　**5**	No. 3　**2**	No. 4　**4**	No. 5　**5**
No. 6　**1**	No. 7　**5**	No. 8　**4**	No. 9　**2**	No.10　**1**

FOCUS

〈見間違いやすいものの例〉

☆漢　　字　講ー購ー構　枝ー技　向ー同　佳ー住ー往　孝ー考　矢ー失ー夫ー天

☆ひらがな　あーめーぬ　つーうーらーろーる　たーにーこ　はーほーま

☆カタカナ　ローコーヨ　ンーソーツーシ　ヒーセ　フーラーテーチーナーメ

☆アルファベット　T－I－J　C－G　U－V　O－Q　a－d　c－e　g－q　t－i－j

☆数　　字　3－8　1－7　6－9

2 **左側に示した数字とアルファベットの組合せと同じものを1～5から選んで答えよ。** 〈類題：国家Ⅲ種・平成14年度／市役所・平成15，26年度〉

たとえば，**例題3**では，**2**の組合せが左側の組合せと同じものなので，正答は**2**である。

		1	**2**	**3**	**4**	**5**
例題3	347-OHEW-XG	347-OEHW-XG	347-OHEW-XG	374-OHEW-XG	347-OHEW-GX	341-OHEW-XG
例題4	592-FYSI-UM	529-FYSI-UM	592-FYSI-MU	592-FYIS-UM	593-FYSI-MU	592-FYSI-UM

正　答　例題3　2　　例題4　5

数字とアルファベットの組合せ。すべてを暗記するのは無理なので，ハイフンで区切られた各部分ごとに分けて照合し，同じものが見つかったら再度左側のものと残りの部分を照合し，決定していくとよい。数字の「３４７（サンヨンナナ）」だけではなく，次の「ＯＨＥＷ（オーエイチイーダブリュー）」（無理なら「ＯＨＥ（オーエイチイー）」）まで覚えて，頭の中でつぶやきながら見ていくと，さらにスピードアップが図れる。

このような問題では，どこまで暗記できるかがキーポイント。ただし，暗記するのに時間がかかったり，間違えて暗記していてはなんにもならない。問題を見て，瞬時に正しく覚え，選択する。いくつも問題に当たり，そのセンスを磨いていってほしい。

チャレンジ！（解答時間：1分10秒）

		1	2	3	4	5
No.11	862-YFVR-EQ	862-YFVR-EO	862-YVFR-EQ	863-YFVR-EQ	862-YFVR-EQ	826-YFVR-EQ
No.12	145-HTAZ-NB	145-HTAZ-NB	154-HTAZ-NB	145-HTAZ-MB	145-HTZA-NB	146-HTAZ-NB
No.13	397-CLXP-WK	379-CLXP-WK	397-CXLP-WK	397-CLPX-WK	317-CLXP-WK	397-CLXP-WK
No.14	506-SGJU-DI	506-SGUJ-DI	506-SGJU-DI	560-SGJU-DI	506-SGJU-DT	508-SGJU-DI
No.15	491-ZMIB-HO	497-ZMIB-HU	419-ZMIB-HO	491-ZMIB-HO	491-ZIMB-HO	491-ZMID-HO
No.16	023-KQNA-RT	023-KQNA-TR	023-KQAN-RT	032-KQNA-RT	023-KQNA-RT	023-KQMA-RT
No.17	689-DZKV-FJ	698-DZKV-FJ	689-DZKV-FJ	689-DKZV-FJ	869-DZKV-FJ	689-DZKV-JF
No.18	218-XHMC-UE	218-XHMG-UE	218-XMHC-UE	278-XHMC-UE	218-XHMC-EU	218-XHMC-UE
No.19	754-PYQL-AW	754-PYQL-AW	745-PYQL-AW	754-PQYL-AW	754-PYQL-AM	754-PYLQ-AW
No.20	930-EGOK-SP	930-EOGK-SP	903-EGOK-SP	930-EGOK-SP	930-EGOK-PS	930-GEOK-SP

正　答

No.11 **4**	No.12 **1**	No.13 **5**	No.14 **2**	No.15 **3**
No.16 **4**	No.17 **2**	No.18 **5**	No.19 **1**	No.20 **3**

3 **右側の文の中に，左側に掲げてある3つのひらがなが全部でいくつあるかを調べ，その数が手引の1～5のどの欄にあるかを探して答えよ。**

【地方初級・平成9年度】

たとえば，**例題5**では，右側の文の中に「お，つ，な」は全部で6つある。この数は手引の**2**の欄にあるので，正答は**2**である。

（手引）

1	2	3	4	5
4 7	6 2	9 1	5 8	3 0

例題5	お　つ　な	きみわれをつれなしとやおもひつるとなくなくのたまへ
例題6	け　へ　よ	すべてこれをいふにむなしきことばをかざらずただまこ

正　答　　例題5　2　　例題6　5

3文字のひらがなを文章の中から探し出していく照合問題。ひらがなの羅列なので一見すると簡単そうに思えるが，これが意外とくせ者である。左側の3文字はひらがななので暗記できるだろう。頭の中で「お，つ，な……」とつぶやきながら，右の文章を1文字ずつ見て，○，✓印等でチェックしていくと数が確認しやすい。その際，右の文章が古文の一節と気づいて「へぇ～！」と読みふけってしまうと，1～2個軽く見落としてしまう危険がある。わざと古文の一節を用いたところがおもしろい問題だが，要注意！　決して文章として読まずに，1文字1文字丁寧に確認していきたい。漢字，記号など暗記しにくい場合は3ついっぺんにではなく，1つずつ検索していくとよいだろう。最後まで文章を見ていかないと答えが導き出せない。また，ひらがなだけの羅列なので変化がなく単調すぎて，かえって集中力が途切れる，といった問題である。忍耐と強い精神力を持って臨みたい！

チャレンジ！（解答時間：2分）

（手引）	1	2	3	4	5
	7 3	10 4	9 5	6 1	2 8

No.21	さ	れ	ま	それはさこそおぼすらめどもおのれはみやこにひさしく
No.22	に	す	な	かなしさのあまりにはちまんへむすめともになくなくま
No.23	け	こ	た	こはなでふことのたまふぞたけのなかよりみつけきこえ
No.24	は	に	め	たまさかなるあままにはやいごめばかりぞわづかにした
No.25	ら	く	こ	このくにはこころうきさかいにてさぶらへばごくらくじ
No.26	も	か	さ	さきざきももうさむとおもひしかどもかならずこころま
No.27	に	の	を	うたたねにこいしきひとをみてしよりゆめてふものはた
No.28	す	に	き	このむすめをこころやすきさまにてみさせたまへとずず
No.29	く	と	こ	なでしこはいづれともなくにほへどもおくれてさくはあ
No.30	よ	え	は	さまざまのことどもならひつたへてかえりたりければみ

正　答

No.21 **2**	No.22 **4**	No.23 **1**	No.24 **2**	No.25 **5**
No.26 **5**	No.27 **1**	No.28 **2**	No.29 **3**	No.30 **4**

置換

基本問題

手引の基準に従って，文字，数字，記号をほかの文字，数字，記号などに置き換え，正確に素早く整理する能力を試す検査である。最近では，手引の内容も複雑になってきている。

【問題1】 次の漢字とカタカナの左右の対応が，手引で示されている対応といくつ正しく置き換えられているかを答えよ。

（手引）

向ーホ	形ーサ	引ーロ
成ーコ	点ーラ	定ーキ
表ーフ	別ーオ	会ーテ

		正答
定別成会点	キオコラテ	**3**
引表向形定	ロコホテサ	**2**
会形引点成	テサロラコ	**5**

記憶力に自信があっても，手引の内容をすべて暗記するのは，ほとんど不可能である。その時間があるのなら，ひたすら漢字→手引→カタカナと見比べていこう。漢字を指で押さえながら，1文字ずつ手引と見比べ，正しいカタカナには○や✓印をつけてチェックしていく。手引を見ながら，漢字の位置を把握していくと，後半のスピードアップにつながる。

問題によっては，「異なるものはいくつあるか」という問い方もある。正しいものの数か，異なっているものの数かで正答はまったく違ってしまう。問題文をしっかり読んで，十分理解してから取りかかりたい。

【問題2】 次のひらがなを手引に従ってアルファベットに正しく置き換えたものを1～5から選んで答えよ。

（手引）

た	く	わ	ら
ひ	つ	の	も
う	れ	へ	ろ
る	あ	に	め

→

I	F	N	B
R	M	T	Z
X	C	E	U
H	K	W	G

	1	2	3	4	5	正答
るのた	HGI	HIT	UGI	HTI	UGT	4
れめく	CKE	CGF	HGF	GCF	CGE	2
にろひ	IUR	WRX	WXR	IHX	WUR	5

ひらがな3文字なので暗記ができるだろう。「る，の，た」と頭の中でつぶやきながら，2つの手引の対応に集中し，置き換えたアルファベットを，走り書きでよいから必ず明記すること。明記したものと選択肢との照合も慎重に。

た く わ ら
ひ つ の も
う れ へ ろ
る あ に め
①「る，の，た」と頭の中でつぶやきながら
I
T
H
②対応するマス目のアルファベットを探しながら
ここに明記する
HTI
1 2 3 4 5
るのた HGI HIT UGI HTI UGT
③選択肢と照合する
2のHITは見間違いやすいので要注意

実戦問題

1 **次の手引に従って左側の漢字を別の漢字に置き換えたとき，誤っているものの数を答えよ。**　〈類題：国家Ⅲ種・平成13年度／地方初級・平成18年度〉

たとえば，**例題1**では，拍－手だけが手引と違っているので，正答は**1**である。

（手引）

拍＝音又は林
打＝手又は水
持＝声又は言
招＝山又は河
批＝引又は代

			正　答
例題1	招批打拍持	河引水手言	**1**
例題2	批持拍打招	山声手河代	**4**

この問題は「誤っているものの数を答えよ」という問いであることに注意。問題文は，最初に十分に確認すること。指と鉛筆で左右の漢字を押さえながら，1文字ずつ手引を見て，誤っているものに○や✓印をつけてチェックしていく。置き換える漢字が2つあること，左側の漢字がすべて「てへん」なので見間違いやすいこと。それだけにより慎重な読み取り，置き換えが要求される問題である。

決して手引の内容を暗記したつもりにならないことが大切である。1文字ずつの置き換えに徹したい。ただし，置き換えながら，「『拍』は手引の一番上，『批』は一番下，『持』は真ん中……」と，おおまかな位置を把握していくと，後半のスピードアップにつながる。

チャレンジ！（解答時間：2分）

（手引）

拍＝音又は林
打＝手又は水
持＝声又は言
招＝山又は河
批＝引又は代

No. 1	持批拍招打	水山声手代
No. 2	拍打持批招	林手言河山
No. 3	批招拍打持	引河音声手
No. 4	招持批拍打	言山代音林
No. 5	打招拍持批	水代林言声
No. 6	批拍打招持	引水音声河
No. 7	拍持招批打	手林代山言
No. 8	招批持打拍	河手声林手
No. 9	打持拍批招	音引言代水
No.10	持拍招打持	言河林水声

正　答

No. 1 **5**	No. 2 **1**	No. 3 **2**	No. 4 **3**	No. 5 **2**
No. 6 **4**	No. 7 **5**	No. 8 **3**	No. 9 **4**	No.10 **2**

2 次のローマ数字とアルファベットの組合せを手引に従って置き換えたものとして，正しいのは1～5のうちどれか。

〈類題：国家Ⅲ種・平成9，20年度／地方初級・平成10年度〉

たとえば，**例題3**では，手引から，「Ⅱcはニ」，「Ⅴeはソ」，「Ⅰbはネ」なので「ニソネ」となり，正答は**4**である。

（手引）

	a	b	c	d	e
Ⅰ	ケ	ネ	キ	サ	エ
Ⅱ	セ	ウ	ニ	ナ	タ
Ⅲ	ク	テ	コ	ア	ノ
Ⅳ	ツ	イ	シ	チ	ヌ
Ⅴ	オ	ス	ト	カ	ソ

		1	**2**	**3**	**4**	**5**
例題3	Ⅱc・Ⅴe・Ⅰb	ニネソ	ニヌネ	ニノウ	ニソネ	ニネノ
例題4	Ⅲd・Ⅱa・Ⅳc	クセト	アセシ	アナイ	アセツ	アセト

正　答　例題3　4　　例題4　2

縦欄と横欄の交差するところを探して置き換える。この形の手引を使った置換問題が最近よく出題されているので，十分練習しておきたい。縦欄でローマ数字を探したら，そこを指で押さえ，横欄のアルファベットを鉛筆でさしながら探し，その交差する文字を確認し，明記していく。この手引の場合，ローマ数字，アルファベットとも順序よく並んでいるので比較的見つけやすいが，ランダムに並んでいる場合もあるので，最初に探した縦欄の位置は，必ず指で押さえておくクセを身につけておきたい。解き終わった問題は――線で消しておくと混乱しない。

チャレンジ！（解答時間：1分40秒）

（手引）

	a	b	c	d	e
Ⅰ	ケ	ネ	キ	サ	エ
Ⅱ	セ	ウ	ニ	ナ	タ
Ⅲ	ク	テ	コ	ア	ノ
Ⅳ	ツ	イ	シ	チ	ヌ
Ⅴ	オ	ス	ト	カ	ソ

		1	2	3	4	5
No.11	Ⅴd・Ⅱe・Ⅲc	チタコ	カナノ	カタコ	カコタ	チソカ
No.12	Ⅰa・Ⅳb・Ⅱd	ケイナ	ケナシ	ケサイ	ケイノ	ケナイ
No.13	Ⅲe・Ⅴa・Ⅰd	ヌオサ	ノナサ	ノオナ	ヌサナ	ノオサ
No.14	Ⅴc・Ⅱd・Ⅳa	トナチ	トセチ	トチツ	トナツ	トセナ
No.15	Ⅰe・Ⅳa・Ⅱc	エニツ	ニエオ	エツニ	エコニ	ニエツ
No.16	Ⅳe・Ⅰb・Ⅲa	ヌクネ	ネヌク	ヌウネ	ヌネク	ネクヌ
No.17	Ⅲd・Ⅴa・Ⅰa	アオケ	クケオ	オアケ	クオケ	クアオ
No.18	Ⅱb・Ⅰd・Ⅳc	ウシサ	ウテツ	ウサソ	ウテサ	ウサシ
No.19	Ⅴe・Ⅲb・Ⅰc	ソテキ	ソウニ	ソアケ	ソウテ	ソキテ
No.20	Ⅱa・Ⅳd・Ⅴb	セツチ	セチス	セチツ	セスチ	セテス

正答

No.11 **3**	No.12 **1**	No.13 **5**	No.14 **4**	No.15 **3**
No.16 **4**	No.17 **1**	No.18 **5**	No.19 **1**	No.20 **2**

3 ひらがなと記号の組合せを，右側のひらがなと順番に照合し，正しく置き換えられているものがいくつあるかを答えよ。ただし，記号はひらがなの位置の⊔は上，⊓は下，⊏は右，⊐は左に接するマス目のひらがなに，└は右斜め上，┘は左斜め上，┐は左斜め下，┌は右斜め下に接するマス目のひらがなに置き換える。

〈類題：国家Ⅲ種・平成16年度／地方初級・平成14，20年度〉

たとえば，**例題5**では，「わ└→お」，「も⊔→ね」，「き⊐→れ」，「こ┐→ま」，「む⊓→け」となり，正しく置き換えられているのは3つなので，正答は**3**である。

（手引）

む	ね	て	め
け	も	ぬ	こ
み	あ	ま	お
れ	き	わ	は

			正　答
例題5	わ└も⊔き⊐こ┐む⊓	あねわまけ	**3**
例題6	は┘み⊏め┐ね⊏お⊔	まあぬてこ	**5**

記号の指示していることを正確に把握すること。指で問題のひらがなと記号の組を1組ずつ押さえ，鉛筆で手引のひらがなをさし，「『わ』の右斜め上は『お』，『も』の上は『ね』，『き』の左は『れ』……」と頭の中でつぶやきながら，右側のひらがなの正誤をチェックしていく。記号の指示が加わる分，混乱しやすい。あせらずに，とにかく「記号がどの位置のひらがなに置き換えることを指示しているのか」を正確に把握すること。そして，そのマス目のひらがなを素早く正確に読み取ること。作業が難しくなる分，より慎重に集中して取り組んでいきたい。

チャレンジ！（解答時間：2分30秒）

（手引）

む	ね	て	め
け	も	ぬ	こ
み	あ	ま	お
れ	き	わ	は

No.21　あ┐こ⊔け└わ⊏ぬ⊔　　れめあはて
No.22　も┘み⊏ぬ⊐き⊔て⊐　　むけまわぬ
No.23　こ⊓ま┐て⊏け⊓め⊐　　おきめれこ
No.24　お┐も└き⊔は⊔ね┐　　ぬてれわむ
No.25　き┘め┐け└ま⊏あ⊔　　みぬねおも
No.26　ぬ└あ⊓ね┐お┘も┐　　めまてぬき
No.27　み⊓む⊏は┘あ┌わ└　　けもまめお
No.28　け└て⊓き⊏め⊓れ⊏　　ねぬわこみ
No.29　む┌き⊔ま┌て⊐こ⊐　　けあはめぬ
No.30　め┐お⊓れ└も┐ま⊏　　ぬはあみわ

正　答

No.21 **4**	No.22 **1**	No.23 **3**	No.24 **1**	No.25 **5**
No.26 **2**	No.27 **2**	No.28 **4**	No.29 **3**	No.30 **4**

テーマ5 図形把握

基本問題

平面図形の異同を見分ける図形把握力を試す検査。図形の形もさまざまだが，問題形式もいろいろ複雑になっている。最近，国家一般職で図形把握は出題されていないが，今後また出題される可能性もあるので，十分練習を積んでおきたい。

【問題】 左の図形と同じ図形を1～5から選んで答えよ。

		1	2	3	4	5	正答
a							4
b							1
c							3
d							2
e							5

図形を把握するとき，1か所自分のわかりやすい部分（図形の中で大きい部分，特徴ある形，あるいは逆に単純な形等）に注目し，そこを基準に見ていくとわかりやすい。たとえば，**a**の図形では，**b**の図形ではに注目して見る。その部分が回転したものがあるかないかで選択肢を絞り，その他の部分の形で正答を見つけていく。

180度回転させた図形はなかなかわかりにくい。**b**の場合も**2**と**4**の選択肢は絞りやすいが，**1**を選ぶのは難しいかもしれない。そんなときは，**2**，**4**のように右に90度か左に90度回転させたものを先に見つけ，それを基準にさらに90度回転させてみるとわかりやすい。

矢印や記号を含む図形は，矢印や記号が基準となりやすいので大いに利用したい。たとえば，**c**では「直線に向かっている矢印」，**d**では「黒塗り部分の右側から黒塗り部分と逆に向かっている矢印」を基準にして，その矢印の有無で選択肢を絞り，その他の部分で正答を見つけていく。

eでは，図の中のの形の中心部分に位置している記号（左の図形では◎）の正誤で選択肢を絞り，その記号の左右にある記号の正誤で正答を導いていく。

同じような図形が上下左右に並んでいるので，図形全体を大ざっぱにとらえ，イメージだけで正誤を見分けようとすると，どれがどれだかわからなくなってしまう。基準の置き方は人それぞれだろう。最初は時間がかかってしまうかもしれないが，どんな図形でも自分なりの基準を見つけて，把握するクセをつけていきたい。練習を重ねるうち，どんな図形でも直観的に把握できるセンスが必ず身についていく。図形を嫌わず，頑張ってほしい。

実戦問題

1 左端に示された図形を指示された角度だけ（角度は円と矢印で示される）回したときの形として，正しいものを右の1～5から選べ。

【国家Ⅲ種・平成2年度】

たとえば，**例題1**では，左に90°回転するので，正答は**5**である。

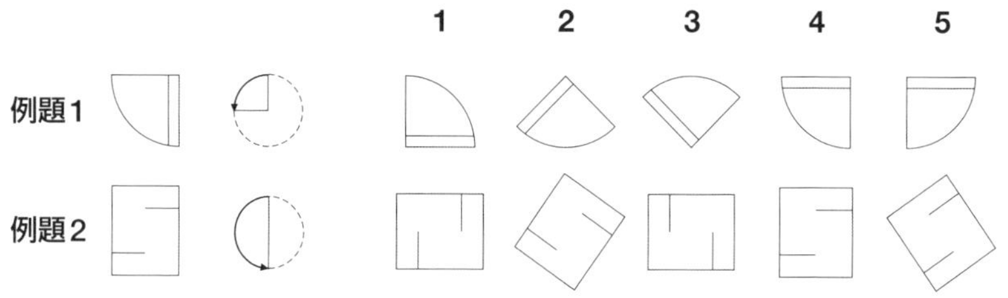

正　答　　例題1　5　　　例題2　4

図形を回転させる角度を指示した問題。図形の異同だけを問う問題に比べ，まったく同じ図形が角度を変えていくつも選択肢に登場するので，単にイメージだけでは，その正誤は見分けられない。基本問題のところでも述べたように，図形の一部分を基準にして，その部分が回転していった形を考えながら正誤を把握していく。とり上げた問題の出題年度はかなり前だが，回転した図形の正誤を把握するコツをつかむためには欠かせない問題である。どんな図形を用いても問題になるので，十分練習を積んでおきたい。

180度回転の図形が把握しにくかったら，左右どちらかに90度回転した図形を見つけて，それを基準にさらに90度回転させるとわかりやすい。左に270度回転は，右に90度回転のこと。

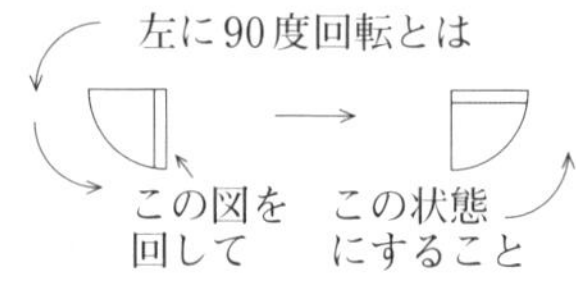

チャレンジ！（解答時間：1分）

			1	2	3	4	5
No. 1							
No. 2							
No. 3							
No. 4							
No. 5							
No. 6							
No. 7							
No. 8							
No. 9							
No.10							

正 答

No. 1 **5**	No. 2 **2**	No. 3 **3**	No. 4 **1**	No. 5 **5**
No. 6 **4**	No. 7 **2**	No. 8 **3**	No. 9 **1**	No.10 **4**

2 **図（A）のような図形が図（B）のような方向に置き換えられたとき，斜線で隠された部分はどうなっているか。一致するものを，右側の1～5から選んで答えよ。** **【国家Ⅲ種・平成3年度】**

たとえば，**例題3**では，**4**の図形が斜線で隠された部分と一致するので，正答は**4**である。

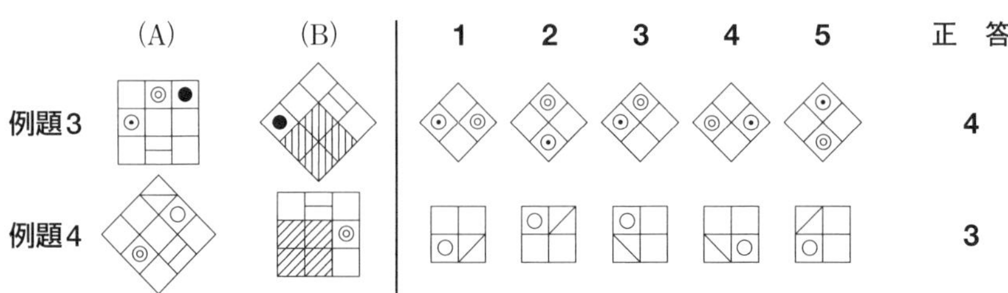

出題年度はかなり前だが，斜線で隠れた部分を把握する特殊な図形問題なので，練習しておきたい。(B) の状態でわかっている部分を基準にして，「どの方向・位置に何があるのか」を (A) の図で把握し，(B) の図に書き込んでいく。たとえば**例題3**なら，(B) の状態でわかっている部分のうち，線のマスを基準にする。「この線の2マス向いに◎があり，◎の斜めのマスに⊙がある」とわかる。**例題4**なら，◎を基準にする。「この◎の2マス向いに○があり，○の1マス左に斜線がある」とわかる。自分でわかりやすいところを基準にすればよい。方向位置のとらえ方も人それぞれだろうが，斜線部分に書き込んでいくと確実である。

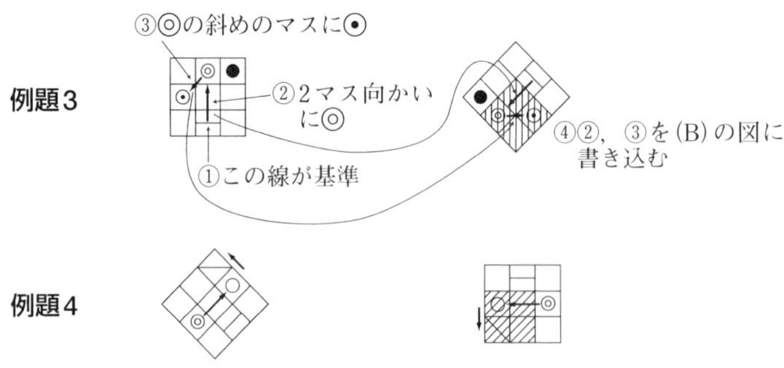

チャレンジ！（解答時間：2分）

	(A)	(B)	1	2	3	4	5
No.11							
No.12							
No.13							
No.14							
No.15							
No.16							
No.17							
No.18							
No.19							
No.20							

正　答

No.11 **5**	No.12 **5**	No.13 **2**	No.14 **1**	No.15 **2**
No.16 **1**	No.17 **4**	No.18 **5**	No.19 **4**	No.20 **3**

3 左の正方形の構成部分（小片）を裏返したりすることなく移動させて，その構成部分と同じものでできあがっているものを，右の図形から選べ。

【国家Ⅲ種・平成7年度】

〈類題：地方初級・平成12年度〉

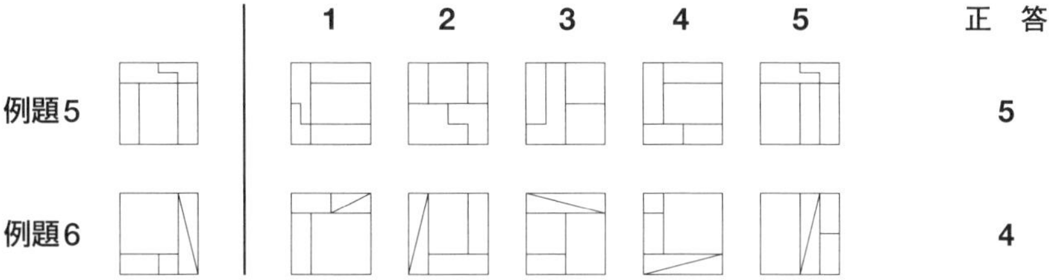

		1	2	3	4	5	正　答
例題5							5
例題6							4

図形の構成部分の正誤を問う問題。これも出題年度はかなり前だが，特殊な図形把握問題なので，十分練習をしておきたい。「構成部分と同じものでできあがっているものはどれか」と問題の内容が変わってしまっただけで，慌ててしまうかもしれないが，把握する基本は変わらない。構成部分の小片の中で，特に大きい形，特徴ある形，あるいは逆に単純な形など，自分でわかりやすい小片1つに注目し，その小片の有無で選択肢を絞っていく。たとえば，**例題5**では 　，**例題6**では 　の小片の有無で選択肢を絞り，残りの小片で選んでいく。同じような形でも裏返しになっているものは誤りなので，十分注意してほしい。

結局，単純に図形の正誤を見分けるのと目のつけ方は同じである。このような問題にも対処できるよう，どんな図形でも，イメージだけで正誤を見分けるのではなく，自分のわかりやすい部分を基準に正誤を見分けていくコツを身につけていってほしい。

チャレンジ！ （解答時間：1分20秒）

	1	2	3	4	5
No.21					
No.22					
No.23					
No.24					
No.25					
No.26					
No.27					
No.28					
No.29					
No.30					

正 答

No.21 **4** No.22 **2** No.23 **1** No.24 **3** No.25 **4**
No.26 **5** No.27 **3** No.28 **3** No.29 **1** No.30 **4**

複合問題

基本問題

計算，分類，置換，照合，図形把握の各形式を2つ以上組み合わせた問題。作業量が多く時間がかかる分，各形式の解法のコツをいかにつかんでいるかがカギとなる。

【問題1】 手引の中から数を取り出して，指示に従い計算や処理を行い，その答えがある箇所の数字を答えよ。なお，①，②…は手引の中の列の番号を表す。

（手引）

	a	b	c	d	e
①	12	16	3	4	13
②	14	11	8	2	16
③	9	3	8	15	2

	1	2	3	4	5	正答
②：一番大きい数を一番小さい数で割ってbを足す	15	16	17	18	19	5
①：bとeを足したものから，aをdで割ったものを引く	24	25	26	27	28	3
③：すべての奇数を足したものに，cとeを掛けたものを足す	31	34	39	43	49	4

指示された文に従って文字を数字に置き換え，自分で計算方法を考え，うまく整理して結果を出すというかなり面倒な問題。途中で息切れしてしまうかもしれないが，適性試験が減点法で採点されている以上，抜かしたり，いいかげんな答えを選んでいくわけにもいかない。地道に，しかしできるだけスピーディーに解いていってほしい。

指示されていることを正確にとらえることが第一。①，②…の指示に従い，手引の縦欄を指で押さえておくことが基本である。苦労して出した結果は必ずメモすること。選択肢を間違えるなどつまらないミスをしないよう注意したい。

【問題2】 情報Ⅰ～Ⅳに示した数字，文字，記号を分類表に従ってA，B，Cに直し，その結果に対応する組合せを1～4から選んで答えよ。ただし，対応する組合せがなければ5とする。

（分類表）

分類＼情報	Ⅰ	Ⅱ	Ⅲ	Ⅳ
A	31～58	T～Z	○, ☆, ▼	か～つ
B	12～30	K～S	▲, ◎, □	ふ～よ
C	59～93	A～J	◇, ☒, ◉	て～ひ

（手引）

	Ⅰ	Ⅱ	Ⅲ	Ⅳ
1	C	A	B	C
2	B	C	A	A
3	A	B	C	C
4	C	C	B	A
5	対応しない			

（情報）

Ⅰ	Ⅱ	Ⅲ	Ⅳ
49	P	◇	に
86	H	▲	む
23	G	☆	せ

正　答

3
5
2

情報を分類し，A～Cに置き換え，その羅列と同じものを選ぶ。分類，置換，照合の各要素を含んだ作業量の多い問題。分類表で分類し，A～Cに置き換えたものは必ず明記し，それと手引との照合を確実にする。最初に全問，情報を分類表に従って置き換えて書き出し，次に書き出したものを全問手引と照合していく，という方法もとれる。「情報と分類表」，「書き出したものと手引」と目の移動が少ない分，スピードアップが図れる。

また，五十音字，アルファベットを順番に羅列したり，分類表で一度使われた記号は，薄い字や✓印で消しておくなど，工夫を凝らしていきたい。

実戦問題

1 この検査は与えられた3つの図形を，それぞれ■のマス目が1つあるものはその位置に対応する手引の数，■のマス目が2つまたは3つあるものはそれぞれの位置に対応する手引の数を合計した数に置き換えて計算を行い，その答えの数と同じ位置にマークする検査である。なお答えが1～5以外になることはない。 〈類題：地方初級・平成11年度〉

たとえば，**例題1**では，3つの図形の■の位置に対応する手引の数またはその数を合計した数はそれぞれ，3＋8＝11，2，7＋9＋5＝21となる。これらの数に置き換えて与えられた式を計算すると11×2－21＝1となるので，正答は**1**である。

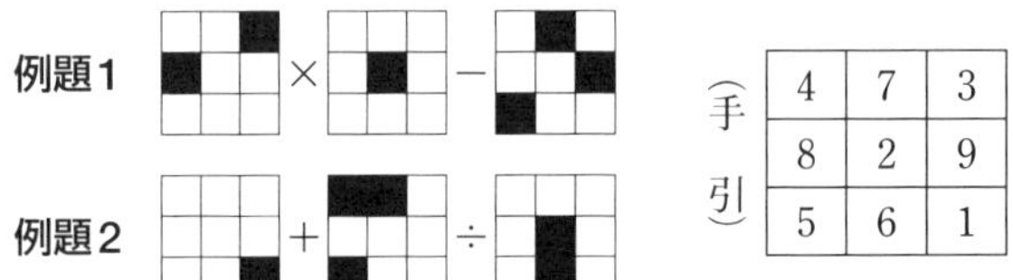

正答　例題1　1　例題2　3

図形を用いて，数字に置き換え計算していく問題。黒く塗られているマス目の数字を正確にとらえ，2つ以上ある場合は暗算で，素早くその和を求める。各図形ごとに求めた数字は加減乗除記号も加えて必ず数式を明記すること。四則計算は確実に。

作業が増えれば，増えるほど，「あれ!?　何だったっけ？」と迷っている時間はもったいない。走り書きでよいのだ。「わかったことは書き出す」クセは身につけておきたい。基本的な計算能力がいかに身についているかがカギとなる。2ケタの足し算，引き算，九九はすらすら解けるよう，日頃から訓練しておきたい。

チャレンジ！（解答時間：1分10秒）

（手引）

7	3	9
1	8	5
4	2	6

No. 1 ÷ −

No. 2 − +

No. 3 × −

No. 4 ÷ +

No. 5 − ÷

No. 6 × ÷

No. 7 ÷ −

No. 8 + −

No. 9 ÷ +

No.10 + ÷

正　答

No. 1 **2**	No. 2 **4**	No. 3 **5**	No. 4 **4**	No. 5 **2**
No. 6 **2**	No. 7 **1**	No. 8 **3**	No. 9 **2**	No.10 **5**

2 この検査は，表の中の文字，文字式および数値を手がかりにして□の部分に当てはまる数値を求め，その数値がある箇所の数字と同じ位置にマークをする検査である。　【国家Ⅲ種・平成10年度／国家一般職・平成27年度】

〈類題：国家Ⅲ種・平成11，15年度〉

たとえば，**例題3**では，Aが「7」，A＋Bが「8」であることから，Bは「1」であることがわかる。したがってA－Bは「6」となるので，正答は**1**である。

例題3

A	B	A＋B	A－B
7		8	

1	**2**	**3**	**4**	**5**
6	7	8	9	10

正　答　**1**

文字を数字に置き換え，わからない文字の数値を求めていく。連立方程式を立てて解かないと導き出せない難しい問題もある。国家Ⅲ種でよく出題されていた問題。作業が増える分，混乱しやすいので，たくさんの問題を解いて慣れておきたい。

とにかく焦らないこと。わかっている数字を素直に当てはめ，式を立てて解いていけば必ず答えは出るものである。ただ，上下左右で同じような数字が並び，時間を気にするとどうしてもつまらないミスをしがちである。上記の例でも，Bが1とわかっても，□のA－Bを，隣にある8を使って8－1で7としてしまい，**2**をマークしてしまうなどのミスが考えられる。

選択肢には，誤りやすい数値がうまく並んでいる。くれぐれもひっかからないよう，常に冷静に，自分の計算能力を信じて着実に解いていってほしい。

チャレンジ！（解答時間：3分）

	A	B	2A－B	A＋B	1	2	3	4	5
No.11	9		16		15	14	13	12	11
No.12			11	25	12	13	14	15	16
No.13		7		24	23	25	27	29	31
No.14			9	12	7	6	5	4	3
No.15		15	31		16	21	29	38	47
No.16	22			37	17	19	27	29	37
No.17			28	20	2	4	6	8	10
No.18	17		5		46	49	56	63	70
No.19			39	33	28	27	26	25	24
No.20		2		14	18	20	22	24	26

正答

No.11 **5**　No.12 **2**　No.13 **3**　No.14 **1**　No.15 **4**
No.16 **4**　No.17 **2**　No.18 **1**　No.19 **5**　No.20 **3**

3

次の情報を分類表で分類し，ローマ数字とアルファベットの組合せに置き換えたものの羅列として正しいものは，手引の1～5のうちどれか。

〈類題：国家Ⅲ種・平成11，19年度〉

たとえば，**例題4**では，情報を分類表に従って分類すると「ム→Ⅲd」,「24→Ⅲa」,「E→Ⅳd」で,「Ⅲd，Ⅲa，Ⅳd」となる。これは手引の**4**の欄のものと同じなので，正答は**4**となる。

（分類表）

	a	b	c	d
Ⅰ	ス～ヌ	55～72	ア～シ	そ～ね
Ⅱ	の～む	H～O	74～98	33～54
Ⅲ	13～32	あ～せ	U～Z	マ～ロ
Ⅳ	P～T	ネ～ホ	め～ん	A～G

（手引）

	①	②	③	①	②	③	①	②	③
1	Ⅱb	Ⅳc	Ⅳb	Ⅲb	Ⅱc	Ⅱb	Ⅱb	Ⅰb	Ⅳc
2	Ⅱa	Ⅱd	Ⅳa	Ⅳd	Ⅲb	Ⅲd	Ⅰc	Ⅳa	Ⅱd
3	Ⅰa	Ⅰd	Ⅲc	Ⅱc	Ⅱa	Ⅳd	Ⅲc	Ⅰd	Ⅲa
4	Ⅱa	Ⅲd	Ⅱd	Ⅲd	Ⅲa	Ⅳd	Ⅱc	Ⅳc	Ⅰa
5	Ⅱc	Ⅳb	Ⅳc	Ⅰd	Ⅰa	Ⅲa	Ⅲd	Ⅳd	Ⅲb

（情報）

	①	②	③	正答
例題4	ム	24	E	**4**
例題5	ほ	49	Q	**2**

いろいろな形式を織り交ぜたこのような複雑な問題は，今後どの試験でも頻出となるだろう。作業が増える分，各形式の基本的な解法のコツをいかにつかんでいるかがカギとなる。

①指，鉛筆で分類箇所を押さえる。

②置き換えたものは必ずメモする。

③暗記できない照合は1文字ずつ慎重に。

また，問題10問に対して手引の中は15の組合せがある。問題に対して，選択するものが多い場合は，——線で選んだものを消していくと整理がつきやすい。

さらに，基本問題（51ページ）でも触れたように,「情報と分類表」,「書き出したものと手引」と集中して作業を行うと，目の移動が少ない分，スピードアップが図れる。何回も練習を重ねながら，自分なりに工夫して，“より迅速にかつ正確に！”処理していってほしい。

チャレンジ！（解答時間：３分）

（分類表）

	a	b	c	d
Ⅰ	ス～ヌ	55～72	ア～シ	そ～ね
Ⅱ	の～む	H～O	74～98	33～54
Ⅲ	13～32	あ～せ	U～Z	マ～ロ
Ⅳ	P～T	ネ～ホ	め～ん	A～G

（手引）

	①	②	③	①	②	③	①	②	③
1	Ⅱb	Ⅳc	Ⅳb	Ⅲb	Ⅱc	Ⅱb	Ⅱb	Ⅰb	Ⅳc
2	Ⅱa	Ⅱd	Ⅳa	Ⅳd	Ⅲb	Ⅲd	Ⅰc	Ⅳa	Ⅱd
3	Ⅰa	Ⅰd	Ⅲc	Ⅱc	Ⅱa	Ⅳd	Ⅲc	Ⅰd	Ⅲa
4	Ⅱa	Ⅲd	Ⅱd	Ⅲd	Ⅲa	Ⅳd	Ⅱc	Ⅳc	Ⅰa
5	Ⅱc	Ⅳb	Ⅳc	Ⅰd	Ⅰa	Ⅲa	Ⅲd	Ⅳd	Ⅲb

（情報）

	①	②	③
No.21	け	85	J
No.22	77	ハ	れ
No.23	X	ぬ	29
No.24	ヨ	C	き
No.25	ふ	ミ	38
No.26	M	70	ら
No.27	94	ひ	F
No.28	ク	S	51
No.29	ぬ	テ	16
No.30	L	ゆ	ノ

正　答

No.21　**1**	No.22　**5**	No.23　**3**	No.24　**5**	No.25　**4**
No.26　**1**	No.27　**3**	No.28　**2**	No.29　**5**	No.30　**1**

過去問題編

国家Ⅲ種，国家一般職／税務

※中途採用者を含む

地方初級

市役所

国家一般職／税務・国家Ⅲ種

年度	平成21年度	平成22年度	平成23年度	平成24年度	平成25年度	平成26年度
検査1	置換＋計算	置換＋計算	置換＋計算	計算	置換＋計算	計算＋分類
検査2	分類	分類＋置換	置換＋置換	置換	置換	置換
検査3	置換	照合＋分類	置換＋分類	置換＋置換	照合	分類

年度	平成27年度	平成28年度	平成29年度	平成30年度	令和元年度	令和2年度
検査1	計算	置換＋計算	置換＋計算	置換＋計算	置換＋計算	置換＋計算
検査2	置換	置換	分類	分類	分類	分類
検査3	照合	分類	置換	照合	照合	照合

適性試験は事務系の職種にのみ課される。3形式が（10題・10題・10題）×4のスパイラル方式となっている。最も典型的な試験形式である。

計算は，平成20年度は趣向を凝らしたおもしろい計算問題だが，平成16年度の問題は，平成26年度にも同形式で出題されるなど，ここ数年，過去に出題されたことのある基本的な計算問題が頻出である。基礎的な計算（九九，2ケタの加減等）は確実に素早くできるように練習しておきたい。

置換，分類，照合形式の問題も，過去にかなり複雑な形式の問題が出題されていたが，ここ数年はオーソドックスな問題に落ち着いている。さらに，問題を見ればわかると思うが，計算同様，過去に出題された問題と同じ形式の問題が頻出である。過去問には必ず当たって十分に練習を積み，解法のコツをつかんでおきたい。国家一般職／税務（23年度までは国家Ⅲ種）の問題は，紙面いっぱいに手引や表を用いているのが特徴である。一見すると，「難しい⁉」と思いがちだが，内容としては，基本的なものばかりなので焦らず落ち着いて取り組んでいきたい。図形把握は平成13年度に出題されたのを最後に，それ以降出題されていないが，今後出題される可能性も十分にあるので，練習しておきたい。

計算は，負の数や3ケタ以上の加減も今後出題されると思われるので，十分練習を積んでおきたい。過去問は必見である。ほかの公務員試験の過去問にも当たり，どんな問題にも対処できるセンスを磨いておこう。内容的にはいくらか易しくなってきた国家一般職／税務の適性試験であるが，内容が易しいということは，皆が点を取れるということである。素早さ，正確さが合否の決め手となる。1点でも多く取れるよう，集中して取り組んでいってほしい。

社会人・中途採用者

年度	平成27年度	平成28年度	平成29年度	平成30年度	令和元年度	令和2年度
検査1	計算	置換＋計算	置換＋計算	置換＋計算	置換＋計算	置換＋計算
検査2	置換	置換	分類	分類	分類	分類
検査3	照合	分類	置換	照合	照合	照合

平成19年度に初めて実施された中途採用者試験（国家公務員中途採用者選考試験：24年度からは国家公務員採用一般職試験［社会人試験（係員級）］）だが，24年度まで毎年，国家一般職／税務・国家Ⅲ種と同じ日に行われ，国家一般職／税務・国家Ⅲ種と同じ3形式が（10題・10題・10題）×4のスパイラル方式となっている。個々の問題内容は異なるものの，**出題形式はすべて国家一般職／税務・国家Ⅲ種とまったく同じである**。

19年度の置換＋計算は，平成8，12年度国家Ⅲ種で同じような形式の問題が出題され，照合は7年度，置換＋分類は14年度の国家Ⅲ種とまったく同じ形式の問題である。20年度の置換＋計算は新しい形式の問題だが，置換は9年度国家Ⅲ種とまったく同じ形式の問題で，照合は平成5，9年度国家Ⅲ種で出題された（このときの字数は15～25字）頻出の文章照合。このような40字の長文は平成14年度まで実施された郵政外務試験で平成6年度に出題されている。

平成21年度以降も，問題を見ればわかると思うが，過去に出題された問題と同じ形式の問題が頻出である。過去問と同じ形式が出題されるのは，受験生にとっては「見慣れた問題！」と安心感もあるだろうが，ほかの受験生にとってもそうなのだから，1点の重みはかなり大きい。基礎的な計算能力（九九，2ケタの加減等）を磨き，各形式の基本的な解き方を十分理解して試験に臨みたい。

出題形式についての傾向を知るために，上記の一覧表を見てみよう。どの年度でも「置換」と「計算」問題が出題されていることに気がつく。近年は，「置換」，「計算」形式と他の形式の問題を組み合わせた「複合問題」として使われることもある。「計算」と「置換」は毎年必ず出題されるだろう。

今後，独自の問題が出される可能性もあるが，国家一般職／税務・国家Ⅲ種の過去問は必見である。また，地方初級，市役所の過去問にも当たっておくとよいだろう。適性試験は「基本的な能力」プラス「慣れ」である。いろいろな問題に当たり，自分なりにコツをつかんで，素早く，正確に解いていきたい。

地方初級

年度	平成17年度	平成18年度	平成19年度	平成20年度	平成21年度	平成22年度
検査1	図形把握	図形把握	図形把握	図形把握	図形把握	図形把握
検査2	分類+置換+分類	照合	照合	照合	照合	置換
検査3	計算＋分類	計算＋分類	計算＋計算	計算＋分類	計算＋分類	計算＋計算

年度	平成23年度	平成24年度	平成25年度	平成26年度	平成27年度	平成28年度
検査1	図形把握	図形把握	図形把握	図形把握	図形把握	図形把握
検査2	照合＋分類	分類+置換+分類	照合	照合	照合	照合
検査3	計算＋分類	照合＋計算	計算	計算＋照合	置換＋計算	計算＋分類

地方初級（県および政令指定都市）で平成24年度に適性試験を実施している自治体は，愛媛県，佐賀県，熊本県，北九州市の4自治体（判明分）であるが，問題は，教養試験のタイプに関係なく，県・政令指定都市とも共通の問題と思われる。ただし，最近は実施しない県・政令指定都市が増えているので，募集要項等で確認しておきたい。3形式が（10題・10題・10題）×4のスパイラル方式となっている。

以前の地方初級は，毎年趣向を凝らした新しい形式の問題が多かったが，18年度以降，過去に出題された問題に酷似した問題がよく出されるようになっている。過去の良問をリメイクする傾向が地方初級にも見られる。かなり前の問題にまでさかのぼって過去問に当たっておくとよいだろう。

図形把握は毎年出題されている。平成19年度の図形は，地方初級・元年度の図形とまったく同じで，さらに市役所・平成23年度でも出題されている（236ページ参照）。また，平成20年度の図形は，地方初級・平成2年度の図形に酷似している。新しい図形も出題されてはいるが，過去の図形にはすべて目を通し，どれも完璧にすばやく把握できるようにしておきたい。

置換，照合問題は頻出である。「いくつ正しく置き換えられているか？」「間違っている文字はいくつあるか？」といった問い方が頻出で，最後まで文字を追っていかないと答えが導き出せない問題なので，どうしても時間はかかってしまう。「過去問で慣れていても時間はかかる」と忍耐強く取り組んでいきたい。

計算は最近，基本的な四則計算が頻出である。ただし，4ケタの数字，負の数を含んだ問題も出題されているので練習しておきたい。置換，照合で時間がかかる分，計算ではスピードアップを図りたい。

地方初級の問題は内容的におもしろい問題ばかり。本番では，肩の力を抜いて，楽しんで解いていけるよう，十分練習を積んでおきたい。

市役所

年度	平成17年度	平成18年度	平成19年度	平成20年度	平成21年度	平成22年度
検査1	照合	照合	照合	照合	照合	照合＋分類
検査2	図形把握	図形把握	図形把握	図形把握	図形把握	図形把握
検査3	計算	計算＋計算	計算	計算	計算＋計算	計算＋計算

年度	平成23年度	平成24年度	平成25年度	平成26年度	平成27年度	平成28年度
検査1	照合	照合	(不明)	照合	照合	照合
検査2	図形把握	図形把握	(不明)	図形把握	図形把握	図形把握
検査3	計算	計算＋計算	(不明)	計算	計算	計算

市役所（政令指定都市を除く）によっては適性試験を実施しないところもあるので，募集要項等で確認しておくこと。実施しているところは，第一次試験で課すところがほとんどである。3形式が（10題・10題・5題）×4のスパイラル方式となっている。毎年，照合10題，図形把握10題，計算5題という出題パターンが続いており，この形式は，今後も続くと思われる。

市役所業務に関連してか，照合問題が頻出となっている。長文照合などボリュームの多い問題が多い。内容的にはそれほど難しくないが，市役所試験は，**100題10分**なので，平均して10題を60秒以内に解いていかなければならない（ほかの試験は**120題15分**なので，平均して10題75秒）。時間が短い分，素早く処理していけるよう，十分に練習を積んでおきたい。

各検査とも，過去に国家一般職・国家Ⅲ種，地方初級，平成18年度以前の郵政一般職（平成14年度以前は郵政外務）の本試験で出題されたものとまったく同じ形式の問題が出題されやすい。もちろん，数字や，文章の内容，手引の文字は異なって出されているが，形式はほぼ同じである。図形把握については，順番や配列は異なっていても，まったく同じ図形で出題されている。これは把握のコツをつかんでおけるので，前もって練習しておきたい。また，計算は，置換の要素を含んだり，計算を何回もしないと答えが出ないような複雑な問題も出題されている。基礎的な計算力（九九，2ケタの加減等）アップを心掛けたい。

市役所の試験を受ける人は，必ず，ほかの試験の過去問に当たっておくこと。ほかの受験者も皆，把握のコツをあらかじめつかんでいるのだから，1点の差は合否を大きく左右する。素早く，正確に処理できるよう十分に練習をしておきたい。

今後も，過去に国家一般職・国家Ⅲ種，地方初級，平成18年度以前の郵政一般職（平成14年度以前は郵政外務）の本試験で出題された問題とよく似た問題が出題されると予想されるので，これらの試験の過去問はできるだけ解いて，練習しておきたい。

国家Ⅲ種 【平成20年度】

練習問題

66ページからの試験問題を始める前に次の説明をよく読み，やり方を理解してください。試験問題の解答時間は15分です。

【検査1】

この検査は，隣り合う数を，左の枠内に指定された演算記号に従って計算し，さらに，その答えの一の位の数字だけを使用して計算することを繰り返し，最後に出た答えを選択肢から選んでマークをするものである。

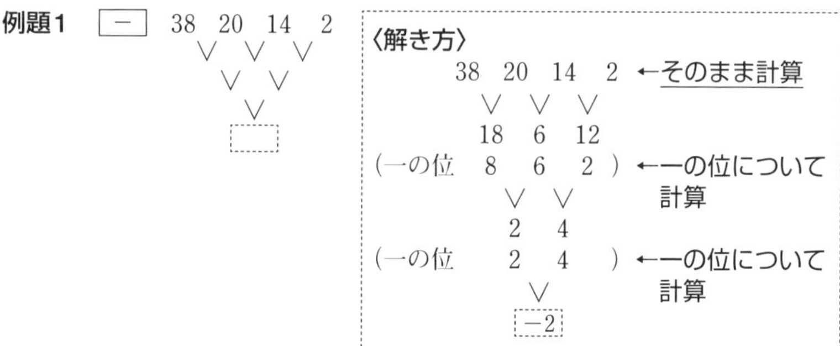

選択肢番号	1	2	3	4	5
	−1	−2	−3	−4	−5

指定された演算記号は「−(マイナス)」であるから，〈解き方〉にあるように，隣り合う数同士について，左にある数から右にある数を引く。具体的には，まず，38−20＝18，20−14＝6，14−2＝12の計算を行い，次に，それぞれの答えの一の位である「8　6　2」について同様に引き算を行うと，8−6＝2，6−2＝4となり，さらに，これらの答えの一の位である「2　4」について同様に引き算を行うと，答えは「−2」となり，これは選択肢番号「**2**」の位置にあるから，正答は**2**となる。

正　答　　例題1　2

【検査2】

この検査は，与えられたアルファベットの文字列三組を，手引を用いて仮名に置き換え，その結果を選択肢から選んでマークをするものである。

【国家Ⅲ種・平成9年度】

（手引）

	a	b	c	d
A	タ	シ	ト	イ
B	ヨ	ケ	ニ	ハ
C	ク	テ	メ	セ

例題2　Ad　Cc　Ba

1	**2**	**3**	**4**	**5**
イニヨ	イメタ	イメヨ	イニタ	イメク

例題では，最初の文字列「Ad」は，手引中の「A」の行と「d」の列が交差する欄にある「イ」に置き換えられる。同様に，「Cc」は「メ」に，「Ba」は「ヨ」に置き換えられるから，答えは「イメヨ」であり，これは選択肢番号「**3**」の位置にあるから，正答は**3**となる。

正　答　例題2　3

【検査3】

この検査は，原文と複写文とを照合して，複写文の**1**～**5**のどの箇所に誤りがあるかを探し，その誤りが含まれている箇所の番号にマークをするものである。

【国家Ⅲ種・平成5，10年度】

	－原文－	－複写文－ **1**	**2**	**3**	**4**	**5**
例題3	河川は丘陵を深く刻んで流れ，その沿岸にはいたるところに草木が生い茂り，見る者を郷	河川は丘いたると	陸を深くころに草	刻んで流木が生い	れ，その茂り，見	沿岸にはる者を郷

例題では，原文1行目の「陵」が，複写文では「陸」となっており，この誤りは複写文の「**2**」の箇所にあるから，正答は**2**となる。

正　答　例題3　2

No.	Operation	Numbers	1	2	3	4	5
No. 1	+	5　8　3　4	10	11	12	13	14
No. 2	+	4　6　1　10	15	14	13	12	11
No. 3	×	2　3　2　4	12	24	36	48	64
No. 4	+	5　6　7　4	2	4	6	8	10
No. 5	×	8　4　1　6	4	8	16	24	32
No. 6	−	18　4　2　1	1	2	3	4	5
No. 7	+	9　6　5　8	12	10	8	6	4
No. 8	+	1　4　7　2	10	9	8	7	6
No. 9	−	34　18　6　5	1	2	3	4	5
No.10	−	28　11　5　3	−1	−2	−3	−4	−5

（手引）

	a	b	c	d
A	ヌ	ヤ	ウ	ム
B	ナ	オ	ネ	ツ
C	ソ	ヲ	ジ	ア

				1	2	3	4	5
No.11	Bb	Aa	Cc	オナジ	オヌジ	オヌネ	ナヌソ	オヤジ
No.12	Cb	Ad	Ba	ヲムナ	ヲムヌ	ソウナ	ヲツヌ	ヲウナ
No.13	Cd	Ac	Ca	アウチ	ツウソ	アウナ	アウソ	アヤソ
No.14	Ab	Cc	Bd	ヌジツ	ヤジネ	ヤネツ	ヤジム	ヤジツ
No.15	Cd	Ba	Ab	アナヌ	アナヤ	アヌヤ	アソヤ	ツヌジ
No.16	Bc	Cb	Aa	ネヲヌ	ネソヤ	ネソヌ	ネオヤ	ネヲヤ
No.17	Ad	Ca	Bb	ムソヤ	ムチオ	ムナオ	ムソナ	ムソオ
No.18	Ba	Ac	Cd	ナウジ	ナウア	ナウツ	ナヤア	ナヤツ
No.19	Cb	Bd	Ab	ヲネヤ	ヲムヤ	オツヌ	ヲツヌ	ヲツヤ
No.20	Bb	Cd	Ac	オツム	オアツ	オアウ	オアム	オツウ

	－原文－	1	2	3	4	5
		－複写文－				
No.21	関心はしだいに実践の場面から離れ，法現象なかでも法の規範的存在性格を科学的に解明	関心はし なかでも	だいに実 法の規範	践の場面 的存在性	から離れ 質を科学	，法現象 的に解明
No.22	思惟というのは心理学から見れば，表象間の関係を定めこれを統一する作用である。その	思惟とい 関係を定	うのは心 めこれを	理学的に 統一する	見れば， 作用であ	表象間の る。その
No.23	対自性上の価値的対立と，対他性上の非価値的対立とは，上下の正方形の二対の対角線が	対自性上 的対立と	の価値的 は，上下	対立と， の正方形	排他性上 の二対の	の非価値 対角線が
No.24	伸縮変形をした後に再び切り離した部分をもとどおりにはり合わせても図形上の点相互の	伸縮変形 とどおり	をした後 に貼り合	に再び切 わせても	り離した 図形上の	部分をも 点相互の
No.25	耳朶に響いたピストルは，過去二年間にわたる血と涙と汗の苦労が，この五分間で終った	耳朶に響 る皿と涙	いたピス と汗の苦	トルは， 労が，こ	過去二年 の五分間	間にわた で終った
No.26	ドイツの小都市メスキルヒに生まれた。父は，カトリックのザンクト・マルティン教会	ドイツの は，カト	小都市メ リックの	スルキル ザンクト	ヒに生ま ・マルテ	れた。父 ィン教会
No.27	あれは恐らくそんな遠くからやっと届いた風のために枯れ切った木の枝と枝とが触れ合ってい	あれは恐 のために	らくそん 枯れ切っ	な遠くか た枝と枝	らやっと とが触れ	届いた風 合ってい
No.28	翌年の二月，買入れた土地の開墾や建築を暫く人手に委ねて，自分はシドニー迄出掛けて	翌年の二 く人手に	月，買入 委ねて，	れた土地 自分はシ	の開墾や ドニー迄	建設を暫 出掛けて
No.29	裏表のある人間は日記でも書いて世間に出されない自己の面目を暗室内に発揮する必要が	表裏のあ れない自	る人間は 己の面目	日記でも を暗室内	書いて世 に発揮す	間に出さ る必要が
No.30	水準については多くの国において，小さな政府と大きな政府の思想の間で論争が続いた。	水準につ 府と大き	いては多 い政府の	くの国に 思想の間	おいて， で論争が	小さな政 続いた。

			1	2	3	4	5
No.31	+	6 11 7 8	10	8	6	4	2
No.32	×	9 2 3 13	16	20	28	32	40
No.33	÷	28 2 1	0	2	4	6	8
No.34	+	17 12 25 10	14	8	6	4	2
No.35	+	4 21 39 8	2	5	7	10	12
No.36	+	14 4 37 8	15	14	13	12	11
No.37	−	36 19 13 2	−1	−2	−3	−4	−5
No.38	÷	96 6 3	1	2	3	4	5
No.39	×	3 5 7 8	20	15	10	5	0
No.40	+	2 23 31 6	8	9	10	11	12

（手引）

	a	b	c	d
A	る	ぱ	ち	ぬ
B	ん	て	は	じ
C	や	お	れ	さ

				1	2	3	4	5
No.41	Ac	Ca	Bd	ちえは	ちやは	ちえさ	ちやじ	ちえじ
No.42	Cd	Bb	Ad	さてま	さてこ	さてぬ	さぱま	さおま
No.43	Bc	Aa	Cc	はんれ	はるれ	はるお	てるれ	はんお
No.44	Ab	Ba	Cb	ぱてや	ぱるや	ぱんや	ぱんお	ぱんて
No.45	Cc	Bb	Ac	れてぬ	れちぬ	れはぱ	れはち	れてち
No.46	Ba	Cd	Ad	んさち	んさぬ	んさじ	んれじ	んれぬ
No.47	Ab	Bc	Ca	ぱちや	ぱはん	ぱはや	ぱてや	ぱてん
No.48	Cb	Aa	Bd	おるは	おるじ	おるぬ	おんじ	おんは
No.49	Bb	Cc	Ac	てじち	ておち	てれる	てれぱ	てれち
No.50	Ad	Bd	Ca	ぬはん	ぬはや	ぬじん	ぬじや	ちじや

	―原文―	―複写文― 1	2	3	4	5
No.51	まったく，とうとう，こしらえやがった。アリョーシャという，死の直前に，ようやく，	まったく リョーシ	，とうと ャという	う，こし ，死の直	らえやが 前に，よ	った，ア うやく，
No.52	この逸話は，きわめて精緻な現象学的記述を無類の集中力で繰り広げる後年のフッサール	この逸話 無類の集	は，きわ 中力でく	めて精緻 り広げる	な現象学 後年のフ	的記述を ッサール
No.53	見たところのスマートだけでは，真に美なる物とはなり得ない。すべては，実質の問題だ	見たとこ 者とはな	ろのスマ り得ない	ートだけ 。すべて	では，真 は，実質	に美なる の問題だ
No.54	トンネル進入時の騒音などが大きくならないよう鳥のくちばしのように先端部分を長くした	トンネル よう鳥の	進入時の くちばし	騒音など のように	が大きく 先端部を	ならない 長くした
No.55	英語の有用性は疑う余地がありませんが，その習得や強化には，点字化された学習教材の	英語の有 の習得や	用性は疑 強化には	う余地が ，点字化	ありませ された学	んが，そ 校教材の
No.56	あの桜の樹の下で酒宴をひらいている村人たちと同じ権利で，花見の酒が呑めそうな気が	あの桜の ちと同じ	樹の下で 権利で，	酒宴をひ 花見の酒	らいてい が呑めそ	た村人た うな気が
No.57	八月の末で馬鹿に蒸し暑い東京の町を駆けずり廻り，月末にはまだ二三日間があるという	八月の末 り廻り，	で馬鹿に 月末には	蒸し暑い まだ二三	東京の町 日だけあ	を駆けず るという
No.58	上りつめたる第五層の戸を押明けて今しもぬつと十兵衛半身あらはせば，礫を投ぐるが如	上りつめ つと十兵	たる第五 衛半身あ	層の扉を らはせば	押明けて ，礫を投	今しもぬ ぐるが如
No.59	構成諸国間のモノの自由移動を達成するため域内の関税や数量割りを廃止し，対外的に共	構成諸国 域内の関	間のモノ 税や数量	の自由移 割りを廃	動を達成 止して対	するため 外的に共
No.60	個人は一定の社会に特有な生産と分配の組織にもとづく，一定の生活様式を受けいれなけ	個人は一 にもとづ	定の社会 く，一定	に特有の の生活様	生産と分 式を受け	配の組織 いれなけ

			1	2	3	4	5
No.61	＋	16　9　26　11	1	2	3	4	5
No.62	＋	9　17　27　5	2	4	6	8	10
No.63	－	48　19　11　9	−1	−2	−3	−4	−5
No.64	÷	72　4　2	0	2	4	6	8
No.65	＋	12　13　5　3	6	7	8	9	10
No.66	×	5　3　9　3	50	45	40	35	30
No.67	＋	3　22　8　10	7	9	11	13	15
No.68	－	44　35　18　7	−1	−2	−3	−4	−5
No.69	×	7　12　3　8	32	28	22	18	16
No.70	＋	20　5　36　3	6	8	10	12	14

（手引）

	a	b	c	d
A	ふ	ヨ	り	レ
B	ハ	ぞ	ケ	わ
C	ぺ	ラ	の	キ

				1	2	3	4	5
No.71	Cc	Bd	Aa	のレふ	のわふ	のわハ	のケふ	ラわふ
No.72	Bb	Ac	Cd	ぞりキ	ぞりわ	ぞりの	ぞヨキ	ぞりレ
No.73	Ca	Ab	Bc	ぺヨラ	ぺヨケ	ぺヨの	ぺふケ	ぺふラ
No.74	Ad	Cb	Ba	りラハ	レぺハ	レぞハ	レラふ	レラハ
No.75	Bd	Ca	Ac	わぺり	わぺヨ	わぺレ	わハり	わハヨ
No.76	Aa	Bc	Cd	ふりの	ふぞキ	ふりキ	ふケの	ふケキ
No.77	Ad	Cc	Bb	レのぞ	レのハ	レラぞ	レラハ	レのヨ
No.78	Cb	Ba	Ab	ラハぞ	ラぺヨ	ラハヨ	ラハふ	ラふヨ
No.79	Bc	Ad	Ca	ケレり	ケヨぺ	ケレハ	ケレぺ	ケりぺ
No.80	Cd	Bb	Ac	キぞり	キぞヨ	キハり	キハヨ	キヨり

	―原文―	―複写文― 1	2	3	4	5
No.81	和語は，古来の日本語で大和言葉とも言われている。初めは文字を持たなかったので，話し	和語は，てる。初	古来の日めは文字	本語で大を持たな	和言葉とかったの	も言われで，話し
No.82	いくらか服装はまさっているが，似たり寄ったり，なぜ二人とも洋服を着ているか，むしろ	いくらかたり，な	服装はまぜ二人と	さっていも服を着	るが，似ているか	たり寄っ，むしろ
No.83	発火事例が記憶に新しいが，発熱によって有機溶媒が揮発し内圧上昇による膨張や発火の	発火事例機溶媒が	が記憶に発揮し内	新しいが圧上昇に	，発熱による膨張	よって有や発火の
No.84	電子が一定量の陰電気を帯びている事，その質量が水素原子の質量のおよそ千八百分の一	電子が一質量が水	定量の陰素分子の	電気を帯質量のお	びているよそ千八	事，その百分の一
No.85	なるほど，「朱に交われば赤くなる」だね。だいぶしっかりして来たね。も少し字配り	なるほどだいぶし	，「朱にっかりし	交わればて来たね	赤くなる。もう少	」だね。し字配り
No.86	そこに，ヨーロッパ文明の危機，いや終焉をすら感じとったのである。シュペングラーの	そこに，すら感じ	ヨーロッとったの	パ文化のである。	危機，いシュペン	や終焉をグラーの
No.87	子狐はすなおに，握って来た白銅貨を二つ帽子屋さんに渡しました。帽子屋さんはそれを	子狐はす子屋さん	なおに，に渡しま	握って来した。帽	た白銀貨子屋さん	を二つ帽はそれを
No.88	屋敷の西側に一丈五六尺も廻るような椎の樹が四五本重なり合って立って居る。村一番	屋敷の西が四，五	側に一丈本重なり	五六尺も合って立	廻るようって居る	な椎の樹。村一番
No.89	彼らは父子代々の音楽家で，その地方，ケルンとマンハイム間では，音楽家仲間に名が	彼らは父ンとマン	子代々のハイムと	音楽家で間では，	，その地音楽家仲	方，ケル間に名が
No.90	外的権威から解放されて，自由に行動できるようになったことを誇りに思っている。しかし	外的権威うになっ	から解放たことを	されて，誇りに思	自由行動っている	できるよ。しかし

No.			1	2	3	4	5
No. 91	+	7 11 28 6	4	10	14	20	24
No. 92	−	41 22 14 2	−1	−2	−3	−4	−5
No. 93	÷	84 6 3	1	2	3	4	5
No. 94	+	5 18 40 17	4	6	10	14	16
No. 95	+	11 16 32 7	2	7	12	15	22
No. 96	÷	135 15 5	1	2	3	4	5
No. 97	×	2 7 3 9	28	32	40	48	56
No. 98	+	7 25 19 5	14	13	12	11	10
No. 99	+	15 28 25 9	16	15	14	13	12
No.100	×	6 11 3 5	30	35	40	45	50

（手引）

	a	b	c	d
A	メ	ぼ	ン	い
B	を	へ	し	デ
C	ザ	よ	シ	う

				1	2	3	4	5
No.101	Ba	Ac	Cb	をンへ	をぼよ	をンよ	をンザ	をぼへ
No.102	Ab	Cc	Bd	ぼシう	ぼシい	ぼシデ	ぼよデ	ぼしい
No.103	Cd	Bc	Aa	うしメ	うしぼ	うンメ	うへメ	うしを
No.104	Ca	Ad	Bb	ザいを	ザいへ	ザいぼ	ザンへ	ザしへ
No.105	Bd	Cb	Ab	デよぼ	デへぼ	デザぼ	デよメ	デよン
No.106	Bc	Ab	Ca	しメザ	しぼメ	しぼを	しぼザ	しをザ
No.107	Aa	Bb	Cd	メをう	メへデ	メぼう	メへシ	メへう
No.108	Cb	Bd	Ac	よデン	よデぼ	よしン	よいン	よデい
No.109	Ad	Ca	Bc	いメし	いをし	いザへ	いザン	いザし
No.110	Bb	Aa	Cc	へメよ	へメシ	へメン	へをシ	へぼシ

	―原文―	―複写文― 1	2	3	4	5
No.111	敵を討つなどという心よりも，このかよわい人間の双の腕によって成し遂げられた偉業に	敵を討つ 人間の双	などとい の腕によ	う心より って成し	も，この 遂げられ	かよわい た事業に
No.112	監視施設からすべての房が見渡せるようになっていた。さらに，建物の上部はガラス屋根	監視施設 っている	からすべ 。さらに	ての房が ，建物の	見渡せる 上部はガ	ようにな ラス屋根
No.113	其日の出発を聞伝へて，せめて見送りしたいといふ可憐な心根から，いづれも丑松を慕つて	其日の出 いふ可憐	発を聞伝 な心根か	へて，せ ら，いづ	めて見送 れも丑松	りたいと を慕つて
No.114	葡萄の一房をもぎ取って，真白い左の手の上に粉のふいた紫色の房を乗せて，細長い銀色	葡萄の一 に粉がふ	房をもぎ いた紫色	取って， の房を乗	真白い左 せて，細	の手の上 長い銀色
No.115	配列された三角形・円・波状の曲線などの幾何的なパターンや色彩の組合せによって，	配列され 何学的な	た三角形 パターン	・円・波 や色彩の	状の曲線 組合せに	などの幾 よって，
No.116	いじめを止めるのは勇気がいるかもしれないが，知らせることぐらいはできるんじゃないか	いじめを が，知ら	止めるの せること	は勇気が ぐらいは	いるかも できるじ	しれない ゃないか
No.117	実にわずかばかりの科学の知識をたのんで，もうすっかり大自然を征服したつもりでいる。	実にわず うすっか	かばかり り大自然	の科学の を征服し	知識を頼 たつもり	んで，も でいる。
No.118	目指すところを要約すれば「誰にでも公平かつ自由に利用でき，容易に使用方法や情報が	目指すと つ自在に	ころを要 利用でき	約すれば ，容易に	「誰にで 使用方法	も公平か や情報が
No.119	私はあの檸檬が好きだ。レモンエロウの絵具をチューブから搾り出して固めたあの単純な	私はあの をチュー	檸檬が好 ブから搾	きだ。レ り出して	モンエロ 固めたあ	ウの絵貝 の単純な
No.120	対策に十分なコストをかけずに済むことが企業の収益期待を高め，過剰投資を生んできた	対策に十 業の収益	分なコス 期待を高	トをかけ め，過剰	ずに済む 融資を生	ことが企 んできた

正答

No.	正答	No.	正答	No.	正答	No.	正答
No. 1	3	No. 31	2	No. 61	2	No. 91	2
No. 2	1	No. 32	4	No. 62	3	No. 92	5
No. 3	4	No. 33	2	No. 63	5	No. 93	2
No. 4	4	No. 34	2	No. 64	3	No. 94	2
No. 5	5	No. 35	5	No. 65	4	No. 95	3
No. 6	1	No. 36	1	No. 66	2	No. 96	3
No. 7	2	No. 37	4	No. 67	4	No. 97	1
No. 8	5	No. 38	3	No. 68	4	No. 98	1
No. 9	3	No. 39	5	No. 69	5	No. 99	4
No. 10	3	No. 40	3	No. 70	1	No.100	3
No. 11	2	No. 41	4	No. 71	2	No.101	3
No. 12	1	No. 42	3	No. 72	1	No.102	3
No. 13	4	No. 43	2	No. 73	2	No.103	1
No. 14	5	No. 44	4	No. 74	5	No.104	2
No. 15	2	No. 45	5	No. 75	1	No.105	1
No. 16	1	No. 46	2	No. 76	5	No.106	4
No. 17	5	No. 47	3	No. 77	1	No.107	5
No. 18	2	No. 48	2	No. 78	3	No.108	1
No. 19	5	No. 49	5	No. 79	4	No.109	5
No. 20	3	No. 50	4	No. 80	1	No.110	2
No. 21	4	No. 51	5	No. 81	1	No.111	5
No. 22	3	No. 52	2	No. 82	3	No.112	1
No. 23	4	No. 53	1	No. 83	2	No.113	5
No. 24	2	No. 54	4	No. 84	2	No.114	1
No. 25	1	No. 55	5	No. 85	4	No.115	1
No. 26	3	No. 56	5	No. 86	3	No.116	4
No. 27	3	No. 57	4	No. 87	4	No.117	4
No. 28	5	No. 58	3	No. 88	1	No.118	1
No. 29	1	No. 59	4	No. 89	2	No.119	5
No. 30	2	No. 60	3	No. 90	4	No.120	4

合格ライン

120点中

100点以上

	正答数		誤答数		得点
1回目の結果		−		＝	
2回目の結果		−		＝	
3回目の結果		−		＝	

解説

平成20年度の国家Ⅲ種，中途採用者試験は，置換＋計算＋計算，置換，照合の3形式であった。計算は目新しい問題だったが，置換，照合は過去にも同じような形式の問題が出題されている。分量はあるが，基本的な問題なので，素早く処理していきたい。

【検査1】

非常におもしろい計算問題である。何回も計算をくりかえして，結果を導いていくので，基本的な計算能力（2ケタの加減，九九）が問われる問題だ。

指定された演算記号を見間違えないこと。∨の下に計算結果を書き出しながら解いていく。一の位だけの計算なので，一の位だけを書き出していくとより計算しやすい（下記参照）。自分なりに工夫して，スピードアップを図りたい。

（例）［×］

```
                                4   2   8   4   2×8＝16  なので 6
                 4×2＝8          ∨   ∨   ∨
                                  8   6   2      8×4＝32  なので 2
                                    ∨   ∨
       8×6＝48なので 8                8   2        6×2＝12  なので 2
                                      ∨
                                      16     8×2＝16 となる
```

【検査2】

平成9年度，国家Ⅲ種でも同じ形式の問題が出題された。縦欄，横欄を指やエンピツで押さえながら，置き換えた文字を順番に必ず書き出していく。選択肢の3文字もかなりまぎらわしくなっているので，慎重に選んでいきたい。このような置換問題は，置き換えた文字を書き出すことで，混乱せず，より素早く正確に解答できる。走り書きでよい。「書き出してから選択肢を選ぶ」ことを忘れないでほしい。

【検査3】

40字の長文照合問題。分量が多いだけに，照合時間もかかってしまう。「間違いはこの辺だろう……」などと，勘だけでながめていっても，意外とはずれて混乱し，かえって時間がかかってしまうものである。「自分は校正者！」と腹をくくって，指と鉛筆で1文字ずつ照らし合わせていくこと。同音異義語，へん，つくりが同じ語，形が似ている語には要注意。また文章として読んでしまうと，「大きい→大きな」「性格→性質」「建築→建設」等，意味が似ている語を見落としやすいので，1文字1文字の照合に徹したい。間違いが見つかったら，どんなに文章がおもしろくても最後まで読まずに，さっさと次の問題にとりかかること。

国家Ⅲ種 【平成23年度】

練習問題

78ページからの試験問題を始める前に次の説明をよく読み，やり方を理解してください。試験問題の解答時間は15分です。

【検査1】

この検査は，手引の表から指定された数値を取り出して，与えられた数式に当てはめて計算を行い，その答えのある選択肢と同じ位置にマークをするものである。

【国家Ⅲ種・平成9年度】

（手引）

	A	B	C	D
Ⅰ	3	6	15	11
Ⅱ	12	9	18	3

		1	2	3	4	5
例題1	Ⅱ：B÷D＋A	14	15	16	17	18

例題では，手引のⅡの行でB，D，Aの数値を取り出し，与えられた式に当てはめて計算すると，答えは「15」となる。「15」は選択肢「**2**」の位置にあるから，正答は**2**となる。

正　答　　例題1　2

【検査2】

この検査は，**カレンダー**と**予定表**を用いて，指定された日付に対応する予定を選び，その予定のある選択肢と同じ位置にマークをするものである。**カレンダー**と**予定表**はそれぞれ二つあり，指定されたものを使用する。

（カレンダー）A

	日	月	火	水	木	金	土
1週							1
2週	2	3	4	5	6	7	8
3週	9	10	11	12	13	14	15
4週	16	17	18	19	20	21	22
5週	23	24	25	26	27	28	29
6週	30	31					

B

	月	火	水	木	金	土	日
1週				1	2	3	4
2週	5	6	7	8	9	10	11
3週	12	13	14	15	16	17	18
4週	19	20	21	22	23	24	25
5週	26	27	28	29	30	31	
6週							

（予定表）

①

	月・水	火・金	木・土	日
1・2週	うどん	天ぷら	グラタン	餃子
3・5週	焼き魚	おでん	ステーキ	牛丼
4・6週	コロッケ	カレー	すき焼き	八宝菜

②

	日・月	火・水	木・金	土
1・4週	すき焼き	餃子	コロッケ	ステーキ
2・5週	おでん	グラタン	うどん	八宝菜
3・6週	カレー	天ぷら	牛丼	焼き魚

	日付	カレンダー	予定表	1	2	3	4	5
例題2	16日	B	①	うどん	焼き魚	コロッケ	おでん	八宝菜

例題では，**カレンダー**Bにおいて，日付「16日」は3週目の金曜日であり，この条件を**予定表**①に当てはめると，「3・5週」の行と「火・金」の列が交差する欄にある「おでん」となる。これは選択肢「**4**」の位置にあるから，正答は**4**となる。

正　答　　例題2　4

【検査3】

この検査は，手引の表から，指定された行と列が交差する欄にある文字を抜き出し，それを分類表によって分類したときに当てはまる記号を選び，その記号のある選択肢と同じ位置にマークをするものである。

【国家Ⅲ種・平成14，19年度】

（手引）

	Ⅰ	Ⅱ	Ⅲ
⑤	く	e	19
②	N	ナ	y
①	ル	B	し
③	2	わ	q
④	む	7	ヒ

（分類表）

	大文字 片仮名 偶　数	小文字 平仮名 奇　数
数値	◆	☆
英字	○	▽
仮名	▲	●

例題3　③・Ⅱ

1	2	3	4	5
◆	▽	☆	▲	●

例題では，手引の表の「③」の行と「Ⅱ」の列が交差する欄にあるのは「わ」である。これを分類表に当てはめると「仮名」と「平仮名」に該当し，答えは「●」となる。これは選択肢「**5**」の位置にあるから，正答は**5**となる。

正　答　　例題3　5

（手引）

	A	B	C	D
Ⅰ	3	11	4	5
Ⅱ	22	6	2	7
Ⅲ	2	14	36	5
Ⅳ	15	24	18	3
Ⅴ	2	4	15	8

		1	2	3	4	5
No. 1	Ⅳ：A－B÷D	3	5	7	9	11
No. 2	Ⅰ：B＋D×A	29	26	23	19	16
No. 3	Ⅲ：B÷(A＋D)	2	3	4	5	6
No. 4	Ⅱ：B＋A÷C	7	9	11	15	17
No. 5	Ⅴ：A＋B×C	47	52	57	62	67
No. 6	Ⅲ：C÷A－B	10	8	6	4	2
No. 7	Ⅰ：D＋A－C	2	3	4	5	6
No. 8	Ⅱ：A－D×C	6	8	12	14	16
No. 9	Ⅴ：B×(C－D)	28	24	20	18	16
No.10	Ⅳ：C÷D＋B	38	36	34	32	30

（カレンダー）

A

	月	火	水	木	金	土	日
1週					1	2	3
2週	4	5	6	7	8	9	10
3週	11	12	13	14	15	16	17
4週	18	19	20	21	22	23	24
5週	25	26	27	28	29	30	31
6週							

B

	日	月	火	水	木	金	土
1週							1
2週	2	3	4	5	6	7	8
3週	9	10	11	12	13	14	15
4週	16	17	18	19	20	21	22
5週	23	24	25	26	27	28	29
6週	30	31					

（予定表）

①

	月・金	火・土	日・水	木
1･6週	サッカー	ラグビー	水泳	弓道
2･5週	剣道	陸上	野球	卓球
3･4週	マラソン	テニス	体操	柔道

②

	月・水	火・木	日・金	土
1･3週	卓球	野球	柔道	陸上
2･6週	マラソン	サッカー	テニス	水泳
4･5週	弓道	剣道	ラグビー	体操

	日付	カレンダー	予定表	1	2	3	4	5
No.11	19日	A	①	マラソン	剣道	陸上	体操	テニス
No.12	5日	B	②	弓道	テニス	サッカー	マラソン	卓球
No.13	31日	B	①	陸上	サッカー	剣道	ラグビー	マラソン
No.14	23日	A	②	体操	陸上	ラグビー	水泳	弓道
No.15	8日	B	①	ラグビー	テニス	陸上	剣道	野球
No.16	29日	A	②	剣道	ラグビー	体操	柔道	水泳
No.17	14日	A	①	テニス	卓球	剣道	野球	柔道
No.18	27日	B	①	野球	柔道	卓球	弓道	剣道
No.19	9日	A	②	水泳	陸上	テニス	体操	ラグビー
No.20	11日	B	②	マラソン	卓球	柔道	野球	サッカー

編集部注：実際に出題された問題では，カレンダーと予定表は横に並んでいる。

（手引）

	Ⅴ	Ⅱ	Ⅰ	Ⅳ	Ⅲ
一	3	m	う	ワ	J
二	あ	A	カ	h	42
三	ク	34	q	D	け
四	U	ン	17	ろ	b
五	f	と	K	38	ニ

（分類表）

	大文字 偶　数 片仮名	小文字 奇　数 平仮名
仮名	■	☆
英字	※	◎
数値	▲	＊

		1	2	3	4	5
No.21	四・Ⅰ	■	※	＊	☆	▲
No.22	三・Ⅴ	▲	■	※	＊	☆
No.23	一・Ⅲ	◎	☆	▲	※	■
No.24	五・Ⅱ	☆	※	◎	■	＊
No.25	二・Ⅳ	▲	☆	■	※	◎
No.26	三・Ⅱ	◎	■	☆	▲	※
No.27	一・Ⅳ	■	☆	◎	※	▲
No.28	五・Ⅰ	☆	■	※	▲	＊
No.29	二・Ⅴ	◎	▲	＊	※	☆
No.30	四・Ⅲ	☆	◎	▲	■	※

（手引）

	A	B	C	D
Ⅰ	28	6	19	43
Ⅱ	30	19	2	24
Ⅲ	3	2	9	8
Ⅳ	16	9	42	3
Ⅴ	21	68	4	5

		1	2	3	4	5
No.31	Ⅰ：(D－C)÷B	3	4	5	6	7
No.32	Ⅲ：A×B×C	36	45	54	63	72
No.33	Ⅴ：D＋A＋C	40	38	34	32	30
No.34	Ⅳ：C÷(A－B)	6	7	8	9	10
No.35	Ⅱ：A×C＋D	69	74	79	84	89
No.36	Ⅲ：(C－B)×D	56	52	48	46	42
No.37	Ⅳ：C＋A×D	80	84	86	90	94
No.38	Ⅰ：D－B＋A	63	65	67	69	73
No.39	Ⅴ：B÷C＋A	28	34	38	44	48
No.40	Ⅱ：A÷(D－B)	2	3	4	5	6

（カレンダー）

A

	日	月	火	水	木	金	土
1週						1	2
2週	3	4	5	6	7	8	9
3週	10	11	12	13	14	15	16
4週	17	18	19	20	21	22	23
5週	24	25	26	27	28	29	30
6週	31						

B

	月	火	水	木	金	土	日
1週				1	2	3	4
2週	5	6	7	8	9	10	11
3週	12	13	14	15	16	17	18
4週	19	20	21	22	23	24	25
5週	26	27	28	29	30	31	
6週							

（予定表）

①

	月・木	火・土	水	日・金
1･3週	永井	伊藤	高田	高橋
2･4週	斉藤	松本	永田	加藤
5･6週	谷崎	桜井	松岡	島崎

②

	月	火・木	水・土	日・金
1･6週	加藤	高橋	松本	斉藤
2･3週	伊藤	島崎	谷崎	高田
4･5週	桜井	永田	永井	松岡

	日付	カレンダー	予定表	1	2	3	4	5
No.41	25日	A	②	永田	伊藤	永井	桜井	松岡
No.42	10日	B	①	松岡	永田	松本	斉藤	桜井
No.43	13日	A	①	高田	松岡	永田	高橋	伊藤
No.44	7日	B	②	永井	高田	島崎	松本	谷崎
No.45	21日	A	②	桜井	永田	伊藤	永井	加藤
No.46	2日	B	②	加藤	松本	高田	谷崎	斉藤
No.47	29日	A	①	松岡	島崎	高橋	加藤	谷崎
No.48	12日	B	①	永井	高橋	斉藤	桜井	伊藤
No.49	17日	A	①	松本	斉藤	高橋	加藤	島崎
No.50	30日	B	②	高田	松本	松岡	谷崎	永井

（手引）

	①	②	③	④	⑤
Ⅳ	フ	さ	G	d	52
Ⅰ	y	エ	79	L	る
Ⅴ	J	18	u	そ	ユ
Ⅲ	ほ	k	ハ	21	E
Ⅱ	7	R	き	イ	n

（分類表）

	小文字 奇　数 片仮名	大文字 偶　数 平仮名
英字	○	?
仮名	!	◆
数値	▽	¥

		1	2	3	4	5
No.51	Ⅴ・③	!	○	◆	?	¥
No.52	Ⅳ・①	?	¥	○	◆	!
No.53	Ⅲ・④	▽	!	?	○	◆
No.54	Ⅰ・⑤	!	○	◆	¥	?
No.55	Ⅱ・②	◆	▽	○	?	!
No.56	Ⅴ・②	▽	?	!	¥	○
No.57	Ⅳ・②	!	◆	○	▽	?
No.58	Ⅰ・①	?	!	¥	◆	○
No.59	Ⅱ・④	!	○	◆	▽	?
No.60	Ⅲ・⑤	○	▽	?	!	◆

（手引）

	A	B	C	D
Ⅰ	3	87	12	2
Ⅱ	2	16	4	54
Ⅲ	12	4	29	26
Ⅳ	8	18	7	31
Ⅴ	27	11	24	6

		1	2	3	4	5
No.61	Ⅳ：A×C－B	32	36	38	40	42
No.62	Ⅴ：(A＋D)÷B	3	4	5	6	7
No.63	Ⅰ：C＋B÷A	33	35	39	41	43
No.64	Ⅱ：D÷(C＋A)	13	12	11	10	9
No.65	Ⅲ：B×A＋C	73	77	79	81	83
No.66	Ⅰ：C×(A＋D)	45	50	55	60	65
No.67	Ⅳ：(D－B)×C	63	70	77	84	91
No.68	Ⅴ：B－C÷D	8	7	6	5	4
No.69	Ⅲ：A÷B×D	78	75	72	68	65
No.70	Ⅱ：D÷A－B	7	9	11	13	15

（カレンダー）

A

	日	月	火	水	木	金	土
1週	1	2	3	4	5	6	7
2週	8	9	10	11	12	13	14
3週	15	16	17	18	19	20	21
4週	22	23	24	25	26	27	28
5週	29	30	31				

B

	月	火	水	木	金	土	日
1週			1	2	3	4	5
2週	6	7	8	9	10	11	12
3週	13	14	15	16	17	18	19
4週	20	21	22	23	24	25	26
5週	27	28	29	30	31		

（予定表）

①

	月・土	日・火	水・金	木
1・4週	日本史	現代文	地理	物理
2週	古文	英語	化学	数学
3・5週	世界史	生物	地学	音楽

②

	日・月	火・木	水	金・土
1・5週	英語	古文	現代文	数学
2・4週	地理	音楽	世界史	生物
3週	地学	日本史	物理	化学

	日付	カレンダー	予定表	1	2	3	4	5
No.71	18日	B	②	生物	地学	化学	物理	世界史
No.72	9日	A	①	古文	日本史	英語	世界史	現代文
No.73	16日	B	②	化学	地理	物理	音楽	日本史
No.74	28日	B	①	英語	生物	地学	世界史	古文
No.75	1日	A	②	地理	現代文	古文	英語	数学
No.76	19日	A	①	数学	世界史	音楽	化学	地学
No.77	22日	B	②	音楽	現代文	生物	物理	世界史
No.78	24日	A	①	日本史	地理	英語	現代文	生物
No.79	15日	A	②	地学	日本史	物理	地理	化学
No.80	3日	B	①	物理	地理	化学	古文	数学

（手引）

	三	五	四	一	二
⑤	Y	レ	3	ぬ	r
④	16	T	g	セ	な
③	の	p	ミ	36	N
②	シ	ち	H	j	23
①	e	45	て	Q	ツ

（分類表）

	大文字 奇　数 片仮名	小文字 偶　数 平仮名
数値	♪	●
仮名	☆	□
英字	♭	▼

		1	2	3	4	5
No.81	②・三	□	♪	☆	▼	♭
No.82	④・五	☆	▼	□	♭	●
No.83	③・一	●	☆	♭	▼	♪
No.84	⑤・二	♭	●	□	☆	▼
No.85	①・四	▼	□	♭	●	☆
No.86	①・五	♭	☆	▼	♪	□
No.87	③・四	☆	▼	●	□	♭
No.88	⑤・三	▼	☆	♭	♪	●
No.89	④・二	☆	♭	▼	●	□
No.90	②・一	♪	▼	●	☆	♭

（手引）

	A	B	C	D
Ⅰ	7	9	21	2
Ⅱ	58	51	4	9
Ⅲ	45	39	5	3
Ⅳ	62	16	3	23
Ⅴ	6	32	2	15

		1	2	3	4	5
No. 91	Ⅱ：B－D×C	15	17	21	23	25
No. 92	Ⅰ：C×B÷A	23	25	27	29	31
No. 93	Ⅳ：D＋B×C	81	79	75	71	69
No. 94	Ⅴ：(B－C)÷A	9	8	7	6	5
No. 95	Ⅲ：A÷C÷D	6	5	4	3	2
No. 96	Ⅰ：C×D－A	29	33	35	37	39
No. 97	Ⅳ：A－C－B	45	43	39	37	35
No. 98	Ⅱ：D×(A－B)	63	54	45	36	27
No. 99	Ⅴ：C×(B＋D)	80	84	88	90	94
No.100	Ⅲ：(B＋A)÷D	24	28	32	34	36

（カレンダー）

A

	月	火	水	木	金	土	日
1週							1
2週	2	3	4	5	6	7	8
3週	9	10	11	12	13	14	15
4週	16	17	18	19	20	21	22
5週	23	24	25	26	27	28	29
6週	30	31					

B

	日	月	火	水	木	金	土
1週		1	2	3	4	5	6
2週	7	8	9	10	11	12	13
3週	14	15	16	17	18	19	20
4週	21	22	23	24	25	26	27
5週	28	29	30	31			
6週							

（予定表）

①

	月・水	火・金	木・土	日
1·4週	うどん	焼肉	カツ丼	天ぷら
2·5週	焼き魚	天丼	カレー	おでん
3·6週	刺身	煮魚	そば	八宝菜

②

	月・木	日・火	水・金	土
1·2週	おでん	うどん	天ぷら	煮魚
3·5週	カツ丼	天丼	そば	焼肉
4·6週	八宝菜	刺身	カレー	焼き魚

	日付	カレンダー	予定表	1	2	3	4	5
No.101	26日	A	①	焼き魚	カツ丼	天丼	そば	カレー
No.102	8日	B	②	天ぷら	刺身	おでん	うどん	カツ丼
No.103	4日	A	①	刺身	焼き魚	カレー	天丼	煮魚
No.104	23日	B	②	天丼	カレー	八宝菜	刺身	そば
No.105	14日	B	①	八宝菜	おでん	刺身	そば	天ぷら
No.106	12日	A	②	おでん	そば	うどん	カツ丼	八宝菜
No.107	20日	A	①	天丼	焼肉	カツ丼	煮魚	うどん
No.108	6日	B	②	煮魚	カツ丼	おでん	うどん	焼肉
No.109	21日	B	①	焼肉	焼き魚	天ぷら	八宝菜	おでん
No.110	25日	A	②	天ぷら	カレー	焼肉	天丼	そば

（手引）

	①	②	③	④	⑤
Ⅰ	a	F	メ	24	も
Ⅳ	B	17	j	よ	オ
Ⅲ	ネ	t	ひ	P	83
Ⅱ	56	む	M	ヤ	d
Ⅴ	す	タ	39	h	L

（分類表）

	小文字 偶　数 片仮名	大文字 奇　数 平仮名
仮名	$	★
数値	◇	♯
英字	@	■

		1	2	3	4	5
No.111	Ⅳ・④	@	★	$	◇	■
No.112	Ⅰ・②	■	$	★	@	♯
No.113	Ⅴ・③	$	@	♯	★	■
No.114	Ⅱ・⑤	★	$	■	♯	@
No.115	Ⅲ・①	@	■	◇	$	★
No.116	Ⅱ・①	◇	@	★	■	$
No.117	Ⅲ・④	★	♯	$	@	■
No.118	Ⅰ・⑤	■	$	♯	★	◇
No.119	Ⅳ・③	◇	★	@	♯	$
No.120	Ⅴ・②	♯	$	■	◇	★

正 答

No.	正答	No.	正答	No.	正答	No.	正答
No. 1	3	No. 31	2	No. 61	3	No. 91	1
No. 2	2	No. 32	3	No. 62	1	No. 92	3
No. 3	1	No. 33	5	No. 63	4	No. 93	4
No. 4	5	No. 34	1	No. 64	5	No. 94	5
No. 5	4	No. 35	4	No. 65	2	No. 95	4
No. 6	4	No. 36	1	No. 66	4	No. 96	3
No. 7	3	No. 37	4	No. 67	5	No. 97	2
No. 8	2	No. 38	2	No. 68	2	No. 98	1
No. 9	1	No. 39	3	No. 69	1	No. 99	5
No. 10	5	No. 40	5	No. 70	3	No.100	2
No. 11	5	No. 41	4	No. 71	3	No.101	5
No. 12	4	No. 42	3	No. 72	1	No.102	3
No. 13	2	No. 43	1	No. 73	5	No.103	2
No. 14	1	No. 44	5	No. 74	2	No.104	4
No. 15	3	No. 45	2	No. 75	4	No.105	1
No. 16	2	No. 46	5	No. 76	3	No.106	4
No. 17	5	No. 47	2	No. 77	5	No.107	2
No. 18	3	No. 48	1	No. 78	4	No.108	1
No. 19	1	No. 49	4	No. 79	1	No.109	3
No. 20	4	No. 50	3	No. 80	2	No.110	5
No. 21	3	No. 51	2	No. 81	3	No.111	2
No. 22	2	No. 52	5	No. 82	4	No.112	1
No. 23	4	No. 53	1	No. 83	1	No.113	3
No. 24	1	No. 54	3	No. 84	5	No.114	5
No. 25	5	No. 55	4	No. 85	2	No.115	4
No. 26	4	No. 56	4	No. 86	4	No.116	1
No. 27	1	No. 57	2	No. 87	1	No.117	5
No. 28	3	No. 58	5	No. 88	3	No.118	4
No. 29	5	No. 59	1	No. 89	5	No.119	3
No. 30	2	No. 60	3	No. 90	2	No.120	2

合格ライン

120点中

90 点以上

	正答数		誤答数		得点
1回目の結果		−		＝	
2回目の結果		−		＝	
3回目の結果		−		＝	

解説

平成23年度の国家Ⅲ種・中途採用者は，置換＋計算，置換＋置換，置換＋分類の3形式であった。計算は，平成9年度国家Ⅲ種とまったく同じ形式で，置換＋分類も平成14，19年度国家Ⅲ種でまったく同じ形式の問題が出題されている。

【検査1】

このようにアルファベット（文字）を数字に置き換えて計算する問題の場合，必ず数式を紙面の余白に書き出して計算していくこと。手引の縦欄Ⅰ～Ⅴによって，A～Dの数字が異なっている。解いている問題を親指で押さえ，指定されたⅠ～Ⅴの番号の欄を人さし指で押さえて，横欄A～Dの数字を鉛筆で確認しながら書き出していくと上下の数字と混乱しない。選択肢の数字も解き終わったものに○印等をつけて，「解答ズミ」とわかるようにしておくとよいだろう。計算自体は難しくない。数式を書きながら，暗算で素早く答えを導いていきたい。

【検査2】

カレンダーのAかBで日付の位置が異なる。また，予定表も2つなので，正答を導くのをさらに難しくさせている。うまく整理して解いていきたい。

例題2の場合，まず問題の日付とカレンダーに集中し，右から左へ「B16」と頭の中でつぶやきながらカレンダーを限定し，日付に○印等をつける。左側の「1週～6週」，上部の「月～日」を確認したら，「3金」と余白に必ず書き出す。書き出すことで，予定表が①か②の指定にもあわてず対処できる。①の「3金」で「おでん」と確認したら，「おでん，おでん…」と頭の中でつぶやきながら選択肢に○印等をつけて正答を導いていく。

最初にカレンダーと日付だけに集中し，10問すべて「3金」，「4土」，「6日」…などと，各問のカレンダーと予定表の間の余白に書き出し，それから予定表を見ていくと目の移動が少ない分，スピードアップにつながるだろう。

【検査3】

縦，横を用いた手引の置き換えは，必ず指と鉛筆で押さえながら，交差するところの文字，数字を確実にとらえること。置き換えた文字，数字は余白に書き出しておくと分類するときに正確である。「置き換えたものを分類する」という問題の場合，まず最初に手引と問題だけに集中して，10問すべて置き換えて書き出す。次に分類表と書き出したものだけに集中して記号を選んでいく，というやり方もできる。ただし，残り時間がわずかな時は1問ずつ解いたほうが点は確実に取れる。選択肢の記号で正しいものが見つかったら○印等「解答ズミ」とわかるようにしておくと，上下で混乱しない。

国家一般職／税務【平成24年度】

練習問題

94ページからの試験問題を始める前に次の説明をよく読み，やり方を理解してください。試験問題の解答時間は15分です。

【検査1】

この検査は，与えられた数式を計算し，答えのある選択肢と同じ位置にマークをするものである。

【国家Ⅲ種・平成18年度】

例題1　27－3×6

1	2	3	4	5
3	5	7	9	11

例題では，数式を計算すると，答えは「9」になる。「9」は選択肢「**4**」の位置にあるから，正答は**4**となる。

正　答　　例題1　4

【検査2】

この検査は，平仮名と数字を組み合わせたものを手引の指示に従ってそれぞれ置き換え，置き換えられたもののある選択肢と同じ位置にマークをするものである。

【国家Ⅲ種・平成6，18年度】

（手引）

		数　字	
		一つ小さい	一つ大きい
五十音順	一つ前	①	②
	一つ後ろ	③	④

例題2　か・5　②

1	2	3	4	5
き・4	お・4	お・5	き・6	お・6

例題では，平仮名の「か」と数字の「5」を，手引の②の指示に従ってそれぞれ置き換える。②の指示は，平仮名を五十音順の一つ前のものに置き換えることを，数字を一つ大きいものに置き換えることを意味しているので，この置き換えを行うと「お・6」となる。これは選択肢「**5**」の位置にあるから，正答は**5**となる。

正　答　　例題2　5

【検査3】

この検査は，空欄（　　　）に当てはまるものを手引1と手引2を用いて特定し，特定されたもののある選択肢と同じ位置にマークをするものである。

（手引1）

担当する教室と曜日

担当者＼教室	大井	三宿	青葉	港北	中原
羽　田	金	木	火	水	月
芝　山	木	水	月	火	金
市　原	火	月	木	金	水

編集部注：実際に出題された問題では，手引1と手引2は横に並んでいる。

（手引2）

音楽教室の内容

		曜日				
		月	火	水	木	金
開始時間	16時	ギター	ウクレレ	フルート	ドラム	ピアノ
	17時	フルート	ピアノ	ドラム	ウクレレ	ギター
	18時	ウクレレ	ギター	ピアノ	フルート	ドラム

例題3

担当者	教室	開始時間	音楽教室の内容
羽田		18時	ギター

1	2	3	4	5
港北	大井	青葉	中原	三宿

例題では，「担当者」，「開始時間」および「音楽教室の内容」が示され，「教室」が空欄である。まず，手引2において，「開始時間」の「18時」の行で，「音楽教室の内容」が「ギター」に該当する「曜日」を見ると「火」曜日となっている。次に，手引1において，「担当者」の「羽田」の行で「火」曜日は「青葉」の列にあるから，「教室」は「青葉」と特定される。これは選択肢「**3**」の位置にあるから，正答は**3**となる。

正　答　　例題3　3

		1	2	3	4	5
No. 1	8×3＋21	35	39	41	45	49
No. 2	41－2×11	19	21	23	25	27
No. 3	15＋2－9	7	8	9	10	11
No. 4	5＋21÷3	10	11	12	13	14
No. 5	38÷2＋5	14	16	20	22	24
No. 6	3＋9＋15	25	26	27	28	29
No. 7	30－7－5	10	12	14	16	18
No. 8	70÷5－3	10	11	12	13	14
No. 9	6×3－9	9	8	7	6	5
No.10	42×3÷6	12	15	18	21	24

（手引）

		数字	
		一つ小さい	一つ大きい
五十音順	一つ前	①	②
	一つ後ろ	③	④

			1	2	3	4	5
No.11	に・8	②	な・8	な・9	に・7	ぬ・7	ぬ・9
No.12	そ・3	①	た・4	た・2	そ・2	せ・4	せ・2
No.13	ま・6	③	み・5	ほ・5	み・6	ま・7	ほ・7
No.14	く・5	④	け・5	け・6	く・4	く・6	き・6
No.15	れ・2	②	る・1	る・3	れ・3	ろ・1	ろ・3
No.16	う・8	③	い・7	い・9	う・9	え・7	え・8
No.17	た・5	②	そ・6	そ・4	た・6	ち・6	ち・4
No.18	へ・4	①	ほ・5	ほ・4	へ・3	ふ・5	ふ・3
No.19	し・7	④	さ・8	し・8	す・8	さ・6	し・6
No.20	の・3	③	ね・2	の・2	は・2	ね・4	は・4

（手引1）

確認する班と曜日

確認者＼班	1班	2班	3班	4班	5班
筒　井	木	火	金	月	水
大　石	火	金	水	木	月
藤　野	水	月	木	金	火
砂　田	金	水	月	火	木
今　西	月	木	火	水	金

（手引2）

清掃場所

		曜日				
		月	火	水	木	金
建物	A棟	教室	階段	屋上	廊下	玄関
	B棟	屋上	廊下	玄関	教室	階段
	C棟	玄関	教室	階段	屋上	廊下
	D棟	階段	屋上	廊下	玄関	教室
	E棟	廊下	玄関	教室	階段	屋上

	確認者	班	建物	清掃場所	1	2	3	4	5
No.21	大石	□	B棟	階段	1班	2班	3班	4班	5班
No.22	砂田	5班	□	玄関	A棟	B棟	C棟	D棟	E棟
No.23	藤野	4班	C棟	□	廊下	屋上	階段	玄関	教室
No.24	筒井	□	A棟	屋上	1班	2班	3班	4班	5班
No.25	□	1班	E棟	教室	砂田	今西	藤野	大石	筒井
No.26	今西	2班	C棟	□	階段	玄関	屋上	教室	廊下
No.27	筒井	□	A棟	教室	1班	2班	3班	4班	5班
No.28	大石	3班	B棟	□	教室	屋上	玄関	廊下	階段
No.29	藤野	5班	□	廊下	A棟	B棟	C棟	D棟	E棟
No.30	□	1班	D棟	階段	今西	筒井	大石	砂田	藤野

		1	2	3	4	5
No.31	29－12＋7	26	24	22	20	18
No.32	3×5＋18	27	29	31	33	35
No.33	4＋9＋6	9	11	15	17	19
No.34	20÷4＋9	10	12	14	16	18
No.35	6×2×5	40	45	50	55	60
No.36	7＋23×2	45	47	51	53	55
No.37	9－32÷8	5	6	7	8	9
No.38	39÷13×6	22	18	14	10	8
No.39	21＋6－15	12	11	10	9	8
No.40	11＋27÷3	12	16	20	24	28

(手引)

		数字	
		一つ小さい	二つ大きい
五十音順	一つ前	①	②
	一つ後ろ	③	④

			1	2	3	4	5
No.41	つ・5	④	て・4	て・7	つ・4	ち・5	ち・7
No.42	り・4	②	ら・6	ら・4	り・3	る・6	る・3
No.43	さ・7	①	し・6	し・8	さ・8	こ・6	こ・9
No.44	お・8	③	え・8	え・7	お・9	か・9	か・7
No.45	け・3	④	こ・4	こ・5	け・2	く・2	く・5
No.46	み・6	①	ま・5	ま・7	み・8	む・5	む・8
No.47	ね・4	③	ぬ・5	ぬ・6	ね・3	の・3	の・6
No.48	ひ・5	④	は・6	は・7	ひ・4	ふ・4	ふ・7
No.49	な・7	①	と・6	と・8	と・9	に・6	に・9
No.50	せ・2	②	す・1	す・4	せ・4	そ・1	そ・4

（手引1）

管理する教室と開講月

管理者＼教室	A室	B室	C室	D室	E室
浅　見	6月	8月	7月	5月	4月
白　石	8月	4月	5月	7月	6月
東　野	4月	5月	6月	8月	7月
村　上	5月	7月	4月	6月	8月
唯　川	7月	6月	8月	4月	5月

（手引2）

講座の内容

		開講月				
		4月	5月	6月	7月	8月
開始時刻	10時	書道	陶芸	短歌	囲碁	俳句
	14時	俳句	囲碁	書道	短歌	陶芸
	16時	短歌	俳句	囲碁	陶芸	書道
	18時	陶芸	短歌	俳句	書道	囲碁
	20時	囲碁	書道	陶芸	俳句	短歌

	管理者	教室	開始時刻	講座の内容	1	2	3	4	5
No.51	白石	C室	20時	□	書道	俳句	短歌	陶芸	囲碁
No.52	□	A室	16時	陶芸	東野	村上	浅見	白石	唯川
No.53	東野	□	18時	囲碁	A室	B室	C室	D室	E室
No.54	浅見	E室	□	俳句	10時	14時	16時	18時	20時
No.55	村上	B室	10時	□	短歌	陶芸	囲碁	俳句	書道
No.56	□	A室	18時	陶芸	浅見	東野	白石	唯川	村上
No.57	浅見	D室	□	囲碁	10時	14時	16時	18時	20時
No.58	□	E室	16時	書道	村上	浅見	唯川	東野	白石
No.59	白石	□	10時	短歌	A室	B室	C室	D室	E室
No.60	唯川	B室	18時	□	囲碁	書道	俳句	短歌	陶芸

		1	2	3	4	5
No.61	30－2×7	8	10	12	14	16
No.62	12÷3－2	1	2	3	4	5
No.63	32－6－7	19	20	21	22	23
No.64	6＋5×7	35	39	41	43	45
No.65	17×2－8	20	22	24	26	28
No.66	80÷2÷8	2	4	5	6	7
No.67	8＋5＋24	31	33	35	37	39
No.68	24－11＋8	19	21	23	25	27
No.69	18×7÷3	14	21	28	35	42
No.70	23－28÷4	16	15	14	13	12

（手引）

		数　字	
		一つ小さい	一つ大きい
五十音順	一つ前	①	②
	二つ後ろ	③	④

			1	2	3	4	5
No.71	き・3	③	か・2	く・2	け・2	く・4	け・4
No.72	ぬ・6	④	の・5	の・7	ね・5	に・6	に・7
No.73	れ・8	②	ろ・7	ろ・8	れ・9	る・7	る・9
No.74	す・4	①	し・3	し・5	せ・4	そ・3	そ・5
No.75	た・7	③	そ・7	ち・6	ち・8	つ・6	つ・8
No.76	と・5	④	に・6	に・4	な・6	な・4	て・6
No.77	こ・2	①	し・1	こ・1	け・1	し・3	け・3
No.78	め・7	②	む・8	む・6	も・8	や・8	や・6
No.79	ふ・4	③	ほ・5	ほ・3	へ・3	ひ・5	ひ・3
No.80	い・8	④	あ・8	う・9	う・7	え・9	え・7

(手引1)

担当する分館と曜日

担当者＼分館	A館	B館	C館	D館	E館
小　倉	木	火	金	月	水
椎　名	火	金	水	木	月
有　川	水	月	木	金	火
本　田	金	水	月	火	木
前　田	月	木	火	水	金

(手引2)

朗読ジャンル

		曜　日				
		月	火	水	木	金
開始時刻	14時	詩	エッセイ	童話	ミステリ	古典
	15時	ミステリ	古典	詩	エッセイ	童話
	17時	童話	ミステリ	古典	詩	エッセイ
	18時	エッセイ	童話	ミステリ	古典	詩
	20時	古典	詩	エッセイ	童話	ミステリ

	担当者	分館	開始時刻	朗読ジャンル	1	2	3	4	5
No.81	本田	C館	17時	□	古典	ミステリ	童話	エッセイ	詩
No.82	有川	□	20時	ミステリ	A館	B館	C館	D館	E館
No.83	□	B館	15時	エッセイ	本田	小倉	有川	椎名	前田
No.84	小倉	A館	□	古典	14時	15時	17時	18時	20時
No.85	椎名	□	14時	詩	A館	B館	C館	D館	E館
No.86	前田	D館	20時	□	ミステリ	詩	エッセイ	童話	古典
No.87	有川	E館	□	古典	14時	15時	17時	18時	20時
No.88	□	C館	18時	詩	有川	椎名	前田	小倉	本田
No.89	本田	□	14時	童話	A館	B館	C館	D館	E館
No.90	椎名	A館	17時	□	童話	エッセイ	詩	古典	ミステリ

		1	2	3	4	5
No. 91	8＋42÷6	12	13	14	15	16
No. 92	9×2＋8	26	24	22	20	18
No. 93	56÷4×5	50	55	60	65	70
No. 94	14＋8－3	18	19	20	21	22
No. 95	3×8×2	32	36	42	48	52
No. 96	41－16÷2	31	32	33	34	35
No. 97	72÷9＋13	21	23	25	27	29
No. 98	23－3×5	14	12	10	8	6
No. 99	35－6－9	16	17	18	19	20
No.100	48÷6÷2	1	2	4	6	8

(手引)

		数字	
		二つ小さい	一つ大きい
五十音順	二つ前	①	②
	一つ後ろ	③	④

			1	2	3	4	5
No.101	ほ・6	①	ま・7	ま・5	へ・4	ふ・7	ふ・4
No.102	え・5	③	い・3	い・4	う・6	お・3	お・6
No.103	る・4	④	れ・2	れ・5	り・5	ら・2	ら・3
No.104	か・7	②	き・8	き・6	お・5	え・8	え・5
No.105	む・8	①	ま・6	ま・9	み・9	め・6	め・7
No.106	ち・3	③	そ・1	た・1	つ・1	そ・4	つ・4
No.107	に・6	④	と・7	な・7	ぬ・7	と・4	ぬ・4
No.108	て・8	①	と・9	と・6	つ・9	ち・7	ち・6
No.109	は・5	③	ね・3	の・3	ひ・3	ひ・4	ね・6
No.110	そ・4	②	す・5	す・2	せ・5	た・3	た・2

(手引1)

担当する曜日と飲食店

担当者＼曜日	月	火	水	木	金
笹　本	C店	E店	B店	D店	A店
大　沢	D店	A店	C店	E店	B店
宮　部	B店	D店	A店	C店	E店
黒　崎	A店	C店	E店	B店	D店
平　井	E店	B店	D店	A店	C店

(手引2)

追加メニュー

		飲食店				
		A店	B店	C店	D店	E店
昼食メニュー	親子丼	お新香	梅干し	納豆	冷や奴	生野菜
	焼き肉	納豆	冷や奴	お新香	生野菜	梅干し
	天ぷら	冷や奴	生野菜	梅干し	納豆	お新香
	焼き魚	生野菜	お新香	冷や奴	梅干し	納豆
	中華丼	梅干し	納豆	生野菜	お新香	冷や奴

	担当者	曜日	昼食メニュー	追加メニュー	1	2	3	4	5
No.111	平井	火		冷や奴	天ぷら	親子丼	焼き魚	中華丼	焼き肉
No.112		月	中華丼	梅干し	笹本	黒崎	平井	宮部	大沢
No.113	大沢		天ぷら	生野菜	月	火	水	木	金
No.114	宮部	水	焼き魚		生野菜	納豆	冷や奴	梅干し	お新香
No.115		木	中華丼	お新香	大沢	宮部	笹本	平井	黒崎
No.116	黒崎	水		梅干し	中華丼	天ぷら	焼き魚	親子丼	焼き肉
No.117	笹本	月	焼き肉		納豆	冷や奴	生野菜	お新香	梅干し
No.118		火	親子丼	冷や奴	宮部	平井	黒崎	大沢	笹本
No.119	平井	金		梅干し	焼き肉	中華丼	天ぷら	焼き魚	親子丼
No.120	大沢		焼き魚	納豆	月	火	水	木	金

正答

No.	正答	No.	正答	No.	正答	No.	正答
No. 1	4	No. 31	2	No. 61	5	No. 91	4
No. 2	1	No. 32	4	No. 62	2	No. 92	1
No. 3	2	No. 33	5	No. 63	1	No. 93	5
No. 4	3	No. 34	3	No. 64	3	No. 94	2
No. 5	5	No. 35	5	No. 65	4	No. 95	4
No. 6	3	No. 36	4	No. 66	3	No. 96	3
No. 7	5	No. 37	1	No. 67	4	No. 97	1
No. 8	2	No. 38	2	No. 68	2	No. 98	4
No. 9	1	No. 39	1	No. 69	5	No. 99	5
No. 10	4	No. 40	3	No. 70	1	No.100	3
No. 11	2	No. 41	2	No. 71	3	No.101	5
No. 12	5	No. 42	1	No. 72	2	No.102	4
No. 13	1	No. 43	4	No. 73	5	No.103	2
No. 14	2	No. 44	5	No. 74	1	No.104	4
No. 15	2	No. 45	2	No. 75	4	No.105	1
No. 16	4	No. 46	1	No. 76	1	No.106	3
No. 17	1	No. 47	4	No. 77	3	No.107	3
No. 18	5	No. 48	5	No. 78	1	No.108	5
No. 19	3	No. 49	1	No. 79	2	No.109	3
No. 20	3	No. 50	2	No. 80	4	No.110	1
No. 21	2	No. 51	1	No. 81	3	No.111	5
No. 22	4	No. 52	5	No. 82	4	No.112	2
No. 23	1	No. 53	4	No. 83	5	No.113	5
No. 24	5	No. 54	2	No. 84	4	No.114	1
No. 25	3	No. 55	3	No. 85	5	No.115	3
No. 26	3	No. 56	2	No. 86	3	No.116	5
No. 27	4	No. 57	2	No. 87	2	No.117	4
No. 28	3	No. 58	1	No. 88	4	No.118	1
No. 29	2	No. 59	5	No. 89	2	No.119	3
No. 30	1	No. 60	3	No. 90	5	No.120	4

合格ライン

120点中

100点以上

	正答数		誤答数		得点
1回目の結果		−		＝	
2回目の結果		−		＝	
3回目の結果		−		＝	

解説

平成24年度から，国家Ⅲ種が国家一般職高卒者試験，中途採用者試験が国家一般職社会人（係員級）試験と名称を変えた。

両者とも同じ形式の問題で，計算，置換，置換＋置換の3形式であった。計算は平成18年度国家Ⅲ種と同じ形式で，さらに易しい内容になっている。置換は，平成6，18年度国家Ⅲ種とまったく同じ形式の問題である。検査3の置換＋置換は平成23年度国家Ⅲ種で似たような形式の問題が出題されている。

【検査1】

単純な四則計算である。加減（＋，－），乗除（×，÷）が混入している計算式は，乗除（×，÷）が先で，加減（＋，－）は後に計算することを忘れずに。加減乗除記号の読み取りを間違えず，素早く確実に点を取っていきたい。

【検査2】

平成6，18年度国家Ⅲ種で，まったく同じ形式の問題が出題されている。

縦横交差する箇所にある番号から，縦・横欄の条件を読み取り，提示された文字，数字を置き換えていく。頭の中で平仮名を暗唱しながら，条件に従って前後の平仮名に置き換えて書き出す。次に数字を条件に従って置き換える。数字のほうが前後を把握しやすい。もし五十音順がわかりづらかったら，最初に紙面のスミにざっと書き出しておくとよいだろう。置き換えたものは走り書きでよいから必ず書き出して選択肢を選んでいくこと。文字，数字どちらか一方でも条件を読み間違えたり，置き換えを間違えたりすると，選択肢を誤って選んでしまうように巧みに作問されている。「より慎重に。より正確に」を心がけて解いていこう。

【検査3】

平成23年度国家Ⅲ種の検査2と似たような，実用的な内容の問題である。各問で提示された内容が，左側2つが手引1で，右側2つが手引2で置き換えられるので，整理しやすい。

左右2つずつを真ん中で分け，まず空欄のない側の内容を手引に従って置き換え，置き換えた内容を書き出し，空欄のある側のわかっている内容と合わせてもう一方の手引に従って空欄の内容を導き出していく。

例題3の場合，右側の「18時，ギター」を手引2で「火」に置き換えて書き出し，左側の「羽田」と「火」で「青葉」と導いていく。実際の仕事上の事務処理と思って，素早く正確に処理していきたい。

国家一般職／税務【平成26年度】

練習問題

106ページからの試験問題を始める前に次の説明をよく読み，やり方を理解してください。試験問題の解答時間は15分です。

【検査1】

この検査は，等式のA，Bに当てはめると，この等式が成り立つ（左辺と右辺が同じ値になる）演算記号（＋，－，×，÷）の組合せを，選択肢の中から選び，その組合せがある箇所の数字と同じ位置にマークをするものである。

【国家Ⅲ種・平成16年度】

例題1　6 [A] 2＝10 [B] 2

	1	2	3	4	5
A	×	－	×	×	＋
B	＋	＋	÷	－	×

例題では，選択肢にある演算記号の組合せの中で，等式が成り立つのはAに「×」，Bに「＋」を当てはめたときである。これは選択肢「**1**」の位置にあるから，正答は**1**となる。

正　答　　例題1　1

【検査2】

この検査は，与えられた三つの文字が，手引の変換文字（①，②，③のいずれか指定されたもの）にすべて正しく置き換えられた組合せを，選択肢の中から選び，その組合せがある箇所の数字と同じ位置にマークをするものである。

（手引）

元の文字	わ	も	こ	ち	め	に	う	お	し	は
変換文字①	R	H	J	5	K	8	T	4	3	Q
変換文字②	2	モ	7	1	6	ニ	ウ	オ	9	ハ
変換文字③	ワ	U	コ	チ	メ	P	S	A	シ	E

例題2　変換文字②　めはこ

1	2	3	4	5
6 E J	6 Q 7	6 ハ 7	K ハ J	K Q コ

例題では，元の文字「め」，「は」，「こ」を，手引の変換文字②に置き換えると，それぞれ「6」，「ハ」，「7」となる。正しく置き換えた文字「6ハ7」は選択肢「**3**」の位置にあるから，正答は**3**となる。

正　答　　例題2　3

【検査3】

この検査は，気象に関する四つの要素（気温，湿度，風向，風速）のうち二つについて，与えられた条件が当てはまる欄を分類表の中から選び，その欄の記号のある選択肢の数字と同じ位置にマークをするものである。

【国家Ⅲ種・平成18年度】
〈類題：国家Ⅲ種・平成21年度〉

（分類表）

		気温（℃）	湿度（%）	気温（℃）	湿度（%）	気温（℃）	湿度（%）	気温（℃）	湿度（%）
		30～39	50～74	10～19	25～49	0～9	0～24	20～29	75～99
風向	東, 南東	A		B		C		D	
風速(m/s)	0～9								
風向	西, 北西	E		F		G		H	
風速(m/s)	10～19								

例題3　湿度28％　風向南東

1	2	3	4	5
A	B	D	E	H

例題では，「湿度28％」という条件は分類表の「湿度（%）25～49」の列に当てはまり，「風向南東」という条件は分類表の「風向　東，南東」の行に当てはまるから，与えられた条件が当てはまる欄の記号は「B」となる。これは選択肢「**2**」の位置にあるので，正答は**2**となる。

正　答　例題3　2

			1	2	3	4	5
No. 1	4 [A] 2 = 16 [B] 2	A	÷	+	+	×	×
		B	+	÷	−	÷	+
No. 2	5 [A] 5 = 5 [B] 2	A	÷	×	+	+	+
		B	−	+	+	−	×
No. 3	6 [A] 3 = 9 [B] 2	A	+	+	×	×	÷
		B	−	+	×	−	−
No. 4	21 [A] 7 = 10 [B] 7	A	−	−	+	÷	÷
		B	+	×	−	−	+
No. 5	7 [A] 2 = 28 [B] 2	A	×	×	−	+	+
		B	+	÷	÷	−	÷
No. 6	6 [A] 5 = 24 [B] 6	A	×	×	+	+	+
		B	+	÷	×	÷	−
No. 7	26 [A] 2 = 8 [B] 3	A	÷	÷	−	−	×
		B	+	×	×	+	×
No. 8	3 [A] 2 = 15 [B] 3	A	+	+	×	×	×
		B	+	÷	−	+	÷
No. 9	27 [A] 9 = 12 [B] 4	A	−	−	÷	÷	÷
		B	×	+	−	+	÷
No.10	7 [A] 3 = 9 [B] 5	A	−	−	×	×	×
		B	−	+	+	−	×

(手引)

元の文字	ひ	し	や	と	う	め	り	わ	の	て
変換文字①	K	1	5	V	S	6	Q	4	M	U
変換文字②	8	シ	ヤ	7	3	メ	2	ワ	ノ	9
変換文字③	ヒ	F	P	ト	ウ	L	リ	G	Y	テ

	変換文字		1	2	3	4	5
No.11	②	のひと	MKト	MKV	ノヒ7	ノ8ト	ノ87
No.12	①	しとて	1ト9	1V9	1VU	シ79	シトテ
No.13	③	めやう	メヤ3	LPS	LPウ	L5S	L53
No.14	①	わしひ	ワ18	ワシK	4シヒ	41K	41ヒ
No.15	②	とのや	7ノヤ	7M5	トYP	トノ5	VMヤ
No.16	③	うめわ	ウメG	ウLG	ウLワ	S6G	Sメワ
No.17	①	りとし	271	27F	2V1	QV1	QVF
No.18	③	てわり	テGリ	テGQ	テワリ	テワQ	9GQ
No.19	②	やうの	Pウノ	P3M	P3Y	ヤウY	ヤ3ノ
No.20	①	ひてめ	8テ6	8テメ	Kテメ	KU6	KUL

（分類表）

<table>
<tr><td colspan="2" rowspan="2"></td><td>気温（℃）</td><td>湿度（%）</td><td>気温（℃）</td><td>湿度（%）</td><td>気温（℃）</td><td>湿度（%）</td><td>気温（℃）</td><td>湿度（%）</td></tr>
<tr><td>0～9</td><td>1～20</td><td>10～19</td><td>21～40</td><td>20～29</td><td>41～60</td><td>30～39</td><td>61～80</td></tr>
<tr><td>風向</td><td>東，北東</td><td colspan="2" rowspan="2">A</td><td colspan="2" rowspan="2">B</td><td colspan="2" rowspan="2">C</td><td colspan="2" rowspan="2">D</td></tr>
<tr><td>風速(m/s)</td><td>3～12</td></tr>
<tr><td>風向</td><td>西，北，北西</td><td colspan="2" rowspan="2">E</td><td colspan="2" rowspan="2">F</td><td colspan="2" rowspan="2">G</td><td colspan="2" rowspan="2">H</td></tr>
<tr><td>風速(m/s)</td><td>13～22</td></tr>
<tr><td>風向</td><td>南，南東，南西</td><td colspan="2" rowspan="2">I</td><td colspan="2" rowspan="2">J</td><td colspan="2" rowspan="2">K</td><td colspan="2" rowspan="2">L</td></tr>
<tr><td>風速(m/s)</td><td>23～32</td></tr>
</table>

			1	2	3	4	5
No.21	湿度32%	風向南東	B	G	H	J	L
No.22	風速27m/s	気温6℃	E	F	I	K	L
No.23	気温22℃	風向東	B	C	F	G	K
No.24	風向北西	湿度22%	A	B	E	F	G
No.25	湿度46%	風速18m/s	E	G	H	J	K
No.26	風速21m/s	気温38℃	F	G	H	J	L
No.27	気温12℃	風向南西	A	E	F	I	J
No.28	風速3m/s	湿度23%	B	C	D	F	G
No.29	湿度10%	風向西	A	B	E	F	J
No.30	気温31℃	風速11m/s	D	F	G	H	K

								1	2	3	4	5
No.31	24	A	2 = 9	B	3		A B	÷ ＋	÷ ×	＋ ÷	− ÷	− ×
No.32	8	A	2 = 3	B	2		A B	× ＋	＋ ×	＋ ＋	− ＋	− ×
No.33	22	A	11 = 15	B	4		A B	− ＋	− −	× ＋	÷ −	÷ ＋
No.34	12	A	2 = 32	B	8		A B	＋ ÷	＋ −	× ÷	× −	÷ ÷
No.35	4	A	2 = 12	B	2		A B	÷ ＋	× −	× ÷	＋ ÷	＋ −
No.36	9	A	9 = 27	B	3		A B	÷ ÷	× ＋	× ×	＋ ＋	＋ ÷
No.37	20	A	5 = 8	B	4		A B	÷ ＋	÷ −	＋ −	＋ ÷	− ÷
No.38	17	A	3 = 10	B	2		A B	＋ ×	＋ ÷	＋ ＋	− ＋	− ÷
No.39	5	A	2 = 14	B	2		A B	× −	× ÷	＋ ＋	＋ −	＋ ÷
No.40	10	A	4 = 7	B	7		A B	− ÷	− ×	＋ ＋	＋ ÷	× ×

(手引)

元の文字	み	ち	け	あ	つ	ゆ	れ	せ	た	え
変換文字①	5	L	W	9	C	Y	A	2	1	H
変換文字②	ミ	チ	8	ア	3	ユ	レ	6	7	4
変換文字③	T	K	ケ	B	ツ	J	E	セ	タ	エ

	変換文字		1	2	3	4	5
No.41	③	ゆたけ	ユタケ	ユタW	Jタケ	JタW	YタW
No.42	②	れえち	レ4チ	レ4K	EエK	EエL	E4K
No.43	①	あみせ	9ミ6	952	956	ア56	アミ6
No.44	②	つちた	ツチ1	ツチタ	3チ7	3チ1	3L7
No.45	①	けあえ	W94	W9H	WアH	8ア4	89H
No.46	②	みゆつ	TY3	TユC	5YC	ミY3	ミユ3
No.47	③	せれあ	6E9	セレ9	セレB	セEB	セEア
No.48	①	ちけゆ	チケユ	チWJ	L8Y	LWY	LケJ
No.49	③	えつみ	エツT	エツミ	エCミ	4CT	43T
No.50	②	たせれ	タ2レ	タセA	16レ	76A	76レ

（分類表）

		風向	気温(℃)	風向	気温(℃)	風向	気温(℃)	風向	気温(℃)
		南, 南東	18～30	北, 北東	−8～4	東, 北西	31～43	西, 南西	5～17
風速(m/s)	8～14	A		B		C		D	
湿度(%)	70～99								
風速(m/s)	15～21	E		F		G		H	
湿度(%)	10～39								
風速(m/s)	1～7	I		J		K		L	
湿度(%)	40～69								

			1	2	3	4	5
No.51	風速9m/s	気温33℃	A	C	E	G	I
No.52	気温−5℃	湿度12%	B	D	F	H	J
No.53	湿度81%	風向南西	A	B	C	D	G
No.54	湿度38%	気温22℃	E	G	H	I	K
No.55	風向南	風速3m/s	A	E	H	I	J
No.56	気温8℃	風速2m/s	D	F	G	H	L
No.57	風向北東	湿度93%	A	B	E	F	I
No.58	風速20m/s	風向東	D	E	F	G	K
No.59	湿度53%	気温40℃	E	F	H	I	K
No.60	風向西	風速13m/s	D	E	G	H	L

	式		1	2	3	4	5
No.61	22 [A] 2 ＝ 6 [B] 5	A	＋	＋	÷	÷	−
		B	×	＋	×	＋	×
No.62	14 [A] 2 ＝ 30 [B] 2	A	×	×	＋	−	−
		B	−	÷	−	＋	−
No.63	18 [A] 2 ＝ 3 [B] 3	A	−	−	＋	÷	÷
		B	＋	×	÷	÷	×
No.64	7 [A] 2 ＝ 10 [B] 2	A	−	＋	＋	×	×
		B	÷	−	÷	＋	−
No.65	19 [A] 4 ＝ 8 [B] 7	A	−	−	＋	＋	×
		B	−	＋	−	×	＋
No.66	24 [A] 3 ＝ 4 [B] 2	A	÷	÷	＋	＋	−
		B	＋	×	÷	×	＋
No.67	6 [A] 4 ＝ 8 [B] 2	A	×	×	＋	＋	＋
		B	÷	＋	÷	−	＋
No.68	21 [A] 3 ＝ 6 [B] 3	A	÷	÷	−	＋	＋
		B	＋	×	×	＋	×
No.69	32 [A] 8 ＝ 12 [B] 3	A	＋	＋	−	÷	÷
		B	÷	−	＋	÷	＋
No.70	7 [A] 3 ＝ 12 [B] 9	A	−	−	×	＋	＋
		B	−	＋	＋	−	＋

(手引)

元の文字	る	こ	も	さ	ぬ	よ	に	む	ふ	ほ
変換文字①	X	N	7	R	3	D	M	4	8	5
変換文字②	ル	6	モ	9	ヌ	1	ニ	ム	2	ホ
変換文字③	G	コ	U	サ	A	ヨ	K	Q	フ	L

	変換文字		1	2	3	4	5
No.71	①	さむふ	9ム2	R48	R42	サム2	サQフ
No.72	①	ぬるに	3ルニ	3XM	3XK	ヌルM	ヌXニ
No.73	②	もふこ	Uフコ	UフN	U2N	モ2コ	モ26
No.74	③	によむ	K14	KヨQ	Kヨム	ニDQ	ニ14
No.75	③	ほぬも	ホヌモ	ホヌU	LヌU	LAモ	LAU
No.76	②	ふにる	2ニル	2ニG	フKG	フKル	8ニル
No.77	③	こさぬ	69ヌ	693	コサ3	コサA	コサヌ
No.78	③	むこほ	QN5	Qコホ	QコL	46ホ	46L
No.79	①	るもよ	ル7ヨ	ルUD	X7D	XUD	Gモヨ
No.80	②	よほさ	1ホ9	1ホサ	1L9	ヨLR	ヨ59

（分類表）

		風速(m/s)	気温(℃)	風速(m/s)	気温(℃)	風速(m/s)	気温(℃)	風速(m/s)	気温(℃)
		13～18	10～17	1～6	18～25	7～12	2～9	19～24	26～33
風向	南, 北, 北東	A		B		C		D	
湿度(%)	27～50								
風向	西, 南西, 南東	E		F		G		H	
湿度(%)	75～98								
風向	東, 北西	I		J		K		L	
湿度(%)	51～74								

			1	2	3	4	5
No.81	気温19℃	風向西	B	C	D	E	F
No.82	風速10m/s	湿度78%	A	B	E	F	G
No.83	風向北	風速24m/s	B	D	F	H	L
No.84	気温30℃	湿度52%	F	H	I	J	L
No.85	湿度48%	風速2m/s	B	C	F	J	K
No.86	風向北西	気温6℃	B	F	G	K	L
No.87	風速17m/s	風向南東	A	B	E	F	J
No.88	湿度61%	気温16℃	E	I	J	K	L
No.89	風向南	風速13m/s	A	B	C	E	F
No.90	気温22℃	湿度92%	B	D	F	H	J

			1	2	3	4	5
No. 91	7 [A] 2 ＝ 18 [B] 9	A	＋	＋	−	−	×
		B	÷	−	÷	−	＋
No. 92	3 [A] 2 ＝ 4 [B] 4	A	×	×	＋	＋	−
		B	＋	×	×	＋	÷
No. 93	5 [A] 2 ＝ 7 [B] 3	A	−	−	×	×	＋
		B	−	＋	＋	−	＋
No. 94	16 [A] 2 ＝ 6 [B] 3	A	÷	÷	−	＋	＋
		B	×	＋	÷	＋	×
No. 95	9 [A] 3 ＝ 5 [B] 2	A	÷	÷	＋	＋	−
		B	＋	−	＋	×	＋
No. 96	8 [A] 2 ＝ 4 [B] 4	A	×	×	＋	＋	−
		B	×	＋	＋	×	÷
No. 97	7 [A] 5 ＝ 15 [B] 3	A	×	×	＋	＋	−
		B	＋	÷	−	÷	÷
No. 98	16 [A] 2 ＝ 6 [B] 2	A	÷	÷	＋	＋	×
		B	＋	−	−	÷	÷
No. 99	22 [A] 10 ＝ 9 [B] 3	A	＋	＋	−	−	−
		B	＋	×	÷	＋	×
No.100	8 [A] 2 ＝ 18 [B] 3	A	＋	＋	÷	−	×
		B	−	÷	＋	÷	−

（手引）

元の文字	へ	か	ね	そ	は	を	お	き	い	ら
変換文字①	4	8	P	M	V	F	3	H	6	S
変換文字②	へ	5	ネ	ソ	9	1	オ	2	イ	7
変換文字③	N	カ	G	E	ハ	ヲ	L	キ	Y	ラ

	変換文字		1	2	3	4	5
No.101	②	をねへ	FネN	FPへ	ヲGへ	1ネ4	1ネへ
No.102	②	そきい	ソ2イ	ソ26	ソキY	ソキイ	M26
No.103	①	らかは	75ハ	759	S8V	S89	S5V
No.104	①	いへお	YNL	6N3	6NL	64オ	643
No.105	③	ねはき	ネVキ	ネVH	GハH	Gハキ	Pハキ
No.106	③	かをそ	8FM	81ソ	81E	カヲE	カヲソ
No.107	②	おらね	オ7ネ	オラネ	オSG	LSP	L7G
No.108	③	へそら	4ソ7	NEラ	NES	NM7	NMラ
No.109	①	はいを	VYF	V61	V6F	9Y1	9YF
No.110	②	きおか	キオ8	2オ5	2オ8	HL5	HL8

（分類表）

		湿度（%） 48～65	風速（m/s） 1～5	湿度（%） 30～47	風速（m/s） 11～15	湿度（%） 12～29	風速（m/s） 16～20	湿度（%） 66～83	風速（m/s） 6～10
気温（℃）	－7～7	A		B		C		D	
風向	北,南東,南西								
気温（℃）	－22～－8	E		F		G		H	
風向	東,南,北西								
気温（℃）	8～22	I		J		K		L	
風向	西,北東								

			1	2	3	4	5
No.111	湿度73%	気温17℃	G	H	J	K	L
No.112	風向東	湿度82%	D	E	F	H	I
No.113	風速7m/s	風向北	B	C	D	G	H
No.114	気温－15℃	湿度25%	C	E	G	H	K
No.115	風向南西	風速16m/s	C	D	E	F	G
No.116	風速4m/s	気温2℃	A	D	E	H	I
No.117	湿度60%	風向西	D	E	F	H	I
No.118	風向北東	風速13m/s	F	G	I	J	K
No.119	湿度43%	気温－9℃	B	F	G	H	L
No.120	気温－1℃	風速20m/s	B	C	D	G	H

正答

No.	正答	No.	正答	No.	正答	No.	正答
No. 1	4	No. 31	1	No. 61	4	No. 91	2
No. 2	5	No. 32	5	No. 62	1	No. 92	5
No. 3	3	No. 33	2	No. 63	5	No. 93	3
No. 4	4	No. 34	4	No. 64	1	No. 94	5
No. 5	2	No. 35	4	No. 65	2	No. 95	2
No. 6	1	No. 36	3	No. 66	2	No. 96	1
No. 7	3	No. 37	2	No. 67	5	No. 97	3
No. 8	2	No. 38	1	No. 68	3	No. 98	1
No. 9	5	No. 39	5	No. 69	4	No. 99	4
No. 10	1	No. 40	3	No. 70	3	No.100	4
No. 11	5	No. 41	3	No. 71	2	No.101	5
No. 12	3	No. 42	1	No. 72	2	No.102	1
No. 13	3	No. 43	2	No. 73	5	No.103	3
No. 14	4	No. 44	3	No. 74	2	No.104	5
No. 15	1	No. 45	2	No. 75	5	No.105	4
No. 16	2	No. 46	5	No. 76	1	No.106	4
No. 17	4	No. 47	4	No. 77	4	No.107	1
No. 18	1	No. 48	4	No. 78	3	No.108	2
No. 19	5	No. 49	1	No. 79	3	No.109	3
No. 20	4	No. 50	5	No. 80	1	No.110	2
No. 21	4	No. 51	2	No. 81	5	No.111	5
No. 22	3	No. 52	3	No. 82	5	No.112	4
No. 23	2	No. 53	4	No. 83	2	No.113	3
No. 24	4	No. 54	1	No. 84	5	No.114	3
No. 25	2	No. 55	4	No. 85	1	No.115	1
No. 26	3	No. 56	5	No. 86	4	No.116	1
No. 27	5	No. 57	2	No. 87	3	No.117	5
No. 28	1	No. 58	4	No. 88	2	No.118	4
No. 29	3	No. 59	5	No. 89	1	No.119	2
No. 30	1	No. 60	1	No. 90	3	No.120	2

合格ライン

120点中

90 点以上

	正答数		誤答数		得点
1回目の結果		－		＝	
2回目の結果		－		＝	
3回目の結果		－		＝	

解説

平成26年度の国家一般職／税務は，計算＋分類，置換，分類の3形式であった。検査1の計算は，平成16年度国家Ⅲ種と同じ形式である。検査2の置換は公務員試験では形式を変えながら，ほぼ毎年出題されている頻出形式である。検査3の分類は平成18年度国家Ⅲ種で出題された分類問題とまったく同じ形式の問題である。

【検査1】

簡単な四則計算であるが，左辺と右辺が等しくなるように先に計算を行い，その当てはめた演算記号を分類するという，演算記号を基に計算する問題とはやや異なった計算問題である。選択肢の記号を順に当てはめていくと時間を無駄にしやすいので，自分で演算記号を当てはめて正答を導くこと。素早く確実に計算できるよう日頃から練習問題に取り組んでおきたい。加減乗除が混在している計算式では，乗除（×，÷）を先に，加減（＋，－）を後に計算する。また（　　）がある場合は，乗除，加減より先に（　　）内を計算することを忘れずに。

【検査2】

置換は公務員試験では頻出形式である。手引で指示された②の行（横の欄）を①や③の行と見間違えることなく，与えられた文字を確実に置き換えていく。3文字位であれば，暗唱しながら一気に置き換えることも可能だが，見直しのためにも，問題の余白に変換後の文字を走り書き程度にメモしておくとよい。置換問題の選択肢には最初の1，2文字が同じという紛らわしい選択肢が入っている場合があるので，マークをするときは読み違えに注意が必要だ。

【検査3】

分類の要素が，列（縦の欄），行（横の欄）1種類ずつでなく，複数の要素が与えられていて，その中から問題によって要素を選ぶ形式の分類問題である。今回も，列で気温と湿度，行で風向と風速が示されている。縦横を用いた分類は，要素を示す列と行を間違えないように指で押さえながら，交差するところの文字を確実に見つけ出すことが大切だ。また，範囲の区切り（例題では気温は0℃から39℃の範囲を4つに区切ってある）が左から右へ順番に区切られている訳ではないので，順番に区切られていると思い込むことなく解くようにしよう。たとえ例題で示された分類範囲の区切りが左から右へ，また上から下へと順番に区切られていたとしても，問題では範囲の区切りが順番でない場合がある。範囲の区切りはきちんと確認をして落ち着いて解くようにしたい。

国家一般職／税務【平成27年度】

練習問題

118ページからの試験問題を始める前に次の説明をよく読み，やり方を理解してください。試験問題の解答時間は15分です。

【検査1】

この検査は，表の中の文字，文字式及び数値を手がかりにして，▭の部分に当てはまる数値がある選択肢の番号と同じ位置にマークをするものである。

【国家Ⅲ種・平成10年度】〈類題：国家Ⅲ種・平成11，15，22年度〉

例題1

A	B	A＋B	A×B
12		15	▭

1	2	3	4	5
33	34	35	36	37

例題では，Aが12，A＋Bが15であることから，Bは3であるとわかる。したがって，A×Bは12×3＝36となり，これは選択肢「**4**」の位置にあるから，正答は**4**となる。

正　答　　例題1　4

【検査2】

この検査は，アルファベットや仮名などの文字で示された8つの座席位置がある円形テーブルと1つの椅子があり，問いで指定される「最初の位置」にある椅子を，「指示1」，「指示2」の順に〔移動の指示〕に従って移動させた後，最後の椅子の位置を示す文字がある選択肢の番号と同じ位置にマークをするものである。

ただし，〔移動の指示〕にある「右（又は左）隣」とは，テーブルに向かって右（又は左）方向のことであり，例えば，位置Cの1つ右隣は位置B，1つ左隣は位置Dとなる。なお，下の例題における〔座席表〕では，参考のため，「最初の位置」にある椅子を例示しているが，以降の問題では椅子は示していない。

〔座席表〕

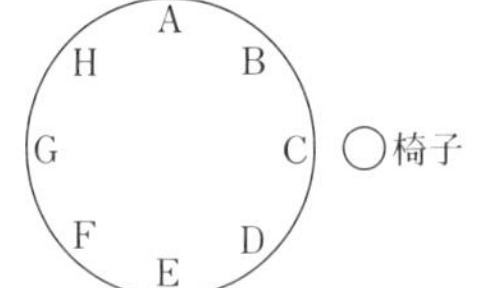

〔移動の指示〕

あ　1つ左隣へ
い　2つ右隣へ
う　2つ左隣へ
え　3つ右隣へ
お　3つ左隣へ
か　BかGのうち，近い方へ
き　CかHのうち，近い方へ
く　テーブルを挟んで真向かいへ

例題2

最初の位置	指示1	指示2
C	か	う

1	2	3	4	5
A	B	D	E	G

例題では，指示1に従い，最初の位置Cにある椅子を，「BかGのうち，近い方」に移動させようとする場合，BはCから見て1つ右隣にあり，GはCから見て4つ離れた位置にあるから，より近いのはBとなる。次に，指示2に従うと，Bから2つ左隣はDである。これは選択肢の「**3**」の位置にあるから，正答は**3**となる。

正　答　　例題2　3

【検査3】

この検査は，アルファベットや平仮名などの文字が各マスに入った見本の表と，見本の表から抜き出された3行×3列の表を見比べて，抜き出された表の中の①と②のマスに入る文字の組合せがある選択肢の番号と同じ位置にマークをするものである。　**【国家Ⅲ種・平成17，22年度】**

(見本の表)

L	I	J	R	R
F	Q	T	D	U
I	A	S	M	R
R	D	K	P	L
X	W	Q	J	Z

例題3

T	D	U
S	①	R
K	P	②

	1	**2**	**3**	**4**	**5**
①	W	N	N	M	M
②	I	I	L	T	L

例題では，抜き出された表の文字を見本の表と見比べると，上から2行目～4行目，左から3列目～5列目の部分と一致するから，①に入る文字は「M」，②に入る文字は「L」になる。この組合せは選択肢「**5**」の位置にあるから，正答は**5**となる。

正　答　　例題3　5

	A	B	A－B	A×B	1	2	3	4	5
No. 1	11		6	■	51	52	53	54	55
No. 2	21		■	63	15	16	17	18	19
No. 3		8	■	72	1	2	3	4	5
No. 4		6	9	■	88	89	90	91	92
No. 5	13		7	■	76	77	78	79	80
No. 6	30		■	60	27	28	29	30	31
No. 7		3	12	■	45	46	47	48	49
No. 8		7	■	77	1	2	3	4	5
No. 9	17		15	■	30	31	32	33	34
No.10	24		■	72	20	21	22	23	24

〔座席表〕

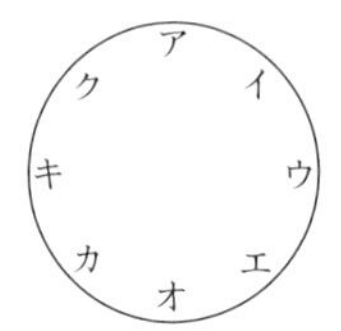

〔移動の指示〕

あ　1つ左隣へ
い　2つ右隣へ
う　2つ左隣へ
え　3つ右隣へ
お　3つ左隣へ
か　ウかカのうち，近い方へ
き　オかクのうち，近い方へ
く　テーブルを挟んで真向かいへ

	最初の位置	指示1	指示2	1	2	3	4	5
No.11	ウ	き	あ	ア	イ	エ	オ	カ
No.12	キ	え	い	イ	ウ	オ	カ	キ
No.13	オ	う	く	ア	ウ	エ	カ	ク
No.14	イ	か	あ	ウ	エ	オ	キ	ク
No.15	ク	く	お	ア	イ	エ	キ	ク
No.16	カ	き	い	ア	イ	ウ	エ	オ
No.17	ア	う	え	イ	エ	カ	キ	ク
No.18	エ	お	う	ア	ウ	エ	カ	キ
No.19	イ	か	え	ア	ウ	オ	カ	ク
No.20	ウ	い	お	イ	ウ	エ	オ	カ

（見本の表）

Y	S	U	D	Q	Y	H	Q
U	F	L	I	X	G	S	M
A	J	Z	N	E	P	O	T
D	V	C	R	W	R	N	V
L	B	H	W	K	A	T	K
M	W	I	V	B	K	C	M
N	J	E	H	Q	F	X	Z
G	P	O	R	D	F	U	E

No.21

U	F	②
A	J	Z
①	V	C

	1	2	3	4	5
①	D	D	I	I	K
②	K	L	L	Z	Z

No.22

K	C	M
F	②	Z
F	①	E

	1	2	3	4	5
①	T	T	U	U	W
②	S	Y	W	X	Y

No.23

D	Q	Y
①	②	G
N	E	P

	1	2	3	4	5
①	G	I	I	M	M
②	H	H	X	G	X

No.24

②	V	①
L	B	H
M	W	I

	1	2	3	4	5
①	C	C	D	E	E
②	D	E	S	K	S

No.25

G	①	M
P	O	②
R	N	V

	1	2	3	4	5
①	B	B	S	S	T
②	Q	U	U	T	Q

No.26

W	K	A
②	B	K
H	①	F

	1	2	3	4	5
①	E	E	I	Q	Q
②	I	V	R	R	V

No.27

R	N	V
①	T	K
K	C	②

	1	2	3	4	5
①	A	A	G	G	O
②	M	X	M	O	X

No.28

L	②	X
Z	N	E
①	R	W

	1	2	3	4	5
①	C	C	C	H	R
②	H	I	W	I	T

No.29

②	W	I
N	J	①
G	P	O

	1	2	3	4	5
①	C	C	E	F	F
②	E	L	M	I	L

No.30

S	U	D
F	L	I
J	②	①

	1	2	3	4	5
①	D	H	H	N	N
②	Z	S	V	S	Z

	A	B	A＋B	A÷B	1	2	3	4	5
No.31	12			4	13	14	15	16	17
No.32		6		9	60	61	62	63	64
No.33		12	36		1	2	3	4	5
No.34	32		34		15	16	17	18	19
No.35	40			10	41	42	43	44	45
No.36		8	32		3	4	5	6	7
No.37		5	20		1	2	3	4	5
No.38	16			2	20	21	22	23	24
No.39	24		27		5	6	7	8	9
No.40		13		3	48	49	50	51	52

〔座席表〕

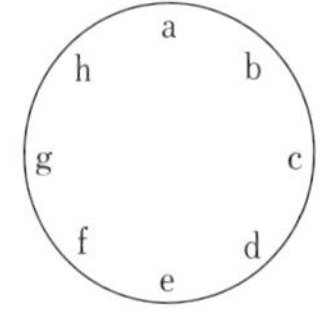

〔移動の指示〕

あ　1つ左隣へ
い　1つ右隣へ
う　2つ左隣へ
え　2つ右隣へ
お　3つ左隣へ
か　aかdのうち，近い方へ
き　eかhのうち，近い方へ
く　テーブルを挟んで真向かいへ

	最初の位置	指示1	指示2	1	2	3	4	5
No.41	c	い	く	a	b	e	f	h
No.42	g	あ	お	a	c	d	e	f
No.43	e	か	う	b	c	f	g	h
No.44	d	き	い	a	b	c	d	e
No.45	h	か	あ	b	c	e	g	h
No.46	b	き	く	a	b	c	d	h
No.47	c	お	え	a	b	d	g	h
No.48	a	え	く	c	d	f	g	h
No.49	g	う	あ	a	b	c	e	h
No.50	f	い	う	c	d	e	f	g

（見本の表）

の	ま	ゆ	え	ふ	き	よ	す
き	ふ	ひ	こ	と	れ	も	た
た	い	へ	え	へ	よ	ん	む
と	お	す	ん	に	せ	い	ま
む	ひ	ら	せ	れ	る	ほ	ゆ
も	を	お	の	と	て	あ	る
て	ゆ	ほ	も	な	か	な	こ
あ	に	ら	て	ま	か	を	ふ

No.51

ふ	き	よ
①	れ	②
へ	よ	ん

	1	2	3	4	5
①	か	か	と	と	ら
②	も	ら	す	も	す

No.52

も	を	①
て	②	ほ
あ	に	ら

	1	2	3	4	5
①	お	お	せ	せ	な
②	せ	ゆ	な	も	ゆ

No.53

す	ん	に
②	せ	れ
①	の	と

	1	2	3	4	5
①	い	い	お	た	た
②	お	む	ら	む	ら

No.54

②	ん	む
せ	い	ま
る	ほ	①

	1	2	3	4	5
①	た	む	む	ゆ	ゆ
②	よ	も	れ	れ	よ

No.55

た	①	へ
と	お	②
む	ひ	ら

	1	2	3	4	5
①	い	い	い	す	て
②	す	て	へ	へ	ほ

No.56

の	と	②
も	な	か
て	ま	①

	1	2	3	4	5
①	あ	え	え	か	か
②	ひ	ひ	に	て	に

No.57

の	ま	ゆ
き	②	ひ
①	い	へ

	1	2	3	4	5
①	こ	こ	せ	た	た
②	な	ふ	は	な	ふ

No.58

ひ	こ	②
へ	①	へ
す	ん	に

	1	2	3	4	5
①	え	え	す	す	と
②	と	る	ひ	ゆ	る

No.59

①	あ	る
か	な	こ
か	②	ふ

	1	2	3	4	5
①	き	き	せ	て	て
②	ま	を	を	ま	を

No.60

き	よ	す
れ	①	②
よ	ん	む

	1	2	3	4	5
①	し	も	も	く	の
②	さ	た	ん	と	ん

	A	B	A＋B	A×B	1	2	3	4	5
No.61	18		21		51	52	53	54	55
No.62	11			88	16	17	18	19	20
No.63		7	12		35	36	37	38	39
No.64		20		60	21	22	23	24	25
No.65	26		28		51	52	53	54	55
No.66		14		84	16	17	18	19	20
No.67	5		21		76	77	78	79	80
No.68		19	24		95	96	97	98	99
No.69		3		24	10	11	12	13	14
No.70	10			70	15	16	17	18	19

〔座席表〕

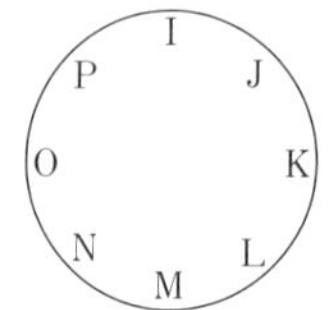

〔移動の指示〕

あ　1つ左隣へ
い　1つ右隣へ
う　2つ左隣へ
え　2つ右隣へ
お　3つ左隣へ
か　JかMのうち，近い方へ
き　LかOのうち，近い方へ
く　テーブルを挟んで真向かいへ

	最初の位置	指示1	指示2	1	2	3	4	5
No.71	N	か	え	I	K	M	N	P
No.72	J	お	あ	I	K	L	N	O
No.73	O	く	う	K	L	M	N	P
No.74	K	う	い	I	J	L	N	O
No.75	M	き	え	J	L	M	O	P
No.76	I	い	お	J	K	L	N	O
No.77	P	き	あ	I	K	M	N	P
No.78	L	か	い	I	L	N	O	P
No.79	N	あ	う	I	J	K	N	P
No.80	P	お	く	I	J	M	N	O

（見本の表）

p	a	i	n	j	e	f	z
w	s	c	x	r	h	q	v
x	v	s	g	b	y	r	t
t	g	f	w	a	k	m	d
o	k	d	x	u	t	m	z
z	h	r	j	f	s	i	e
l	u	q	g	o	w	p	k
e	b	y	l	c	n	h	y

No.81

①	f	z
h	q	v
②	r	t

	1	2	3	4	5
①	e	e	h	h	p
②	z	y	k	z	y

No.82

g	f	w
k	d	②
①	r	j

	1	2	3	4	5
①	f	h	h	s	s
②	v	j	x	v	j

No.83

j	①	s
g	②	w
l	c	n

	1	2	3	4	5
①	b	f	f	m	q
②	m	o	r	o	r

No.84

w	s	c
x	v	②
t	①	f

	1	2	3	4	5
①	a	a	g	g	s
②	u	w	s	u	w

No.85

x	r	h
g	b	y
②	a	①

	1	2	3	4	5
①	c	i	i	k	k
②	y	p	w	w	y

No.86

s	i	①
w	p	k
n	②	y

	1	2	3	4	5
①	e	e	p	p	t
②	h	s	s	v	v

No.87

a	k	①
②	t	m
f	s	i

	1	2	3	4	5
①	c	g	g	m	m
②	u	k	x	u	x

No.88

o	k	d
z	h	②
l	u	①

	1	2	3	4	5
①	l	l	n	n	q
②	o	r	o	q	r

No.89

①	②	n
s	c	x
v	s	g

	1	2	3	4	5
①	a	a	i	u	u
②	i	y	w	w	y

No.90

①	r	j
u	②	g
b	y	l

	1	2	3	4	5
①	b	b	h	q	q
②	h	j	q	s	t

	A	B	A－B	A÷B	1	2	3	4	5
No. 91		2	■	13	21	22	23	24	25
No. 92		15	15	■	1	2	3	4	5
No. 93	16		12	■	1	2	3	4	5
No. 94	42		■	14	35	36	37	38	39
No. 95		6	30	■	6	7	8	9	10
No. 96		20	40	■	1	2	3	4	5
No. 97	56		48	■	6	7	8	9	10
No. 98		7	■	12	75	76	77	78	79
No. 99	22		■	11	16	17	18	19	20
No.100		13	■	5	51	52	53	54	55

〔座席表〕

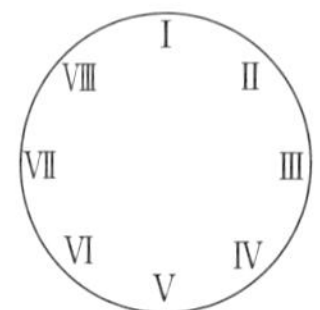

〔移動の指示〕

あ　1つ右隣へ
い　2つ右隣へ
う　2つ左隣へ
え　3つ右隣へ
お　3つ左隣へ
か　ⅠかⅥのうち，近い方へ
き　ⅢかⅧのうち，近い方へ
く　テーブルを挟んで真向かいへ

	最初の位置	指示1	指示2	1	2	3	4	5
No.101	Ⅶ	き	お	Ⅱ	Ⅲ	Ⅳ	Ⅴ	Ⅵ
No.102	Ⅰ	い	く	Ⅲ	Ⅳ	Ⅵ	Ⅶ	Ⅷ
No.103	Ⅳ	お	う	Ⅰ	Ⅲ	Ⅴ	Ⅶ	Ⅷ
No.104	Ⅵ	く	え	Ⅱ	Ⅲ	Ⅳ	Ⅴ	Ⅶ
No.105	Ⅱ	う	あ	Ⅰ	Ⅱ	Ⅲ	Ⅴ	Ⅶ
No.106	Ⅴ	え	う	Ⅱ	Ⅲ	Ⅳ	Ⅴ	Ⅶ
No.107	Ⅷ	か	い	Ⅲ	Ⅳ	Ⅵ	Ⅶ	Ⅷ
No.108	Ⅲ	う	お	Ⅰ	Ⅱ	Ⅴ	Ⅵ	Ⅷ
No.109	Ⅳ	あ	く	Ⅰ	Ⅲ	Ⅴ	Ⅵ	Ⅶ
No.110	Ⅵ	き	う	Ⅱ	Ⅴ	Ⅵ	Ⅶ	Ⅷ

（見本の表）

サ	ウ	ロ	シ	ク	チ	オ	ヌ
ツ	ネ	イ	ル	ソ	ホ	メ	ウ
ア	ヒ	ヌ	リ	キ	コ	ハ	ノ
ケ	タ	ハ	ミ	ム	サ	ク	シ
ム	オ	セ	ノ	ロ	ソ	ヒ	ミ
コ	ソ	ホ	ケ	ツ	チ	ヤ	ツ
サ	ヤ	イ	タ	ネ	ア	ヌ	ワ
ル	メ	ハ	ワ	チ	キ	セ	リ

No.111

ノ	②	①
ケ	ツ	チ
タ	ネ	ア

	1	2	3	4	5
①	ク	ソ	ソ	ヌ	ミ
②	ミ	ヌ	ロ	ロ	リ

No.112

①	タ	ハ
②	オ	セ
コ	ソ	ホ

	1	2	3	4	5
①	ア	ア	ケ	ケ	コ
②	コ	ム	ム	ワ	ワ

No.113

ホ	②	ウ
コ	ハ	ノ
サ	①	シ

	1	2	3	4	5
①	ク	ク	セ	メ	ル
②	セ	メ	ロ	ル	ロ

No.114

イ	ル	ソ
ヌ	リ	キ
①	②	ム

	1	2	3	4	5
①	シ	チ	チ	ハ	ハ
②	ミ	ヌ	ヤ	ミ	ヤ

No.115

チ	②	ツ
①	ヌ	ワ
キ	セ	リ

	1	2	3	4	5
①	ア	ア	オ	ク	ク
②	ノ	ヤ	ネ	ネ	ヤ

No.116

サ	ウ	ロ
ツ	②	イ
ア	ヒ	①

	1	2	3	4	5
①	ウ	ツ	ツ	ヌ	ヌ
②	ロ	ネ	フ	ネ	ロ

No.117

ク	チ	①
ソ	ホ	メ
②	コ	ハ

	1	2	3	4	5
①	オ	オ	サ	サ	キ
②	キ	ヌ	ヌ	メ	メ

No.118

コ	ソ	②
サ	ヤ	①
ル	メ	ハ

	1	2	3	4	5
①	イ	イ	オ	オ	ス
②	ホ	ミ	ス	ホ	ミ

No.119

ソ	①	ミ
チ	ヤ	ツ
ア	ヌ	②

	1	2	3	4	5
①	ケ	ソ	ソ	ヒ	ヒ
②	ス	タ	ワ	ヌ	ワ

No.120

①	ケ	ツ
イ	タ	ネ
ハ	②	チ

	1	2	3	4	5
①	イ	イ	キ	キ	ホ
②	ハ	ワ	ハ	ホ	ワ

正 答

No. 1	5	No. 31	3	No. 61	4	No. 91	4
No. 2	4	No. 32	1	No. 62	4	No. 92	2
No. 3	1	No. 33	2	No. 63	1	No. 93	4
No. 4	3	No. 34	2	No. 64	3	No. 94	5
No. 5	3	No. 35	4	No. 65	2	No. 95	1
No. 6	2	No. 36	1	No. 66	5	No. 96	3
No. 7	1	No. 37	3	No. 67	5	No. 97	2
No. 8	4	No. 38	5	No. 68	1	No. 98	3
No. 9	5	No. 39	4	No. 69	2	No. 99	5
No. 10	2	No. 40	5	No. 70	3	No.100	2
No. 11	5	No. 41	4	No. 71	2	No.101	2
No. 12	1	No. 42	2	No. 72	4	No.102	1
No. 13	2	No. 43	3	No. 73	3	No.103	1
No. 14	2	No. 44	4	No. 74	3	No.104	5
No. 15	4	No. 45	1	No. 75	1	No.105	3
No. 16	3	No. 46	4	No. 76	2	No.106	3
No. 17	5	No. 47	3	No. 77	5	No.107	4
No. 18	1	No. 48	1	No. 78	2	No.108	5
No. 19	5	No. 49	2	No. 79	1	No.109	5
No. 20	3	No. 50	5	No. 80	5	No.110	1
No. 21	2	No. 51	4	No. 81	2	No.111	3
No. 22	4	No. 52	2	No. 82	3	No.112	3
No. 23	3	No. 53	3	No. 83	2	No.113	2
No. 24	1	No. 54	5	No. 84	3	No.114	4
No. 25	4	No. 55	1	No. 85	4	No.115	2
No. 26	5	No. 56	4	No. 86	1	No.116	4
No. 27	1	No. 57	5	No. 87	4	No.117	1
No. 28	2	No. 58	1	No. 88	5	No.118	1
No. 29	3	No. 59	5	No. 89	1	No.119	5
No. 30	5	No. 60	2	No. 90	3	No.120	5

合格ライン

120 点中

95 点以上

	正答数		誤答数		得点
1回目の結果		−		＝	
2回目の結果		−		＝	
3回目の結果		−		＝	

解説

平成27年度の国家一般職/税務は，計算，置換，照合の3形式であった。検査1の計算問題は，平成10年度に国家Ⅲ種で同じ形式が出題された。検査2の置換問題は珍しいタイプの形式である。検査3は分類の要素も含んだ照合問題で平成17, 22年度に国家Ⅲ種でまったく同じ形式で出題されている。

【検査1】

わかっている数値を手がかりにして▭の数値を出す問題である。例題では「A＋B＝15」，「A＝12」であるので「B＝15－12」としてBの値を求めることができる。Bが「3」とわかれば「A×B」に「A」と「B」の値を当てはめ「12×3＝36」となり，▭の数値がわかる。このように，わかっている数値からわからない「A，B」を求めるときは，逆算をしたり「加減乗除」の四則計算を駆使して求めることになる。計算自体は難しくないので，たくさんの問題を解いて慣れ，素早く解くコツをつかもう。

【検査2】

与えられた最初の位置に自分が座っているつもりで，座席表をイメージしてみよう。指示1，2と順番通りに移動して，1つ移動したら移動先を指で押さえ，次の指示2の通りに移動する。得点を稼ぎやすい問題なので，移動の指示で示された1，2，3，左，右の文字を見間違えるようなミスをして減点になってはもったいない。落ち着いて解こう。

【検査3】

平成17，22年度に同じ問題が国家Ⅲ種で出題された頻出問題形式である。8行×8列の見本の表の中から，問題で示された部分を見つけ出し，①，②の文字を探し出していく。64マスの中には，当然重複するひらがな，アルファベットがあるので1つの文字を基準に探すのではなく3文字位のかたまりで探してみる。例題で見てみよう。Tだけで探すのではなく隣のD，下のSのかたまりで探してみる。太枠線の部分が例題の部分になる。この9マスの中から，①，②の位置を正確に見つけること。Dの下が①，Rの下が②となっている。鉛筆で○を付けるなど，目印を付けておこう。

L	I	J	R	R
F	Q	T	D	U
I	A	S	M	R
R	D	K	P	L
X	W	Q	J	Z

国家一般職/税務 【平成28年度】

練習問題

130ページからの試験問題を始める前に次の説明をよく読み，やり方を理解してください。試験問題の解答時間は15分です。

【検査1】

この検査は，問題で指定された演算記号（「＋」「－」「×」「÷」）を手引から取り出し，問題の計算式の中の「ア」と「イ」に当てはめて計算し，答えのある選択肢の番号と同じ位置にマークをするものである。

（手引）

	①	②	③
ア	＋	－	＋
イ	×	÷	－

例題1

演算記号	計算式	1	2	3	4	5
①	(3 ア 1) イ 2	4	5	6	7	8

例題では，指定された演算記号は①なので，手引の①の列のとおり，アに「＋」，イに「×」を当てはめると，計算式は「(3＋1)×2」となり，答えの「8」は選択肢「**5**」の位置にあるから，正答は**5**となる。

正　答　　例題1　5

【検査2】

この検査は，問題で示された3つの数字またはアルファベットについて，それぞれ手引に示された選択文字のうちの1文字に，示された順に正しく置き換えている文字の組合せがある選択肢の番号と同じ位置にマークをするものである。

〈類題：国家Ⅲ種・平成13年度〉

（手引）

	1	2	3	4
選択文字	あ え そ	き す ち	け た ぬ	お く せ

例題2

	1	2	3	4	5
134	えけち	そぬく	あくき	せけあ	けおそ

例題では，示された3つの数字「134」をそれぞれ手引に当てはめると，1文字目を「あ え そ」，2文字目を「け た ぬ」，3文字目を「お く せ」のうちの1文字に正しく置き換えているのは「そ ぬ く」であり，これは選択肢「**2**」の位置にあるから，正答は**2**となる。

正　答　　例題2　2

【検査3】

この検査は，手引の中の指定された記号のものを問題の表に従って分類した場合（文字は50音順），それが太枠線内のどこに分類されるかを調べ，その欄の数字と同じ位置にマークをするものである。

【国家Ⅲ種・平成15年度】

（手引）

記号	書籍名	ページ数	発行年
A	ときの人	156	1968
B	かがく百科	93	1984
C	おやすみジョン	110	1995
D	みんな友達	82	1959

例題3　C

		ページ数	
		41～100	101～160
書籍名の最初の文字	あ～こ	**1**	**3**
	さ～と	**2**	**4**
	な～ん		**5**

例題では，「C」の「おやすみジョン」は，書籍名の最初の文字は表の「あ～こ」の行，ページ数は「110」なので表の「101～160」の列となり，太枠線内の一番上の段の右側にある「**3**」の欄に分類されるから，正答は**3**となる。

正　答　　例題3　3

（手引）

	①	②	③	④	⑤
ア	×	−	＋	÷	×
イ	＋	÷	−	＋	−

	演算記号	計算式	1	2	3	4	5
No. 1	①	3 [ア] (2 [イ] 1)	5	6	7	8	9
No. 2	⑤	4 [ア] (17 [イ] 15)	5	6	7	8	9
No. 3	③	13 [ア] 6 [イ] 17	2	3	4	5	6
No. 4	②	(18 [ア] 9) [イ] 3	5	4	3	2	1
No. 5	④	12 [ア] 4 [イ] 5	9	8	7	6	5
No. 6	②	14 [ア] 21 [イ] 3	7	6	5	4	3
No. 7	①	2 [ア] 3 [イ] 1	9	8	7	6	5
No. 8	④	24 [ア] (2 [イ] 4)	1	2	3	4	5
No. 9	③	19 [ア] 7 [イ] 20	2	3	4	5	6
No.10	⑤	11 [ア] 2 [イ] 17	8	7	6	5	4

（手引）

	1	2	3	4
選択文字	ち の お	め よ て	は く す	れ に い

		1	2	3	4	5
No.11	142	ちいは	れよち	てにお	のいめ	おにす
No.12	314	はちて	すよい	めおに	いちす	くおれ
No.13	234	めくお	よれく	すめい	はてち	てはに
No.14	421	れよち	にては	いすめ	くよの	おめに
No.15	243	ていお	めにす	よすれ	はいめ	ちてく
No.16	413	れのめ	いおは	にちて	れすお	いよち
No.17	143	おいよ	ちすれ	のにく	のはて	ちいめ
No.18	231	めれの	よすち	てくい	めはに	くよお
No.19	432	れくの	いすお	すめち	にはよ	れては
No.20	312	はのに	くちい	すおめ	ておは	よのす

（手引）

記号	書籍名	ページ数	発行年
A	みらいのための国語教育	134	1975
B	すうがくを楽しむ解き方	105	1996
C	はじめてのドラム演奏	32	1984
D	おうよう調理実習レシピ	78	2003

No.21 A

		ページ数	
		31～90	91～150
書籍名の最初の文字	あ～こ	**1**	**4**
	さ～の	**2**	
	は～も	**3**	**5**

No.22 D

		書籍名の最初の文字	
		あ～ふ	へ～ろ
発行年	1981～1990	**1**	**3**
	1991～2000		**4**
	2001～2010	**2**	**5**

No.23 C

		発行年	
		1971～1990	1991～2010
書籍名の最初の文字	た～な	**1**	
	に～ひ	**2**	**4**
	ふ～む	**3**	**5**

No.24 B

		ページ数	
		51～100	101～150
発行年	1971～1980	**1**	**2**
	1981～1990	**3**	
	1991～2000	**4**	**5**

No.25 D

		ページ数	
		21～90	91～140
書籍名の最初の文字	あ～く	**1**	**2**
	け～せ	**3**	**4**
	そ～ほ	**5**	

No.26 B

		発行年	
		1971～1990	1991～2010
書籍名の最初の文字	か～ち	**1**	**4**
	つ～ほ	**2**	**5**
	ま～る	**3**	

No.27 A

		発行年	
		1971～1985	1986～2005
ページ数	1～50		**1**
	51～100	**2**	**3**
	101～150	**4**	**5**

No.28 D

		発行年	
		1971～1990	1991～2010
ページ数	31～70		**1**
	71～110	**2**	**3**
	111～150	**4**	**5**

No.29 C

		書籍名の最初の文字	
		え～ぬ	ね～れ
ページ数	1～20	**1**	**2**
	21～50		**3**
	51～90	**4**	**5**

No.30 A

		書籍名の最初の文字	
		い～て	と～ゆ
発行年	1970～1979	**1**	**2**
	1980～1989	**3**	**4**
	1990～1999		**5**

（手引）

	①	②	③	④	⑤
ア	÷	−	＋	÷	×
イ	×	＋	×	−	÷

	演算記号	計算式	1	2	3	4	5
No.31	③	2 ア 3 イ 2	9	8	7	6	5
No.32	④	28 ア (13 イ 6)	4	5	6	7	8
No.33	①	72 ア 36 イ 3	8	7	6	5	4
No.34	⑤	5 ア 21 イ 35	3	4	5	6	7
No.35	②	26 ア 24 イ 3	8	7	6	5	4
No.36	④	68 ア 17 イ 1	1	2	3	4	5
No.37	②	53 ア 49 イ 5	9	8	7	6	5
No.38	⑤	14 ア 9 イ 18	8	7	6	5	4
No.39	①	81 ア 27 イ 2	6	5	4	3	2
No.40	③	1 ア 2 イ 4	5	6	7	8	9

（手引）

	a	b	c	d
選択文字	き ふ あ	も せ ろ	ぬ と わ	ん る ほ

		1	2	3	4	5
No.41	a c d	ふぬほ	きわせ	あとろ	ふもる	きろん
No.42	b a c	もきる	ろふん	せあわ	ろとき	せぬふ
No.43	d b a	んせわ	ほろぬ	んきも	るせと	るもあ
No.44	c d b	ぬるあ	とんろ	とほき	わんふ	わろる
No.45	a d c	あるも	きほろ	ふせと	あんわ	ふもぬ
No.46	c a d	とふも	とろほ	ぬあろ	わせる	わきん
No.47	b d a	もんぬ	るろわ	せきほ	もるふ	せとん
No.48	d a c	るきせ	ほあと	んもわ	ほふろ	るせぬ
No.49	b c d	ろわん	もきる	せぬあ	せんわ	ろとふ
No.50	c b a	とるあ	わもほ	ぬろき	とせる	ぬんあ

（手引）

記号	研修名	講習時間	受講者数
A	コーチング研修	86	409
B	フランス語研修	112	130
C	セキュリティ担当者研修	57	264
D	メンタルヘルス向上研修	24	375

No.51 B

		研修名の最初の文字	
		カ～ト	ナ～モ
受講者数	51～200	**1**	**3**
	201～350	**2**	**4**
	351～500		**5**

No.52 C

		講習時間	
		1～60	61～120
研修名の最初の文字	ア～ツ	**1**	**2**
	テ～モ	**3**	
	ヤ～ン	**4**	**5**

No.53 A

		受講者数	
		101～300	301～500
講習時間	21～60		**1**
	61～100	**2**	**3**
	101～140	**4**	**5**

No.54 D

		研修名の最初の文字	
		ア～ノ	ハ～ロ
講習時間	1～40	**1**	**4**
	41～80	**2**	**5**
	81～120	**3**	

No.55 C

		研修名の最初の文字	
		ア～ト	ナ～ヨ
受講者数	101～210	**1**	
	211～320	**2**	**3**
	321～430	**4**	**5**

No.56 D

		受講者数	
		101～260	261～420
研修名の最初の文字	カ～ツ	**1**	**3**
	テ～ホ		**4**
	マ～ロ	**2**	**5**

No.57 A

		講習時間	
		11～70	71～130
研修名の最初の文字	ア～ソ	**1**	**2**
	タ～ホ	**3**	**4**
	マ～ン		**5**

No.58 B

		講習時間	
		11～70	71～130
研修名の最初の文字	カ～ト	**1**	**3**
	ナ～モ	**2**	**4**
	ヤ～ン		**5**

No.59 C

		受講者数	
		101～260	261～420
講習時間	21～60		**1**
	61～100	**2**	**3**
	101～140	**4**	**5**

No.60 B

		受講者数	
		101～260	261～420
研修名の最初の文字	ア～ツ	**1**	**4**
	テ～モ	**2**	**5**
	ヤ～ン	**3**	

(手引)

	①	②	③	④	⑤
ア	×	＋	×	−	×
イ	−	÷	＋	＋	÷

	演算記号	計算式	1	2	3	4	5
No.61	①	6 ア 8 イ 45	1	2	3	4	5
No.62	③	5 ア 1 イ 4	5	6	7	8	9
No.63	①	2 ア (72 イ 68)	9	8	7	6	5
No.64	⑤	36 ア 13 イ 78	6	5	4	3	2
No.65	⑤	21 ア 25 イ 75	4	5	6	7	8
No.66	②	3 ア 48 イ 24	5	6	7	8	9
No.67	②	(54 ア 26) イ 16	4	5	6	7	8
No.68	④	81 ア 79 イ 4	3	4	5	6	7
No.69	③	1 ア 6 イ 2	4	5	6	7	8
No.70	④	64 ア 58 イ 1	8	7	6	5	4

(手引)

	5	6	7	8
選択文字	ナ ヤ ヒ	エ サ ヘ	ツ マ ウ	タ ケ ム

		1	2	3	4	5
No.71	687	ヘケヤ	エナマ	サムウ	エツタ	サヒツ
No.72	765	ウサタ	ツエム	マケナ	マヘヤ	ウタヒ
No.73	586	ヒケマ	ナタヘ	ヒツエ	ヤウサ	ヤムウ
No.74	567	ナサム	ヤヘケ	ナタマ	ヒエツ	ヤエタ
No.75	658	エヤケ	エナウ	ヘヒマ	サウタ	ヘツム
No.76	758	ツナタ	ウヒサ	ツヤエ	マヘケ	ウエム
No.77	865	ムエヒ	ムサマ	ケヘウ	ケマヤ	タツナ
No.78	675	ヘウタ	エマケ	サタナ	サケヒ	ヘツヤ
No.79	857	タナサ	タヒマ	ケヤヘ	ムエウ	ムサツ
No.80	876	ケマナ	タヤヘ	ケウエ	ムツヒ	タヘヒ

（手引）

記号	資料名	ファイル番号	ページ数
A	はくしょ作成データ	194	63
B	たんとう企業リスト	318	27
C	やかん勤務マニュアル	756	45
D	かんれん法規・法令集	512	118

No.81 D

		ファイル番号	
		101〜450	451〜800
資料名の最初の文字	あ〜せ		1
	そ〜ふ	2	3
	へ〜れ	4	5

No.82 A

		資料名の最初の文字	
		あ〜ぬ	ね〜ん
ページ数	11〜50	1	
	51〜90	2	3
	91〜120	4	5

No.83 B

		ファイル番号	
		151〜500	501〜850
資料名の最初の文字	あ〜す	1	4
	せ〜は	2	5
	ひ〜ら	3	

No.84 C

		資料名の最初の文字	
		あ〜に	ぬ〜わ
ページ数	1〜50	1	3
	51〜100		4
	101〜150	2	5

No.85 A

		ページ数	
		1〜60	61〜120
ファイル番号	1〜260	1	2
	261〜520	3	4
	521〜780		5

No.86 A

		ファイル番号	
		1〜380	381〜760
資料名の最初の文字	う〜た	1	2
	ち〜ほ	3	4
	ま〜わ		5

No.87 B

		資料名の最初の文字	
		え〜ぬ	ね〜ろ
ページ数	21〜55	1	4
	56〜90	2	
	91〜125	3	5

No.88 D

		ページ数	
		1〜60	61〜120
資料名の最初の文字	い〜そ	1	4
	た〜へ	2	5
	ほ〜ろ	3	

No.89 B

		ページ数	
		21〜70	71〜120
ファイル番号	151〜350	1	3
	351〜550		4
	551〜750	2	5

No.90 C

		ファイル番号	
		1〜400	401〜800
資料名の最初の文字	お〜ち	1	
	つ〜ほ	2	3
	ま〜ろ	4	5

（手引）

	①	②	③	④	⑤
ア	−	÷	−	＋	÷
イ	÷	×	×	−	＋

	演算記号	計算式	1	2	3	4	5
No. 91	②	64 [ア] 32 [イ] 4	5	6	7	8	9
No. 92	③	(51 [ア] 48) [イ] 3	9	8	7	6	5
No. 93	①	18 [ア] 91 [イ] 7	3	4	5	6	7
No. 94	④	73 [ア] 14 [イ] 86	5	4	3	2	1
No. 95	④	49 [ア] 22 [イ] 64	5	6	7	8	9
No. 96	①	(75 [ア] 45) [イ] 5	2	3	4	5	6
No. 97	⑤	99 [ア] 33 [イ] 2	4	5	6	7	8
No. 98	③	87 [ア] 3 [イ] 28	1	2	3	4	5
No. 99	②	36 [ア] 12 [イ] 2	9	8	7	6	5
No.100	⑤	63 [ア] 21 [イ] 1	4	5	6	7	8

（手引）

	e	f	g	h
選択文字	カ ラ ネ	ミ コ レ	ソ ヨ ア	ヒ リ シ

		1	2	3	4	5
No.101	f g e	ミアリ	コソラ	コヨシ	ミリカ	レヒネ
No.102	h e f	ヒカミ	ヒヨレ	シラア	リネヨ	シソコ
No.103	g f h	ヨコラ	ソミカ	アネリ	ヨミヒ	アカシ
No.104	e h g	ラヒレ	ネシヨ	カリコ	ラミソ	カレア
No.105	h f g	リコカ	ヒミラ	シカア	リネヨ	シレソ
No.106	f e h	レネア	ミラヨ	レカリ	コアシ	ミソヒ
No.107	e g f	カヨシ	ネヒレ	ネソリ	ラリミ	ラアコ
No.108	g h e	アリラ	アシミ	ヨヒレ	ソコネ	ソミカ
No.109	e f h	ラレソ	カコヨ	カミシ	ネアヒ	ネヨリ
No.110	h g e	ヒソミ	リアコ	ヒミネ	リヨカ	シレラ

（手引）

記号	PR動画	サイズ(MB)	再生回数
A	ちかてつが走るまで	476	3964
B	しんかいの不思議	419	1285
C	みらいへつなぐ歌	248	5729
D	うちゅう旅行計画	305	2603

No.111 C

		PR動画の最初の文字	
		あ～ぬ	ね～ん
サイズ(MB)	201～300	**1**	**3**
	301～400	**2**	**4**
	401～500		**5**

No.112 B

		サイズ（MB）	
		201～350	351～500
再生回数	1～2000	**1**	**4**
	2001～4000	**2**	
	4001～6000	**3**	**5**

No.113 D

		再生回数	
		1001～3500	3501～6000
PR動画の最初の文字	あ～そ	**1**	**3**
	た～ほ		**4**
	ま～わ	**2**	**5**

No.114 A

		PR動画の最初の文字	
		い～に	ぬ～ろ
サイズ(MB)	151～300	**1**	**2**
	301～450	**3**	**4**
	451～600	**5**	

No.115 C

		再生回数	
		1～3000	3001～6000
PR動画の最初の文字	い～せ		**3**
	そ～ひ	**1**	**4**
	ふ～り	**2**	**5**

No.116 C

		サイズ（MB）	
		150～350	351～550
再生回数	1001～3000	**1**	**3**
	3001～5000		**4**
	5001～7000	**2**	**5**

No.117 D

		PR動画の最初の文字	
		あ～つ	て～や
サイズ(MB)	101～250	**1**	**4**
	251～400	**2**	**5**
	401～550	**3**	

No.118 B

		再生回数	
		1～3000	3001～6000
PR動画の最初の文字	い～す	**1**	**2**
	せ～の	**3**	
	は～よ	**4**	**5**

No.119 A

		再生回数	
		1001～3500	3501～6000
PR動画の最初の文字	あ～せ	**1**	**2**
	そ～へ	**3**	**4**
	ほ～れ		**5**

No.120 D

		サイズ（MB）	
		201～400	401～600
再生回数	1～2000	**1**	**2**
	2001～4000	**3**	**4**
	4001～6000		**5**

正答

No.	正答	No.	正答	No.	正答	No.	正答
No. 1	5	No. 31	2	No. 61	3	No. 91	4
No. 2	4	No. 32	1	No. 62	5	No. 92	1
No. 3	1	No. 33	3	No. 63	2	No. 93	3
No. 4	3	No. 34	1	No. 64	1	No. 94	5
No. 5	2	No. 35	4	No. 65	4	No. 95	3
No. 6	1	No. 36	3	No. 66	1	No. 96	5
No. 7	3	No. 37	1	No. 67	2	No. 97	2
No. 8	4	No. 38	2	No. 68	4	No. 98	3
No. 9	5	No. 39	1	No. 69	5	No. 99	4
No. 10	4	No. 40	5	No. 70	2	No.100	1
No. 11	4	No. 41	1	No. 71	3	No.101	2
No. 12	5	No. 42	3	No. 72	4	No.102	1
No. 13	5	No. 43	5	No. 73	2	No.103	4
No. 14	1	No. 44	2	No. 74	4	No.104	2
No. 15	2	No. 45	4	No. 75	1	No.105	5
No. 16	2	No. 46	5	No. 76	1	No.106	3
No. 17	3	No. 47	4	No. 77	1	No.107	5
No. 18	2	No. 48	2	No. 78	5	No.108	1
No. 19	4	No. 49	1	No. 79	2	No.109	3
No. 20	3	No. 50	3	No. 80	3	No.110	4
No. 21	5	No. 51	3	No. 81	1	No.111	3
No. 22	2	No. 52	1	No. 82	3	No.112	4
No. 23	2	No. 53	3	No. 83	2	No.113	1
No. 24	5	No. 54	4	No. 84	3	No.114	5
No. 25	1	No. 55	2	No. 85	2	No.115	5
No. 26	4	No. 56	5	No. 86	3	No.116	2
No. 27	4	No. 57	2	No. 87	1	No.117	2
No. 28	3	No. 58	4	No. 88	4	No.118	1
No. 29	3	No. 59	1	No. 89	1	No.119	4
No. 30	2	No. 60	2	No. 90	5	No.120	3

合格ライン

120点中

85 点以上

	正答数		誤答数		得点
1回目の結果		−		＝	
2回目の結果		−		＝	
3回目の結果		−		＝	

解説

平成28年度の国家一般職／税務における適性試験は，置換＋計算，置換，分類の3形式であった。検査1の計算問題は手引で示された演算記号を，例題の計算式に当てはめて計算するものである。形式は異なっても，演算記号を当てはめて計算する問題はよく出題されている。検査2の置換は平成13年度国家Ⅲ種で同形式が出題された。検査3は分類である。平成15年度国家Ⅲ種で同形式の問題が出題されている。

【検査1】

手引で示された演算記号を計算式に当てはめて計算する問題。加減乗除が混在している計算式では，乗除（×，÷）を先に，加減（＋，－）を後に，また（　）がある場合は，乗除，加減より先に（　）内を計算することは基本である。例題では，①欄のアには「＋」，イには「×」が当てはまる。2つの演算記号を覚えて計算できれば一番よいが，自信がなければすぐに空欄に演算記号を書き込もう。手引を見直す回数が減り時間短縮になる。例題では（　）があるので，まず（3＋1）を計算し，出た値の4に2を掛ける順番になる。

【検査2】

平成13年度にも同形式の出題があったが，選択文字は3文字でなく4文字で出題された。手引の選択文字を左から順に覚えて，選択肢の該当する文字に印をつけていくとよい。例題では，134を手引の選択文字にそれぞれ置き換える。1の選択文字は「あ，え，そ」。選択肢のうち1文字目に「あ，え，そ」のいずれかがあるのは**1**，**2**，**3**。次に，3に該当する選択文字は「け，た，ぬ」。選択肢**1**，**2**，**3**のうち，該当するのは**1**，**2**に絞られる。最後の4の選択文字は「お，く，せ」なので，正答は**2**だとわかる。適性試験は時間との闘い。無駄を省いて解答しよう。

【検査3】

手引，問題と表が多いので複雑に思えるが，何を分類するか理解すれば，分類自体は複雑ではない。例題では「C　おやすみジョン　110ページ　1995年発行」の情報のうち，書籍名の最初の文字とページ数で分類する。書籍名「おやすみジョン」は「あ～こ」に分類されるので，正答は**1**か**3**だとわかる。正答を速く正確に出すために，次はこの2つの選択肢のページ数のみ見て正答を導く。問題で指定された記号の列を見間違えないよう，手引は指で押さえておくとよい。

国家一般職／税務【平成29年度】

練習問題

142ページからの試験問題を始める前に次の説明をよく読み，やり方を理解してください。試験問題の解答時間は15分です。

【検査1】

この検査は，問題のマス目に記されている「ア」,「イ」,「ウ」と同じ位置にある三つの数字を手引から取り出し，問題の計算式の中の「ア」,「イ」,「ウ」それぞれに当てはめて計算し，答えのある選択肢の番号と同じ位置にマークをするものである。

（手引）

9	7	6
3	1	4
2	8	5

例題1

		ア
イ		
		ウ

ア ＋ イ × ウ

1	**2**	**3**	**4**	**5**
19	21	23	25	27

例題では，「ア」,「イ」,「ウ」それぞれの記されているマス目の位置にある手引の数字のとおり，アに「6」，イに「3」，ウに「5」を当てはめると，計算式は「6＋3×5」となり，答えの「21」は選択肢「**2**」の位置にあるから，正答は**2**となる。

正　答　　例題1　2

【検査2】

この検査は，問題で示された平仮名，アルファベット，数の組合せが，指定された分類表の中のどこに分類されるかを調べ，その欄に記された文字のある選択肢の番号と同じ位置にマークをするものである。

〈類題：国家Ⅲ種・平成15，18，21年度／国家一般職／税務・平成26年度〉

（分類表）

アルファベット	大文字		小文字	
数の範囲	0～1599 3200～4599	1600～3199 4600～5999	0～2499 4200～5299	2500～4199 5300～5999
あ行 た行 ま行	ア	エ	キ	コ
か行 な行 や行	イ	オ	ク	サ
さ行 は行 わをん	ウ	カ	ケ	シ

編集部注：実際に出題された問題では，手引1と手引2は横に並んでいる。

例題2　て・R・4787

1	2	3	4	5
ア	イ	ウ	エ	オ

例題では，まず平仮名の「て」は，「た行」のある行に区分され，次に，「R」は大文字であるから「大文字」の2列に区分され，さらに，数の範囲は「4787」が含まれる「4600～5999」の列に区分される。それらの行と列とが重なる箇所には片仮名の「エ」があり，「エ」は選択肢「**4**」の位置にあるから，正答は**4**となる。

正　答　　例題2　4

【検査3】

この検査は，まず①～③のアルファベットと数字の組合せを手引により矢印に置き換え，次に，文字盤上から〔　〕内の片仮名のあるマスを探し，そのマスを起点にして，①から順に置き換えた矢印のとおりに1マスずつ移動し，最後にたどり着いたマスに記された片仮名のある選択肢の番号と同じ位置にマークをするものである。

(手引)

	1	2	3
A	→	↓	←
B	←	↑	↓
C	↑	←	→

(文字盤)

ア	イ	ウ	エ	オ
カ	キ	ク	ケ	コ
サ	シ	ス	セ	ソ
		ツ	テ	

例題3　①A1　②B3　③C3　〔ア〕

1	2	3	4	5
エ	カ	ク	シ	ス

例題では，①～③の組合せを矢印に置き換えると「①→，②↓，③→」となる。文字盤上の〔ア〕のマスから矢印のとおりにマスを移動すると，「ア→イ↓キ→ク」で「ク」のマスにたどり着き，「ク」は選択肢「**3**」の位置にあるから，正答は**3**となる。

正　答　　例題3　3

（手引）

<table><tr><td>6</td><td>1</td><td>5</td></tr><tr><td>9</td><td>3</td><td>8</td></tr><tr><td>7</td><td>4</td><td>2</td></tr></table>

No. 1

<table><tr><td>ア</td><td></td><td>イ</td></tr><tr><td></td><td></td><td></td></tr><tr><td></td><td></td><td>ウ</td></tr></table>

［ア］＋［イ］×［ウ］

No. 2

<table><tr><td></td><td>ア</td><td></td></tr><tr><td>ウ</td><td></td><td></td></tr><tr><td></td><td>イ</td><td></td></tr></table>

［ア］＋［イ］＋［ウ］

No. 3

<table><tr><td></td><td>イ</td><td></td></tr><tr><td></td><td></td><td>ウ</td></tr><tr><td>ア</td><td></td><td></td></tr></table>

（［ア］＋［イ］）÷［ウ］

No. 4

<table><tr><td></td><td></td><td></td></tr><tr><td>イ</td><td></td><td></td></tr><tr><td>ウ</td><td></td><td>ア</td></tr></table>

［ア］×［イ］－［ウ］

No. 5

<table><tr><td>ウ</td><td></td><td></td></tr><tr><td>イ</td><td>ア</td><td></td></tr><tr><td></td><td></td><td></td></tr></table>

（［ア］＋［イ］）÷［ウ］

	1	2	3	4	5
No. 1	16	18	20	22	24
No. 2	18	17	16	15	14
No. 3	1	2	3	4	5
No. 4	14	13	12	11	10
No. 5	1	2	3	4	5

No. 6

<table><tr><td></td><td>イ</td><td></td></tr><tr><td></td><td>ウ</td><td></td></tr><tr><td></td><td>ア</td><td></td></tr></table>

（［ア］－［イ］）÷［ウ］

No. 7

<table><tr><td></td><td></td><td>ウ</td></tr><tr><td></td><td>イ</td><td></td></tr><tr><td>ア</td><td></td><td></td></tr></table>

［ア］×［イ］－［ウ］

No. 8

<table><tr><td>イ</td><td></td><td></td></tr><tr><td></td><td></td><td>ア</td></tr><tr><td></td><td>ウ</td><td></td></tr></table>

［ア］÷（［イ］－［ウ］）

No. 9

<table><tr><td></td><td></td><td>ウ</td></tr><tr><td>ア</td><td></td><td>イ</td></tr><tr><td></td><td></td><td></td></tr></table>

［ア］÷（［イ］－［ウ］）

No.10

<table><tr><td></td><td></td><td></td></tr><tr><td></td><td>ア</td><td></td></tr><tr><td>イ</td><td></td><td>ウ</td></tr></table>

［ア］×［イ］×［ウ］

	1	2	3	4	5
No. 6	5	4	3	2	1
No. 7	13	14	15	16	17
No. 8	2	4	6	8	10
No. 9	5	4	3	2	1
No.10	36	42	48	54	60

（分類表）

アルファベット	大文字		小文字	
数の範囲	0～2603 2604～3371	3372～4295 4296～5999	0～1487 3029～4122	1488～3028 4123～5999
さ 行 あ 行 ら 行	タ	テ	ニ	ノ
や 行 は 行 か 行	チ	ト	ヌ	ハ
ま 行 な 行 た 行	ツ	ナ	ネ	ヒ

		1	2	3	4	5
No.11	と・Q・1524	チ	ツ	テ	ナ	ハ
No.12	ひ・m・3296	タ	チ	ト	ヌ	ネ
No.13	み・E・4053	ツ	ト	ナ	ヌ	ネ
No.14	る・w・2847	タ	チ	ツ	ニ	ノ
No.15	け・a・5102	テ	ナ	ヌ	ハ	ヒ
No.16	せ・J・3065	タ	ツ	ト	ノ	ハ
No.17	ゆ・H・4371	チ	ト	ナ	ハ	ヒ
No.18	の・i・1308	ツ	ト	ニ	ヌ	ネ
No.19	い・r・3430	タ	テ	ニ	ネ	ノ
No.20	ほ・K・2719	チ	ツ	ト	ナ	ヌ

（手引）

	1	2	3
A	↓	←	↑
B	↑	←	→
C	→	↓	↑

（文字盤）

ア	イ	ウ	エ	オ
カ	キ	ク	ケ	コ
サ	シ	ス	セ	ソ
タ	チ	ツ	テ	ト
ナ	ニ	ヌ	ネ	ノ

		1	2	3	4	5
No.21	①A2 ②B1 ③C3 〔ノ〕	コ	セ	ツ	ニ	ネ
No.22	①B2 ②A3 ③C1 〔ス〕	イ	カ	ク	ツ	ト
No.23	①C2 ②B3 ③A1 〔カ〕	ウ	ケ	サ	ス	チ
No.24	①B2 ②C3 ③A2 〔テ〕	エ	ク	シ	タ	ニ
No.25	①A3 ②C1 ③B3 〔ニ〕	キ	サ	ス	テ	ノ
No.26	①C1 ②A1 ③C2 〔イ〕	ア	ウ	ケ	サ	ス
No.27	①B1 ②B3 ③A3 〔タ〕	ア	キ	サ	ナ	ヌ
No.28	①A2 ②C2 ③A1 〔ケ〕	イ	エ	シ	ツ	ト
No.29	①C3 ②A3 ③B2 〔シ〕	ア	ウ	キ	ソ	ナ
No.30	①C2 ②B2 ③B1 〔オ〕	エ	ク	コ	セ	ト

（手引）

7	4	8
2	9	1
3	5	6

No.31

ア		ウ
	イ	

［ア］×（［イ］－［ウ］）

1	2	3	4	5
4	6	8	10	12

No.32

ウ	ア	イ

［ア］＋［イ］×［ウ］

1	2	3	4	5
72	68	64	60	56

No.33

		ウ
イ		ア

［ア］÷［イ］×［ウ］

1	2	3	4	5
16	20	24	28	32

No.34

ア		
イ		
		ウ

［ア］×［イ］－［ウ］

1	2	3	4	5
6	8	10	12	14

No.35

	ア	
ウ	イ	

［ア］×［イ］÷［ウ］

1	2	3	4	5
24	21	18	15	12

No.36

イ		
		ウ
		ア

［ア］÷（［イ］－［ウ］）

1	2	3	4	5
5	4	3	2	1

No.37

	イ	
		ア
ウ		

［ア］＋［イ］×［ウ］

1	2	3	4	5
14	13	12	11	10

No.38

	ウ	
	ア	イ

（［ア］＋［イ］）×［ウ］

1	2	3	4	5
87	90	93	96	99

No.39

ウ		
	イ	
ア		

［ア］＋［イ］－［ウ］

1	2	3	4	5
8	7	6	5	4

No.40

	ウ	ア
	イ	

［ア］×［イ］÷［ウ］

1	2	3	4	5
10	8	6	4	2

(分類表)

アルファベット	大文字		小文字	
数の範囲	917～3786 3787～4563	0～916 4564～5999	4036～4772 4773～5999	0～2544 2545～4035
か 行 は 行 た 行	マ	ミ	ム	メ
わをん ま 行 さ 行	モ	ヤ	ユ	ヨ
あ 行 ら 行 な 行	ラ	リ	ル	レ

		1	2	3	4	5
No.41	そ・t・3576	メ	モ	ユ	ヨ	ラ
No.42	へ・D・825	マ	ミ	メ	ヨ	リ
No.43	う・Z・4938	ミ	ユ	ラ	リ	ル
No.44	こ・c・1647	ミ	ム	メ	モ	レ
No.45	に・p・5203	ム	ヤ	ユ	リ	ル
No.46	わ・V・4612	ミ	ム	ヤ	ユ	リ
No.47	り・s・1480	マ	モ	ラ	ル	レ
No.48	て・b・4469	マ	ム	モ	ユ	ル
No.49	む・Y・3851	モ	ヤ	ヨ	ラ	レ
No.50	ら・M・2094	マ	モ	ラ	リ	レ

(手引)

	1	2	3
A	→	↓	→
B	↓	↓	←
C	↑	↑	←

(文字盤)

ナ	ニ	ヌ	ネ	ノ
ハ	ヒ	フ	ヘ	ホ
マ	ミ	ム	メ	モ
ラ	リ	ル	レ	ロ
ア	イ	ウ	エ	オ

						1	2	3	4	5
No.51	①A2	②B2	③C3	〔ヌ〕		ニ	ホ	ミ	メ	ル
No.52	①C3	②A2	③A1	〔リ〕		イ	エ	ハ	フ	ロ
No.53	①B1	②C3	③B2	〔ホ〕		ヌ	ノ	ム	モ	レ
No.54	①A3	②C2	③B3	〔ア〕		イ	エ	ミ	ラ	ル
No.55	①B1	②A1	③C1	〔ヒ〕		ネ	フ	メ	ラ	ル
No.56	①A1	②C2	③C1	〔マ〕		イ	ニ	ハ	フ	ル
No.57	①B2	②A3	③B1	〔ネ〕		ヌ	ノ	ヒ	ム	モ
No.58	①B3	②C1	③A3	〔ウ〕		イ	メ	ラ	ル	ロ
No.59	①A2	②A1	③B2	〔フ〕		ナ	ノ	マ	モ	レ
No.60	①C3	②B1	③A2	〔メ〕		ウ	オ	ヒ	ヘ	ロ

（手引）

4	2	9
8	5	3
6	1	7

No.61

	イ	ウ
ア		

ア ÷（イ − ウ）

1	2	3	4	5
2	3	4	5	6

No.62

	イ	
	ア	ウ

（ア ＋ イ）× ウ

1	2	3	4	5
27	24	21	18	15

No.63

イ		ア
ウ		

（ア − イ）× ウ

1	2	3	4	5
24	28	32	36	40

No.64

	ウ	イ
	ア	

（ア ＋ イ）÷ ウ

1	2	3	4	5
7	8	9	10	11

No.65

ア		
		イ
	ウ	

ア ÷（イ − ウ）

1	2	3	4	5
6	5	4	3	2

No.66

		ウ
ア		
		イ

ア ＋ イ × ウ

1	2	3	4	5
71	73	75	77	79

No.67

イ		
	ウ	
		ア

ア × イ − ウ

1	2	3	4	5
14	17	20	23	26

No.68

	ア	
ウ		
イ		

ア ＋ イ − ウ

1	2	3	4	5
4	3	2	1	0

No.69

	イ	ウ
		ア

ア − イ ＋ ウ

1	2	3	4	5
11	10	9	8	7

No.70

		ウ
ア	イ	

（ア ＋ イ）× ウ

1	2	3	4	5
27	24	21	18	15

(分類表)

アルファベット	大文字		小文字	
数の範囲	0～1283 2757～4812	1284～2756 4813～5999	0～2245 2246～3519	3520～4678 4679～5999
は　行 わをん あ　行	イ	ロ	ハ	ニ
た　行 さ　行 な　行	ホ	ヘ	ト	チ
ま　行 か　行 や　行	リ	ヌ	ル	ヲ

		1	2	3	4	5
No.71	ふ・G・2318	イ	ロ	ハ	ヘ	ル
No.72	し・n・3685	ニ	ホ	ト	チ	リ
No.73	え・B・2947	イ	ロ	ハ	ホ	リ
No.74	な・f・3150	ハ	ホ	ト	リ	ル
No.75	よ・q・4861	ロ	ニ	リ	ヌ	ヲ
No.76	ん・e・1274	イ	ハ	ホ	ト	ル
No.77	き・L・5093	ニ	ヘ	リ	ヌ	ヲ
No.78	め・A・1136	ハ	ホ	リ	ヌ	ル
No.79	つ・R・3929	ニ	ホ	ヘ	チ	ヌ
No.80	あ・d・4702	イ	ロ	ニ	ト	ヌ

(手引)

	1	2	3
A	←	↑	←
B	→	→	↓
C	↑	←	↓

(文字盤)

サ	タ	ナ	ハ	マ
シ	チ	ニ	ヒ	ミ
ス	ツ	ヌ	フ	ム
セ	テ	ネ	ヘ	メ
ソ	ト	ノ	ホ	モ

		1	2	3	4	5
No.81	①C1　②B2　③C3　〔ホ〕	テ	ヌ	ノ	ム	モ
No.82	①A1　②B3　③C3　〔タ〕	ス	チ	ナ	ヒ	マ
No.83	①B1　②A2　③A3　〔ツ〕	サ	ソ	チ	ナ	ノ
No.84	①B3　②C3　③A3　〔ム〕	ニ	ネ	ハ	ホ	ミ
No.85	①C1　②B2　③B1　〔ノ〕	セ	ツ	ト	ホ	メ
No.86	①A2　②C2　③B3　〔フ〕	チ	ナ	ヌ	ヘ	モ
No.87	①B1　②C1　③C2　〔ス〕	シ	セ	タ	ト	ネ
No.88	①A3　②C1　③B2　〔メ〕	ヌ	ノ	ヒ	ム	モ
No.89	①C3　②C2　③A1　〔ネ〕	ス	ソ	チ	ヌ	ヒ
No.90	①B1　②A2　③C2　〔シ〕	サ	ス	テ	ナ	ヌ

（手引）

1	3	4
6	2	9
5	7	8

No. 91

	ウ	
	ア	
		イ

ア × イ × ウ

1	2	3	4	5
60	54	48	42	36

No. 92

ウ		
ア	イ	

ア ＋ イ − ウ

1	2	3	4	5
10	11	12	13	14

No. 93

		ウ
	イ	
	ア	

ア ×（イ ＋ ウ）

1	2	3	4	5
42	44	46	48	50

No. 94

		ア
イ		ウ

ア ×（イ ＋ ウ）

1	2	3	4	5
48	52	56	60	64

No. 95

ウ	イ	
ア		

ア ÷ イ ＋ ウ

1	2	3	4	5
6	5	4	3	2

No. 96

		イ
	ウ	ア

ア × イ − ウ

1	2	3	4	5
65	67	69	71	73

No. 97

イ	ア	
		ウ

（ア − イ）× ウ

1	2	3	4	5
36	30	24	18	12

No. 98

ア	イ	
		ウ

ア ÷ イ × ウ

1	2	3	4	5
16	20	24	28	32

No. 99

ア		イ
	ウ	

ア ＋ イ ÷ ウ

1	2	3	4	5
7	6	5	4	3

No.100

ウ		ア
イ		

ア × イ ＋ ウ

1	2	3	4	5
63	60	57	54	51

（分類表）

アルファベット	大文字		小文字	
数の範囲	3958～4901 4902～5999	0～2075 2076～3957	1967～2832 2833～4918	0～1966 4919～5999
や 行 さ 行 ま 行	ワ	タ	ツ	ラ
た 行 ら 行 は 行	カ	レ	ネ	ム
な 行 わをん か 行	ヨ	ソ	ナ	ウ

		1	2	3	4	5
No.101	ぬ・F・4697	ヨ	タ	ソ	ナ	ラ
No.102	も・u・3726	タ	ソ	ツ	ネ	ナ
No.103	れ・g・2671	レ	ツ	ネ	ナ	ム
No.104	や・P・1082	タ	レ	ソ	ラ	ウ
No.105	く・h・1705	ヨ	ソ	ナ	ム	ウ
No.106	ち・N・3549	カ	レ	ソ	ツ	ラ
No.107	す・X・4258	ワ	タ	ツ	ネ	ナ
No.108	ろ・o・5310	カ	ヨ	ネ	ラ	ム
No.109	を・T・2463	ヨ	レ	ソ	ナ	ウ
No.110	ま・j・1834	カ	タ	ソ	ツ	ラ

（手引）

	1	2	3
A	↑	→	↓
B	←	↑	→
C	→	←	↓

（文字盤）

マ	ラ	ア	カ	サ
ミ	リ	イ	キ	シ
ム	ル	ウ	ク	ス
メ	レ	エ	ケ	セ
モ	ロ	オ	コ	ソ

		1	2	3	4	5
No.111	①B2 ②C2 ③A3 〔キ〕	イ	エ	カ	サ	セ
No.112	①A1 ②B1 ③C3 〔ウ〕	カ	コ	シ	ル	ロ
No.113	①A3 ②B3 ③C1 〔メ〕	ウ	オ	ム	モ	リ
No.114	①A1 ②C1 ③B3 〔ロ〕	ウ	オ	ケ	ム	レ
No.115	①A3 ②B1 ③A1 〔ア〕	イ	カ	シ	ラ	ル
No.116	①B2 ②C1 ③C3 〔モ〕	エ	ミ	メ	ル	ロ
No.117	①A2 ②B3 ③B2 〔リ〕	エ	カ	ク	ミ	メ
No.118	①C2 ②A1 ③C1 〔ソ〕	エ	ク	コ	シ	セ
No.119	①B2 ②A2 ③C3 〔ケ〕	イ	コ	シ	セ	ル
No.120	①C2 ②B1 ③A3 〔シ〕	ア	ウ	ケ	サ	ス

正答

No. 1	1	No. 31	3	No. 61	2	No. 91	3
No. 2	5	No. 32	4	No. 62	3	No. 92	2
No. 3	1	No. 33	1	No. 63	5	No. 93	1
No. 4	4	No. 34	2	No. 64	1	No. 94	2
No. 5	2	No. 35	4	No. 65	5	No. 95	4
No. 6	5	No. 36	5	No. 66	1	No. 96	1
No. 7	4	No. 37	2	No. 67	4	No. 97	4
No. 8	2	No. 38	5	No. 68	5	No. 98	3
No. 9	3	No. 39	4	No. 69	2	No. 99	5
No. 10	2	No. 40	1	No. 70	3	No.100	5
No. 11	2	No. 41	4	No. 71	2	No.101	1
No. 12	4	No. 42	2	No. 72	4	No.102	3
No. 13	3	No. 43	4	No. 73	1	No.103	3
No. 14	5	No. 44	3	No. 74	3	No.104	1
No. 15	4	No. 45	5	No. 75	5	No.105	5
No. 16	1	No. 46	3	No. 76	2	No.106	2
No. 17	2	No. 47	5	No. 77	4	No.107	1
No. 18	5	No. 48	2	No. 78	3	No.108	5
No. 19	3	No. 49	1	No. 79	2	No.109	3
No. 20	1	No. 50	3	No. 80	3	No.110	5
No. 21	2	No. 51	3	No. 81	5	No.111	1
No. 22	3	No. 52	1	No. 82	1	No.112	4
No. 23	5	No. 53	5	No. 83	3	No.113	2
No. 24	3	No. 54	4	No. 84	4	No.114	3
No. 25	4	No. 55	2	No. 85	5	No.115	4
No. 26	5	No. 56	2	No. 86	3	No.116	5
No. 27	2	No. 57	5	No. 87	1	No.117	2
No. 28	4	No. 58	4	No. 88	4	No.118	5
No. 29	1	No. 59	5	No. 89	2	No.119	4
No. 30	1	No. 60	1	No. 90	1	No.120	2

合格ライン

120点中

100点以上

	正答数		誤答数		得点
1回目の結果		−		＝	
2回目の結果		−		＝	
3回目の結果		−		＝	

解説

平成29年度の国家一般職／税務は，置換＋計算，分類，置換の3形式であった。**検査2**の分類は，平成21年度国家Ⅲ種とまったく同じ形式，**検査3**の置換は，平成16年度国家Ⅲ種とまったく同じ形式が出題された。

【検査1】

計算式の数が，ア，イ，ウで示され，ア，イ，ウを手引のマス目に該当する数に置き換えてから計算する問題である。手引のマス目の位置を間違えないように確実に数に置き換えることがまず大切となる。手引の数はすべて1～9の1ケタなので計算自体は難しくないが，（　）を含むものもあるので，（　）の中を先に計算する，（　）がなければ加減より乗除を先に計算する，という基本的ルールを忘れないように注意しよう。

【検査2】

与えられた平仮名・アルファベット・数を，分類表に従ってマス目に分類する問題である。平成21年度国家Ⅲ種と全く同じ形式であった。

分類すべきマス目は12あるが，平仮名は五十音順の行に分類，アルファベットは大文字か小文字で分類するところはあまり迷うことはないはずだ。そうすると，平仮名の行，大文字か小文字で，マス目は2に絞られる。最後に4ケタまたは3ケタの数をしっかり見極めて1つのマス目に到達する。ただし，せっかく正しいマス目のカタカナに到達しても，選択肢の欄を間違えることのないよう，最後まで気を抜かないこと。

【検査3】

平成16年度国家Ⅲ種でも全く同じ形式で出題された置換の問題である。置換といっても，文字盤の文字を，指示どおりに置換された矢印の方向に動かしていくというひと手間が含まれている。

まず手引で①～③の矢印の向きを3つ選んで，与えられた文字の文字盤の位置から矢印の順に移動したときの文字を選ぶという手順が書かれている。しかし，実際の作業では，指定の矢印を先に選んで書き出してもよいが，文字盤の文字を先に見つけておき，右手で印をつけてから，左手で矢印を選んでそのとおりに移動していったほうが時間短縮のために有効である。**検査3**も**検査2**と同様，選択肢の欄を間違えることのないよう，最後まで気を抜かないように気をつけよう。

国家一般職／税務【平成30年度】

練習問題

154ページからの試験問題を始める前に次の説明をよく読み，やり方を理解してください。試験問題の解答時間は15分です。

【検査1】

この検査は，手引に示された数字を問題の計算式のアルファベットに当てはめて計算し，答えのある選択肢の番号と同じ位置にマークをするものである。

（手引）

a…1	b…3	c…2

例題1　a＋b×c

1	2	3	4	5
7	8	9	10	11

例題では，手引からそれぞれの数字を問題の計算式に当てはめると，計算式は「1＋3×2」となり，答えの「7」は選択肢「**1**」の位置にあるから，正答は**1**となる。

正　答　　例題1　1

【検査2】

この検査は，問題で示された数字が，分類表の中のどこに分類されるかを調べ，その欄がある行のローマ数字と列のアルファベットの組合せがある選択肢の番号と同じ位置にマークをするものである。

（分類表）

	a	b	c
Ⅰ	1～15 87～90	48～62 103～114	23～38 78～86
Ⅱ	39～47 115～131	16～22 91～102	63～77 132～150

例題2　123

1	2	3	4	5
Ⅰa	Ⅰc	Ⅱa	Ⅱb	Ⅱc

例題では，「123」が含まれる「115～131」のある行は「Ⅱ」，列は「a」であるから，組合せは「Ⅱa」となり，これは選択肢「**3**」の位置にあるから，正答は**3**となる。

正　答　　例題2　3

【検査3】

この検査は，数字や文字が各マスに入った3行×4列の二つの表（正本と副本）を見比べて，表の同じ位置に同じ数字や文字があるかを照合し，副本の中で正本と異なっている箇所の数のある選択肢の番号と同じ位置にマークをするものである。

例題3

正本

7	5	4	6
2	6	4	3
9	5	7	2

副本

7	5	2	6
2	6	4	2
6	5	7	3

1	**2**	**3**	**4**	**5**
3	4	5	6	7

例題では，副本の中に正本と異なっている箇所が全部で4箇所あり（上の行の左から3列目，中の行の左から4列目，下の行の左から1列目と4列目），「4」は選択肢「**2**」の位置にあるから，正答は**2**となる。

正　答　　例題3　2

(手引)

a…12	b…9	c…7	d…4	e…3
f…55	g…5	h…63	i…6	j…21
k…48	ℓ…2	m…72	n…1	o…16

		1	2	3	4	5
No. 1	a＋k－f	5	6	7	8	9
No. 2	g×d＋m	90	91	92	93	94
No. 3	(e－ℓ)×i	12	10	8	6	4
No. 4	h÷b＋o	21	23	25	27	29
No. 5	j×n÷c	7	6	5	4	3
No. 6	m－g＋b	75	76	77	78	79
No. 7	c×j－f	92	90	88	86	84
No. 8	k÷o－e	4	3	2	1	0
No. 9	ℓ＋a÷i	1	2	3	4	5
No.10	n×(h＋d)	69	68	67	66	65

(分類表)

	a	b	c
Ⅰ	101～127 274～295	128～153 296～311	154～175 312～326
Ⅱ	176～182 327～351	183～196 352～384	197～214 385～417
Ⅲ	215～236 418～452	237～251 453～477	252～273 478～500

		1	2	3	4	5
No.11	382	Ⅰb	Ⅰc	Ⅱa	Ⅱb	Ⅱc
No.12	193	Ⅰb	Ⅰc	Ⅱa	Ⅱb	Ⅱc
No.13	260	Ⅰa	Ⅰb	Ⅲa	Ⅲb	Ⅲc
No.14	147	Ⅰa	Ⅰb	Ⅰc	Ⅱa	Ⅱb
No.15	204	Ⅰa	Ⅰc	Ⅱc	Ⅲa	Ⅲb
No.16	239	Ⅰa	Ⅰb	Ⅱc	Ⅲa	Ⅲb
No.17	321	Ⅰb	Ⅰc	Ⅱa	Ⅱb	Ⅱc
No.18	178	Ⅰa	Ⅰb	Ⅱa	Ⅱb	Ⅲc
No.19	435	Ⅱb	Ⅱc	Ⅲa	Ⅲb	Ⅲc
No.20	116	Ⅰa	Ⅰb	Ⅰc	Ⅱa	Ⅱb

	正本				副本				1	2	3	4	5
No.21	5	4	9	3	2	4	9	3	1	2	3	4	5
	0	6	1	4	0	5	4	4					
	7	2	1	8	9	2	1	6					
No.22	1	3	8	3	1	3	7	3	2	3	4	5	6
	9	5	2	7	6	5	2	8					
	0	2	6	4	0	1	6	4					
No.23	5	7	7	8	5	7	7	0	1	2	3	4	5
	1	9	6	8	1	9	6	8					
	4	2	0	3	4	2	9	3					
No.24	9	6	5	1	9	7	2	1	3	4	5	6	7
	7	3	8	5	6	3	1	5					
	0	2	4	2	0	3	4	5					
No.25	4	7	8	0	4	7	8	0	7	6	5	4	3
	5	6	9	1	5	8	9	3					
	3	0	2	6	1	0	2	6					

	正本				副本				1	2	3	4	5
No.26	3	5	7	4	3	5	7	4	1	2	3	4	5
	0	0	9	2	2	0	9	2					
	8	3	1	6	8	3	1	6					
No.27	9	8	4	3	9	6	7	3	2	3	4	5	6
	4	1	2	6	5	1	2	6					
	0	7	8	5	0	7	9	5					
No.28	7	8	2	8	7	8	5	9	7	6	5	4	3
	0	1	6	5	0	1	6	5					
	9	4	3	1	9	2	3	1					
No.29	9	3	4	2	9	3	4	3	6	5	4	3	2
	5	7	0	1	5	7	0	0					
	4	6	8	6	1	9	8	7					
No.30	8	4	3	9	6	1	3	9	3	4	5	6	7
	1	2	7	6	1	3	4	6					
	0	5	1	8	0	5	7	8					

(手引)

p…9	q…5	r…24	s…7	t…4
u…18	v…2	w…8	x…15	y…53
z…3	a…14	b…77	c…10	d…64

		1	2	3	4	5
No.31	b－x×q	1	2	3	4	5
No.32	v×(r－c)	34	32	30	28	26
No.33	s＋z×w	29	30	31	32	33
No.34	y－p＋a	61	60	59	58	57
No.35	t×u－d	8	7	6	5	4
No.36	r－t＋b	89	91	93	95	97
No.37	d÷w×p	76	74	72	70	68
No.38	u×a÷s	36	38	40	42	44
No.39	x÷q＋v	1	2	3	4	5
No.40	(c＋y)÷z	24	21	18	15	12

(分類表)

	d	e	f
Ⅲ	501～526 743～769	572～608 837～862	653～680 919～945
Ⅳ	527～543 770～797	609～634 863～891	681～715 946～963
Ⅴ	544～571 798～836	635～652 892～918	716～742 964～999

		1	2	3	4	5
No.41	620	Ⅲe	Ⅲf	Ⅳe	Ⅳf	Ⅴe
No.42	973	Ⅲf	Ⅳe	Ⅳf	Ⅴe	Ⅴf
No.43	518	Ⅲd	Ⅲe	Ⅳd	Ⅳf	Ⅴd
No.44	854	Ⅲe	Ⅳe	Ⅳf	Ⅴd	Ⅴe
No.45	706	Ⅲd	Ⅳd	Ⅳf	Ⅴd	Ⅴf
No.46	932	Ⅲf	Ⅳe	Ⅳf	Ⅴe	Ⅴf
No.47	785	Ⅲd	Ⅳd	Ⅳf	Ⅴd	Ⅴf
No.48	827	Ⅲf	Ⅳe	Ⅳf	Ⅴd	Ⅴe
No.49	641	Ⅲe	Ⅲf	Ⅳe	Ⅳf	Ⅴe
No.50	593	Ⅲd	Ⅲe	Ⅳd	Ⅴd	Ⅴe

	正本				副本				1	2	3	4	5
No.51	く	お	ゆ	に	く	わ	ゆ	に	1	2	3	4	5
	な	あ	え	ほ	な	あ	え	ま					
	へ	よ	し	け	へ	よ	し	け					
No.52	や	こ	か	ふ	や	こ	な	ふ	2	3	4	5	6
	そ	う	い	わ	か	て	い	わ					
	き	ま	さ	ぬ	ち	ま	さ	お					
No.53	こ	せ	ね	か	た	せ	ね	や	5	4	3	2	1
	う	ひ	さ	い	う	と	そ	に					
	を	き	も	み	を	き	も	み					
No.54	し	く	は	め	し	く	よ	め	7	6	5	4	3
	お	の	ん	え	お	の	ん	え					
	む	け	す	あ	う	け	る	あ					
No.55	え	れ	う	ち	へ	か	う	ち	2	3	4	5	6
	た	い	し	の	た	り	し	お					
	み	ひ	り	こ	み	ひ	に	よ					

	正本				副本				1	2	3	4	5
No.56	ふ	と	よ	そ	ふ	わ	ら	そ	3	4	5	6	7
	ぬ	て	ろ	せ	ぬ	へ	ち	せ					
	い	む	め	お	に	む	め	お					
No.57	も	る	け	か	し	る	け	み	7	6	5	4	3
	は	つ	へ	ゆ	ま	つ	へ	ゆ					
	く	あ	ろ	ら	く	お	ろ	ら					
No.58	は	ね	を	な	よ	ね	む	な	2	3	4	5	6
	ほ	き	や	に	ほ	ち	や	い					
	す	わ	さ	ま	る	わ	あ	ま					
No.59	る	け	に	そ	る	ほ	に	そ	1	2	3	4	5
	と	わ	ち	く	と	わ	ち	く					
	さ	お	せ	れ	さ	お	せ	て					
No.60	す	り	し	へ	す	り	ん	へ	3	4	5	6	7
	た	ほ	こ	ぬ	か	ほ	こ	ぬ					
	き	つ	よ	か	き	つ	ま	か					

（手引）

e…36	f…9	g…54	h…13	i…10
j…1	k…26	ℓ…11	m…39	n…78
o…27	p…12	q…60	r…6	s…44

		1	2	3	4	5
No.61	n÷h×p	80	76	72	68	64
No.62	(e＋o)÷f	6	7	8	9	10
No.63	q－k×j	31	32	33	34	35
No.64	m－s÷ℓ	31	32	33	34	35
No.65	g＋i－s	16	20	24	28	32
No.66	m－o－i	5	4	3	2	1
No.67	(q＋r)÷ℓ	6	7	8	9	10
No.68	n－f－k	43	42	41	40	39
No.69	(p＋e)÷r	6	7	8	9	10
No.70	j×g＋h	59	61	63	65	67

（分類表）

	a	b	c
Ⅰ	392～428 611～639	365～391 640～673	333～364 674～708
Ⅱ	429～467 780～813	468～495 743～779	496～523 709～742
Ⅲ	587～610 814～845	553～586 846～860	524～552 861～888

		1	2	3	4	5
No.71	713	Ⅰc	Ⅱa	Ⅱb	Ⅱc	Ⅲa
No.72	407	Ⅰa	Ⅰc	Ⅱa	Ⅱb	Ⅱc
No.73	564	Ⅰb	Ⅱc	Ⅲa	Ⅲb	Ⅲc
No.74	351	Ⅰa	Ⅰb	Ⅰc	Ⅱc	Ⅲb
No.75	648	Ⅰa	Ⅰb	Ⅰc	Ⅲa	Ⅲc
No.76	532	Ⅱa	Ⅱc	Ⅲa	Ⅲb	Ⅲc
No.77	626	Ⅰa	Ⅰb	Ⅰc	Ⅱb	Ⅲa
No.78	480	Ⅰa	Ⅰc	Ⅱa	Ⅱb	Ⅱc
No.79	829	Ⅰc	Ⅱa	Ⅲa	Ⅲb	Ⅲc
No.80	795	Ⅰc	Ⅱa	Ⅱb	Ⅱc	Ⅲa

	正本				副本				1	2	3	4	5
No.81	ワ	テ	ナ	ホ	サ	テ	ナ	ホ	3	4	5	6	7
	モ	イ	オ	ク	モ	イ	ウ	ク					
	ネ	ア	ロ	ヲ	ネ	ア	ロ	キ					
No.82	セ	ラ	ヘ	シ	セ	ワ	ス	ク	4	5	6	7	8
	ロ	カ	ツ	ル	ロ	マ	ツ	ル					
	エ	ヤ	ノ	サ	ニ	オ	ノ	サ					
No.83	マ	ヒ	ヨ	ス	モ	イ	ヨ	ス	8	7	6	5	4
	ヌ	ム	ソ	ハ	ヌ	レ	リ	ナ					
	ミ	ト	キ	コ	ミ	ト	テ	ウ					
No.84	ン	フ	チ	ウ	ン	ア	チ	ウ	1	2	3	4	5
	タ	ニ	ユ	イ	カ	ニ	ヌ	イ					
	メ	レ	リ	ケ	メ	エ	リ	ク					
No.85	ノ	テ	ヤ	ヒ	イ	テ	ヤ	コ	7	6	5	4	3
	サ	ア	ネ	ト	サ	ア	ネ	ホ					
	ミ	タ	ケ	ラ	シ	タ	ケ	ラ					

	正本				副本				1	2	3	4	5
No.86	ソ	イ	ア	ワ	ソ	イ	ア	ワ	1	2	3	4	5
	カ	ニ	セ	ホ	ス	ニ	セ	ホ					
	オ	ヘ	マ	オ	オ	ヘ	ラ	オ					
No.87	エ	ハ	コ	リ	エ	ハ	ロ	リ	7	6	5	4	3
	イ	ケ	チ	イ	イ	カ	ン	イ					
	モ	ロ	メ	サ	モ	コ	メ	キ					
No.88	ナ	キ	ク	オ	ナ	キ	ウ	オ	4	5	6	7	8
	エ	ヲ	シ	レ	テ	ス	シ	レ					
	カ	タ	ウ	イ	カ	タ	ワ	イ					
No.89	サ	ラ	ホ	ハ	サ	ラ	ヌ	ヘ	3	4	5	6	7
	ト	イ	ワ	ア	ト	ヒ	ヤ	ア					
	ル	ナ	リ	マ	ク	カ	リ	マ					
No.90	ヤ	ヘ	ハ	ニ	カ	セ	ル	ニ	3	4	5	6	7
	チ	カ	ワ	カ	チ	ナ	ワ	ナ					
	ロ	ヌ	タ	ヲ	エ	ヌ	ク	ヲ					

(手引)

t…17	u…3	v…28	w…6	x…85
y…4	z…51	a…8	b…19	c…2
d…84	e…38	f…5	g…76	h…7

		1	2	3	4	5
No. 91	x÷t＋h	15	14	13	12	11
No. 92	(v－b)×f	30	35	40	45	50
No. 93	w×g÷e	12	10	8	6	4
No. 94	z－c×a	34	35	36	37	38
No. 95	d÷y＋u	18	21	24	27	30
No. 96	w－d÷v	5	4	3	2	1
No. 97	a×u＋b	43	42	41	40	39
No. 98	x÷f－h	12	10	8	6	4
No. 99	g－c×e	4	3	2	1	0
No.100	y＋z÷t	7	8	9	10	11

(分類表)

	d	e	f
Ⅲ	490～523 762～789	336～362 629～664	302～335 594～628
Ⅳ	455～489 746～761	363～396 665～691	268～301 559～593
Ⅴ	423～454 721～745	397～422 692～720	234～267 524～558

		1	2	3	4	5
No.101	306	Ⅲe	Ⅲf	Ⅳe	Ⅳf	Ⅴe
No.102	681	Ⅲe	Ⅲf	Ⅳd	Ⅳe	Ⅴe
No.103	440	Ⅲd	Ⅳd	Ⅳe	Ⅴd	Ⅴe
No.104	764	Ⅲd	Ⅳd	Ⅳe	Ⅴd	Ⅴe
No.105	562	Ⅲe	Ⅲf	Ⅳe	Ⅳf	Ⅴf
No.106	478	Ⅲd	Ⅲf	Ⅳd	Ⅴd	Ⅴe
No.107	398	Ⅲe	Ⅲf	Ⅳe	Ⅳf	Ⅴe
No.108	655	Ⅲe	Ⅲf	Ⅳe	Ⅳf	Ⅴe
No.109	597	Ⅲd	Ⅲf	Ⅳd	Ⅳf	Ⅴf
No.110	239	Ⅲd	Ⅲe	Ⅲf	Ⅳf	Ⅴf

	正本	副本	1	2	3	4	5
No.111	K S M C W A G Q E O U I	K S X C W L G P E O U A	5	4	3	2	1
No.112	r j t b n d ℓ x v n f p	s g t b n m ℓ k v q i p	2	3	4	5	6
No.113	P F J H X R B V D L T N	P F A E I K B V O L T N	7	6	5	4	3
No.114	w u c k e a i o m q s g	w o c ℓ p n e o m q x g	3	4	5	6	7
No.115	Y N A M L U S D W J P O	Y W A M L U F D B J P N	8	7	6	5	4

	正本	副本	1	2	3	4	5
No.116	w i t r e y h j b q x k	w i t p e a h j b q f k	6	5	4	3	2
No.117	B K I Q E H V Z G R T X	M K U Q S L V Z G O T X	6	5	4	3	2
No.118	s ℓ p u m o n g z d a b	s ℓ p u m o c g z d a b	1	2	3	4	5
No.119	A I M E Q U B V F N R J	A T M O J C Z V F N D G	7	6	5	4	3
No.120	k g o p c x d w s ℓ t h	k g n p c f d w j ℓ t y	2	3	4	5	6

正 答

No.	正答	No.	正答	No.	正答	No.	正答
No. 1	1	No. 31	2	No. 61	3	No. 91	4
No. 2	3	No. 32	4	No. 62	2	No. 92	4
No. 3	4	No. 33	3	No. 63	4	No. 93	1
No. 4	2	No. 34	4	No. 64	5	No. 94	2
No. 5	5	No. 35	1	No. 65	2	No. 95	3
No. 6	2	No. 36	5	No. 66	4	No. 96	3
No. 7	1	No. 37	3	No. 67	1	No. 97	1
No. 8	5	No. 38	1	No. 68	1	No. 98	2
No. 9	4	No. 39	5	No. 69	3	No. 99	5
No. 10	3	No. 40	2	No. 70	5	No.100	1
No. 11	4	No. 41	3	No. 71	4	No.101	2
No. 12	4	No. 42	5	No. 72	1	No.102	4
No. 13	5	No. 43	1	No. 73	4	No.103	4
No. 14	2	No. 44	1	No. 74	3	No.104	1
No. 15	3	No. 45	3	No. 75	2	No.105	4
No. 16	5	No. 46	1	No. 76	5	No.106	3
No. 17	2	No. 47	2	No. 77	1	No.107	5
No. 18	3	No. 48	4	No. 78	4	No.108	1
No. 19	3	No. 49	5	No. 79	3	No.109	2
No. 20	1	No. 50	2	No. 80	2	No.110	5
No. 21	5	No. 51	2	No. 81	1	No.111	2
No. 22	3	No. 52	4	No. 82	3	No.112	5
No. 23	2	No. 53	1	No. 83	2	No.113	3
No. 24	4	No. 54	5	No. 84	5	No.114	4
No. 25	5	No. 55	5	No. 85	4	No.115	5
No. 26	1	No. 56	3	No. 86	2	No.116	4
No. 27	3	No. 57	4	No. 87	3	No.117	2
No. 28	5	No. 58	5	No. 88	1	No.118	1
No. 29	2	No. 59	2	No. 89	4	No.119	1
No. 30	3	No. 60	1	No. 90	5	No.120	3

合格ライン

120点中

100点以上

	正答数		誤答数		得点
1回目の結果		−		=	
2回目の結果		−		=	
3回目の結果		−		=	

解説

平成30年度の国家一般職／税務は，置換＋計算，分類，照合の3形式であった。**検査1**の置換＋計算は，平成29年度の置換＋計算と類似している。**検査2**，**検査3**は基本的な分類，照合の問題であるが，少し工夫がされている。

【検査1】

平成29年度の置換＋計算と類似しており，計算式のアルファベットを手引の数に置き換えてから計算する問題であるが，手引のアルファベットと数の対応が15と多く，数字も1ケタと2ケタでバラエティに富んでいるので，29年度より難易度は高くなっている。（　）を含むものもあるので，（　）の中を先に計算する，（　）がなければ加減より乗除を先に計算する，という基本的ルールを忘れないように注意するところは同様である。

【検査2】

与えられた数字が，分類表のどこに分類されるかという問題で，オーソドックスな形式であるが，平成29年度のように分類表のマス目を選ぶのではなく，分類表の縦，横の項目を選ぶ形である。

数字は3ケタで範囲が比較的狭く，与えられた数字がどこに分類されるか，百の位，十の位だけでは判断できないことがあるので，注意深く，含まれる欄を選ぶことが必要となる。そして，その欄の手引の項目を見つけたら，さらに，選択肢の紛らわしいローマ数字とアルファベットの小文字を見誤らないようにして正答の番号にたどり着こう。

【検査3】

12マスに数字や文字が入った正本と副本の表を見比べて，異なっているところを見つける照合の問題である。異なっているところは1か所とは限らず，いくつあるかの数を答える問題なので，すべて最後まで照合しなければならない。しかも，異なっている箇所の数は1～5でなく選択肢から選ぶもので，最大8となっているので，1つひとつ丁寧に見比べる以外に効率の良い方法はない。見比べる表は10問ごとに数字，平仮名，カタカナ，アルファベットとなっている。文字は形の似ているものに注意しよう。

問題 9

国家一般職/税務 【令和元年度】

練習問題

166ページからの試験問題を始める前に次の説明をよく読み，やり方を理解してください。試験問題の解答時間は15分です。

【検査1】

この検査は，aとbの値を計算式に代入し，答えのある選択肢の番号と同じ位置にマークをするものである。

例題1

a	b	計算式
3	13	3a－3b

1	2	3	4	5
－31	－30	－29	－28	－27

例題では，aの値は3，bの値は13であるから，これらの値を計算式「3a－3b」に代入すると，「3×3－3×13」となり答えは「－30」になる。これは選択肢「**2**」の位置にあるから，正答は**2**となる。

正　答　　例題1　2

【検査2】

この検査は，与えられた数字や文字の組合せについて，その種類に応じて分類表Aまたは分類表Bのいずれか一方を用いて分類し，与えられた数字や文字が交差する欄の文字または記号のある選択肢にマークをするものである。なお，分類表において，平仮名と片仮名は五十音順，英字は大文字も小文字もアルファベット順で範囲を表すものとする。

（分類表A）

		英大文字		
		A～L	M～T	U～Z
数字	101～235	あ	い	う
	236～330	え	お	か
	331～456	き	く	け

（分類表B）

		片仮名		
		ア～シ	ス～ヌ	ネ～ン
英小文字	a～i	こ	さ	し
	j～r	す	せ	そ
	s～z	た	ち	つ

例題2　m　ナ

1	2	3	4	5
さ	し	す	せ	そ

例題では，英小文字の「m」と片仮名「ナ」の組合せなので，英小文字と片仮名に対応する分類表Bを用いて分類する。この組合せは「j〜r」の行と「ス〜ヌ」の列が交差する欄の「せ」に該当する。「せ」は選択肢「**4**」の位置にあるから，正答は**4**となる。

正　答　　例題2　4

【検査3】

この検査は，与えられた文字群と同じ文字群を探し，答えのある選択肢の番号と同じ位置にマークをするものである。

例題3

とおき
フト
すふめ

1	2	3	4	5
とさお フヌ すめふ	とおき フト すふめ	ときを スキ すなふ	てきお テス まふぬ	とをき メフ すぬひ

例題では，与えられた文字群と同じ文字群は選択肢「**2**」の位置にあるから，正答は**2**となる。

正　答　　例題3　2

	a	b	計算式	1	2	3	4	5
No. 1	52	8	a－2b	36	37	38	39	40
No. 2	120	6	a÷b	5	10	15	20	25
No. 3	31	12	2a＋b	71	72	73	74	75
No. 4	17	20	3a－b	31	33	35	37	39
No. 5	1	11	a＋3b	30	32	34	36	38
No. 6	45	3	a÷3b	1	3	5	7	9
No. 7	21	5	a×b	100	105	110	115	120
No. 8	19	13	a－2b	－1	－3	－5	－7	－9
No. 9	3	4	2a＋2b	10	12	14	16	18
No.10	12	4	3a－2b	26	28	30	32	34

（分類表A）

		英小文字		
		a～g	h～o	p～z
数字	144～258	く	け	こ
	259～380	さ	し	す
	381～502	せ	そ	た

（分類表B）

		英大文字		
		A～I	J～S	T～Z
片仮名	ア～ソ	ち	つ	て
	タ～ミ	と	な	に
	ム～ン	ぬ	ね	の

			1	2	3	4	5
No.11	201	m	く	け	こ	さ	し
No.12	B	ム	な	に	ぬ	ね	の
No.13	h	441	さ	し	す	せ	そ
No.14	q	375	さ	し	す	せ	そ
No.15	ツ	U	な	に	ぬ	ね	の
No.16	J	カ	つ	て	と	な	に
No.17	153	r	け	こ	さ	し	す
No.18	f	382	さ	し	す	せ	そ
No.19	N	ラ	な	に	ぬ	ね	の
No.20	コ	R	た	ち	つ	て	と

		1	2	3	4	5
No.21	さとお	さとお	りとし	さとお	こみし	さつし
	ハシ	クシ	ハリ	ハシ	シシ	ラミ
	りじ	はは	おじ	りじ	かい	くさ
No.22	あき	よさ	あさ	めき	あき	あき
	ミシロ	マシメ	ミシワ	オシロ	ミシリ	ミシロ
	のえ	のえ	おえ	のへ	おえ	のえ
No.23	ユホウ	ユウウ	ユホウ	ホオウ	コホウ	コホウ
	まぬ	あぬ	まぬ	ぬぬ	みぬ	まゆ
	くき	くき	くき	くさ	うき	くさ
No.24	いう	いい	うい	いん	いう	あう
	フシ	コシ	フフ	マシ	フシ	オシ
	そに	そに	たひ	そそ	そに	たに
No.25	ロチフ	ロウフ	ロチフ	ランフ	モルフ	オチフ
	けぎ	けん	けぎ	けぎ	えき	せき
	さる	ささ	さる	きる	さふ	さる

		1	2	3	4	5
No.26	かもひ	かもひ	さもい	かおい	さおひ	かもひ
	ふふ	ふふ	ふり	ふう	ふふ	ふう
	チメ	チメ	チヘ	チメ	シメ	シメ
No.27	こん	おん	こん	おの	この	こん
	ニアオ	ニウオ	ニクウ	ヒウオ	ヒアウ	ニアオ
	とみ	とい	あい	そみ	とと	とみ
No.28	リキ	リキ	イキ	リイ	リキ	イイ
	あまつ	あまつ	おまふ	おまつ	おまつ	ああつ
	すま	すま	すは	うま	すす	すま
No.29	ツリ	ツリ	ツイ	ツリ	シリ	シリ
	せにみ	せいし	せにも	せにみ	えにみ	せにひ
	たく	あく	おく	たく	さく	たく
No.30	てやご	めやい	てやん	てやご	えゆご	てやご
	あい	ぬい	あう	ぬい	あい	あい
	モウ	モウ	オウ	ロウ	モシ	モウ

	a	b	計算式	1	2	3	4	5
No.31	856	76	a＋b	832	868	932	968	992
No.32	33	3	2a÷b	11	22	33	44	55
No.33	4	36	2a－b	－20	－22	－24	－26	－28
No.34	92	9	a－3b	59	61	63	65	67
No.35	2	6	a×4b	36	48	60	72	84
No.36	46	65	a＋2b	136	146	156	166	176
No.37	38	1	a÷2b	16	17	18	19	20
No.38	31	77	2a－b	－15	－16	－17	－18	－19
No.39	8	82	4a＋b	110	114	118	122	126
No.40	265	5	a÷b	51	53	55	57	59

（分類表A）

		英大文字		
		A～M	N～U	V～Z
平仮名	あ～ち	ハ	ヒ	フ
	つ～へ	ヘ	ホ	マ
	ほ～ん	ミ	ム	メ

（分類表B）

		数字		
		412～635	636～879	880～986
英小文字	a～j	モ	ヤ	ユ
	k～q	ヨ	ラ	リ
	r～z	ル	レ	ロ

			1	2	3	4	5
No.41	と	Y	マ	ミ	ム	メ	モ
No.42	い	W	ハ	ヒ	フ	ヘ	ホ
No.43	641	h	ヤ	ユ	ヨ	ラ	リ
No.44	C	ま	マ	ミ	ム	メ	モ
No.45	890	s	ラ	リ	ル	レ	ロ
No.46	625	j	ム	メ	モ	ヤ	ユ
No.47	o	483	ヤ	ユ	ヨ	ラ	リ
No.48	な	L	ハ	ヒ	フ	ヘ	ホ
No.49	T	ふ	ハ	ヒ	フ	ヘ	ホ
No.50	e	950	ヤ	ユ	ヨ	ラ	リ

		1	2	3	4	5
No.51	べりき	べりき	へりく	べりき	くりき	くりく
	そのり	そのむ	そんり	そのり	たのり	そのり
	ハツ	ハン	ハツ	ハツ	ハン	ムツ
No.52	オノ	オン	オノ	ソノ	オノ	オン
	まふし	まふし	まふし	まふし	まうし	まうし
	るるへ	るろへ	るるへ	るるへ	るるふ	ろろへ
No.53	カンオ	コンオ	カンノ	カンオ	コンオ	カンオ
	くま	くは	くま	くは	くま	くま
	えわた	えわた	へわた	えはた	へわた	えわた
No.54	ごみぬ	ごみぬ	ごみぬ	ごみめ	ごみめ	ごみな
	ユイキ	ユイキ	コイキ	コイキ	ユイキ	ユイキ
	めん	めん	ぬん	めん	のん	のん
No.55	にびむ	にびむ	にひむ	いびむ	いびむ	にびむ
	とんや	とんや	とうや	くんや	とんや	とんや
	ワレ	フレ	ワレ	フレ	フレ	ワレ

		1	2	3	4	5
No.56	ヨウグ	ヨウグ	ヨウク	ヨウグ	ヨウク	ヨウン
	てう	てう	くう	てい	てい	てう
	けろち	けろち	けるち	けるち	けろろ	けろる
No.57	たぬ	たぬ	ため	たぬ	たぬ	たえ
	ホレチ	ホヘチ	オヘチ	オレチ	ホレチ	ホレチ
	ひてい	いてい	ひてい	ひてい	ひてい	ひてひ
No.58	かかえ	かかへ	かかえ	かかえ	かかへ	かええ
	ミオ	ミア	ミノ	ミオ	ニオ	ミオ
	のはる	のはる	のはら	のはる	のはら	のはる
No.59	だんり	たんり	だんり	だんい	たんい	だんり
	くひる	くいる	くひる	くひろ	くひる	くいる
	ギキ	ギキ	ギキ	ギキ	ギギ	キキ
No.60	ムソ	ムソ	ムン	ムソ	ムン	ムソ
	みみえ	いいえ	みみえ	みえみ	みみえ	みみえ
	とや	とや	とま	とら	おや	とや

	a	b	計算式	1	2	3	4	5
No.61	9	8	3a＋3b	51	52	53	54	55
No.62	17	7	a－2b	1	2	3	4	5
No.63	61	110	2a－b	12	14	16	18	20
No.64	95	51	a＋b	116	126	136	146	156
No.65	7	96	3a＋b	107	117	127	137	147
No.66	19	6	a×2b	128	168	228	268	328
No.67	78	2	a÷3b	11	12	13	14	15
No.68	47	75	2a＋b	159	169	179	189	199
No.69	12	35	4a－b	11	13	15	17	19
No.70	55	27	2a－2b	40	44	48	52	56

（分類表A）

		平仮名		
		あ～し	す～ね	の～ん
数字	270～312	○	●	△
数字	313～391	▲	▽	▼
数字	392～430	□	■	☆

（分類表B）

		英小文字		
		a～e	f～m	n～z
片仮名	ア～タ	★	◇	◆
片仮名	チ～ホ	◎	#	%
片仮名	マ～ン	※	♪	&

			1	2	3	4	5
No.71	テ	c	★	◇	◆	◎	#
No.72	モ	d	◎	#	%	※	♪
No.73	は	352	▲	▽	▼	□	■
No.74	395	た	▲	▽	▼	□	■
No.75	291	あ	○	●	△	▲	▽
No.76	t	ナ	◇	◆	◎	#	%
No.77	セ	i	★	◇	◆	◎	#
No.78	ち	400	▽	▼	□	■	☆
No.79	ℓ	ネ	#	%	※	♪	&
No.80	390	そ	▽	▼	□	■	☆

		1	2	3	4	5
No.81	えいき	えいき	えいき	えいき	えいき	えいさ
	ささふ	さそふ	ききふ	さきふ	ささふ	さそふ
	ソスリ	ソソリ	ンスリ	ソソリ	ソスリ	ンスリ
No.82	がみぬ	がみぬ	かみめ	かみぬ	かみぬ	がみぬ
	ヤツレ	ヤツレ	ヤツレ	ヨツレ	ヤシレ	ヤシレ
	えもん	えもん	へもん	えもん	えもん	へもん
No.83	るまん	るまん	ろまん	るまん	ろまん	るまん
	くもい	くもう	くしい	くもい	うもい	くもい
	カカズ	カスズ	カカズ	カカズ	カカス	カスズ
No.84	トヒビ	トヒビ	トヒヒ	トヒビ	トヒビ	トヒヒ
	さろね	さろね	さるね	さるる	きるね	さるね
	おふに	おふに	おうに	おふい	あふに	あふい
No.85	ロウス	ロウフ	ロウス	ロウス	ロウス	ロオフ
	わとけ	ねとけ	わとけ	ねとけ	わとか	わとけ
	ようふ	ようふ	ようふ	よふふ	ようす	よよふ

		1	2	3	4	5
No.86	アツキ	アシキ	アツキ	アシキ	アツキ	アツキ
	びると	びると	ひると	びると	びろと	びると
	もずふ	もすふ	もずう	もすく	もすふ	もずふ
No.87	いさじ	いさじ	いさし	いさく	いさじ	いさし
	こつに	こうに	こつに	こうこ	こつに	こうに
	リトウ	リリウ	カトウ	リトウ	リトウ	リトオ
No.88	ちるえ	ちろえ	ちるえ	ちろえ	ちるえ	ちるえ
	ヌオア	マオア	ヌオア	マオオ	ヌオオ	ヌオア
	ばんほ	ほんば	ぼんは	ほんぼ	ばんほ	ばんほ
No.89	さなき	さなき	さなき	さなさ	きなき	きなさ
	ろりひ	るりひ	ろりひ	るりひ	ろりひ	ろりい
	エメレ	ヘメメ	エメレ	ヘメレ	エヌレ	エヌレ
No.90	タオマ	タオマ	タオマ	タオヌ	タオマ	タオヌ
	つつと	つつと	つつと	つつつ	つとと	とつつ
	ねいき	ねいき	わいき	わいき	ねいさ	ねいき

第2章 過去問題編

	a	b	計算式	1	2	3	4	5
No. 91	8	62	3a－b	－36	－38	－40	－42	－44
No. 92	790	114	a＋b	704	804	904	1004	1104
No. 93	18	9	3a÷2b	1	2	3	4	5
No. 94	72	24	2a÷b	6	7	8	9	10
No. 95	21	7	2a×b	264	274	284	294	304
No. 96	35	25	a－2b	－5	－10	－15	－20	－25
No. 97	91	12	a＋4b	135	136	137	138	139
No. 98	135	5	a÷3b	1	3	5	7	9
No. 99	3	26	4a×b	310	312	314	316	318
No.100	20	18	2a＋3b	91	92	93	94	95

（分類表A）

		平仮名		
		あ～な	に～め	も～ん
英大文字	A～K	a	b	c
	L～P	d	e	f
	Q～Z	g	h	i

（分類表B）

		数字		
		611～665	666～702	703～748
片仮名	ア～コ	j	k	ℓ
	サ～ナ	m	n	o
	ニ～ン	p	q	r

			1	2	3	4	5
No.101	M	ひ	b	c	d	e	f
No.102	や	R	e	f	g	h	i
No.103	ん	J	a	b	c	d	e
No.104	668	タ	n	o	p	q	r
No.105	キ	725	ℓ	m	n	o	p
No.106	ノ	640	n	o	p	q	r
No.107	ま	O	a	b	c	d	e
No.108	701	ソ	j	k	ℓ	m	n
No.109	F	え	a	b	c	d	e
No.110	れ	T	e	f	g	h	i

		1	2	3	4	5
No.111	ルトウ	ルトウ	ルトオ	ルトオ	ルトウ	ルトウ
	まおぬ	まあぬ	きおぬ	まあめ	まおぬ	まあめ
	チイダ	チイタ	チイダ	チイタ	チイダ	キイタ
No.112	ツツイ	ツツイ	ツツイ	シシイ	ツツイ	シツイ
	サトレ	サトル	サトレ	サトレ	サトレ	サトル
	おうむ	おうむ	おうむ	おうす	おうす	おうむ
No.113	ありし	ありし	ありく	ありし	おりし	ありし
	ツトナ	トトナ	ツトナ	ツトト	ツトナ	ツトナ
	メニエ	メニメ	エメニ	メニエ	メニエ	メニエ
No.114	たこう	にこう	たこう	たこふ	たこう	にこふ
	オトミ	オトニ	オトミ	オトニ	オトミ	オトミ
	クレレ	クレレ	クヒレ	クレヒ	クレレ	クレレ
No.115	ワツビ	ワツビ	ワシビ	ワツビ	ワシビ	ワツビ
	ぱおさ	ぱおさ	ぱおき	ぱおき	はおさ	はおき
	ゴイウ	ゴイウ	ゴイウ	コイウ	ゴイイ	コイウ

		1	2	3	4	5
No.116	まるり	まろり	まろり	まうり	まるり	まるり
	イサヤ	イサヤ	ヒサヤ	イサイ	イサユ	イサヤ
	ほやく	はやく	はやく	ほやく	ほやく	ほやく
No.117	アイヒ	アイヒ	アイヒ	アイヒ	アヒヒ	アヒイ
	スダノ	スタノ	サダノ	スダノ	スダノ	スダイ
	よしし	よしく	やしし	よしし	よしく	よしし
No.118	かねな	かねな	かわな	かわな	かねな	かねな
	キタク	キタタ	ギタク	キタク	キタク	キタタ
	ノドシ	トドシ	ノトシ	ノドシ	ノドシ	ノトシ
No.119	ホセコ	ホセコ	ホセロ	ホセコ	ホエロ	ホセコ
	ヤヤイ	ヤヤイ	ヤヨイ	ヤヤノ	ヤヤヒ	ヤヤイ
	すせぐ	すせぐ	すすぐ	すせく	すせぐ	すせく
No.120	しえま	しえお	しえま	しえま	しえま	しえほ
	ワカヘ	ワカヘ	ワカヘ	ワカヘ	クカヘ	クカヘ
	シノリ	ツノリ	シイリ	シノリ	シノリ	シノリ

正 答

No. 1	1	No. 31	3	No. 61	1	No. 91	2
No. 2	4	No. 32	2	No. 62	3	No. 92	3
No. 3	4	No. 33	5	No. 63	1	No. 93	3
No. 4	1	No. 34	4	No. 64	4	No. 94	1
No. 5	3	No. 35	2	No. 65	2	No. 95	4
No. 6	3	No. 36	5	No. 66	3	No. 96	3
No. 7	2	No. 37	4	No. 67	3	No. 97	5
No. 8	4	No. 38	1	No. 68	2	No. 98	5
No. 9	3	No. 39	2	No. 69	2	No. 99	2
No. 10	2	No. 40	2	No. 70	5	No.100	4
No. 11	2	No. 41	1	No. 71	4	No.101	4
No. 12	3	No. 42	3	No. 72	4	No.102	5
No. 13	5	No. 43	1	No. 73	3	No.103	3
No. 14	3	No. 44	2	No. 74	5	No.104	1
No. 15	2	No. 45	5	No. 75	1	No.105	1
No. 16	1	No. 46	3	No. 76	5	No.106	3
No. 17	2	No. 47	3	No. 77	2	No.107	5
No. 18	4	No. 48	4	No. 78	4	No.108	5
No. 19	4	No. 49	5	No. 79	1	No.109	1
No. 20	3	No. 50	2	No. 80	1	No.110	5
No. 21	3	No. 51	3	No. 81	4	No.111	4
No. 22	5	No. 52	2	No. 82	1	No.112	2
No. 23	2	No. 53	5	No. 83	3	No.113	5
No. 24	4	No. 54	1	No. 84	1	No.114	4
No. 25	2	No. 55	5	No. 85	2	No.115	1
No. 26	1	No. 56	1	No. 86	5	No.116	5
No. 27	5	No. 57	4	No. 87	4	No.117	3
No. 28	1	No. 58	3	No. 88	5	No.118	4
No. 29	3	No. 59	2	No. 89	2	No.119	1
No. 30	5	No. 60	5	No. 90	1	No.120	3

合格ライン

120点中

100点以上

	正答数		誤答数		得点
1回目の結果		−		＝	
2回目の結果		−		＝	
3回目の結果		−		＝	

解 説

令和元年度の国家一般職／税務は，置換＋計算，分類，照合の3形式であった。**検査1**の置換＋計算は，平成19年度とまったく同じ形式であった。**検査2**は基本的な分類の問題であるが，少し工夫がされている。**検査3**はシンプルな照合の問題であった。

【検査1】

平成19年度と同じ形式で，与えられた計算式に含まれたアルファベットa，bを1題ごとに示された数値に置き換えてから計算する問題である。a，bの値は1ケタ，2ケタがほとんどで，わずかに3ケタもある。計算式にある加減乗除の符号は1つであるが，2a，3bのようにかけ算を意味するところもあるので丁寧に計算しよう。

【検査2】

与えられた数字や文字の組合せが，分類表のどこに分類されるかという問題であるが，分類表がAとBの2つある。まず，組合せの数字や文字の種類によって，AとBの分類表のどちらを用いるかを選ぶ。次に，数字や文字の昇順の範囲が3つずつ示されているので，与えられた数字や文字がどの範囲に当てはまるかそれぞれ選ぶ。数字は3ケタ，文字は英小文字，英大文字，平仮名，片仮名が使われている。

数字の分類は容易であるが，アルファベットや平仮名，片仮名は，どの範囲に含まれるのか，少し考えないとわからない場合があるので，注意深く判断する。また，AかBの分類表が決まり，分類表の9マスから該当する文字または記号を見つけられても，選択肢からその文字または記号を確実に選び，正答の番号にたどり着かなければならないので，最後まで気を抜かないようにしよう。

【検査3】

与えられた平仮名と片仮名の文字群と同じ文字群を選択肢の中から選ぶ問題である。**検査1**，**検査2**に比べると作業が少なく，格段に容易である。**検査2**までで時間を使ってしまったと感じた場合は，焦らずこの**検査3**で挽回できるだろう。

文字群は3段に分かれており，1段目の文字が同じであるものが1つしかない場合，即正答と判断できるものがある。1段目で判断ができない場合，2段目で判断できるものが多い。2段目でも判断ができず3段目で判断するものは数が少ない印象である。

問題10

国家一般職/税務【令和2年度】

練習問題

178ページからの試験問題を始める前に次の説明をよく読み，やり方を理解してください。試験問題の解答時間は15分です。

【検査1】

この検査は，手引の表の指定された列から数字を取り出して計算を行い，その答えのある選択肢の番号と同じ位置にマークをするものである。なお，①，②・・は，手引の表の列の番号を表す。

(手引)

	①	②	③	・・・
a	1	2	3	
b	9	5	4	
c	8	7	6	

例題1　②：最小の値にbを掛ける。

1	2	3	4	5
10	12	14	16	18

例題1では，②の列の最小の値は2，bの値は5になるので，指示された計算の式は「2×5」となり，その答えは「10」である。「10」は選択肢「**1**」の位置にあるので，正答は**1**となる。

正　答　　例題1　1

【検査2】

この検査は，情報Ⅰ，Ⅱ・・に示した英文字や数字を分類表に従ってア，イ，ウに直し，その結果に対応する組合せが手引の表の中にあればその数字**1〜4**の位置に，なければ**5**の位置にマークをするものである。

(分類表)

情報＼分類	Ⅰ	Ⅱ	Ⅲ
ア	A，B	1〜3	s，t
イ	C，D	4〜6	u，v
ウ	E，F	7〜9	w，x

例題2

情報Ⅰ	情報Ⅱ	情報Ⅲ
A	8	t

(手引)

組合せ＼情報	Ⅰ	Ⅱ	Ⅲ
1	イ	ア	ウ
2	ア	ウ	ア
〜	〜	〜	〜
5	対応しない		

例題2では，情報ⅠはAなので分類表に従いアに直せる。同様に情報Ⅱはウに，情報Ⅲはアに直すことができ，この組合せは手引中の**2**（Ⅰ＝ア，Ⅱ＝ウ，Ⅲ＝ア）に該当するので，正答は**2**となる。

正　答　　例題2　2

【検査3】

この検査は，与えられた表の中で**一度しか現れない単語の欄を二つ**特定し，見本の表と照らし合わせて，それらの欄と同じ位置にある文字の組合せを挙げている選択肢の番号と同じ位置にマークをするものである。

なお，選択肢中の文字の組合せは上からあいうえお順またはアルファベット順に記載している。

(見本の表)

あ	い	う	え
お	か	き	く
け	こ	さ	し

例題3

物理	化学	国語	生物
数学	体育	英語	体育
数学	国語	物理	化学

1	**2**	**3**	**4**	**5**
あ	え	え	き	こ
え	き	さ	こ	し

例題3では，表の中で一度しか現れない単語は「生物」と「英語」であり，他の単語は全て二つある。見本の表で「生物」は「え」の位置，「英語」は「き」の位置にあり，「えき」は選択肢「**2**」の位置にあるから，正答は**2**となる。

正　答　　例題3　2

（手引）

	①	②	③	④	⑤
a	3	6	2	9	4
b	5	4	7	1	9
c	2	3	4	4	1
d	8	5	5	6	2
e	1	9	8	7	6

		1	2	3	4	5
No. 1	①：最大の値から最小の値を引いた値に，aを掛ける。	12	15	18	21	24
No. 2	⑤：全ての偶数どうしを掛ける。	32	36	40	44	48
No. 3	④：全ての奇数どうしを掛けた値から，dを引く。	56	57	58	59	60
No. 4	③：bとdとeを足した値を，cで割る。	1	2	3	4	5
No. 5	②：bとeを掛けた値から，aとcを掛けた値を引く。	6	12	18	24	30
No. 6	③：cとdを掛けた値から，全ての偶数どうしを足した値を引く。	6	7	8	9	10
No. 7	④：最大の値を3倍した値に，bとeを足す。	25	30	35	40	45
No. 8	①：全ての奇数どうしを掛けた値に，全ての偶数どうしを掛けた値を足す。	31	32	33	34	35
No. 9	⑤：bからdを引いた値に，aを掛ける。	22	24	26	28	30
No.10	②：dとeを掛けた値を，cで割る。	3	5	10	15	18

（分類表）

情報／分類	Ⅰ	Ⅱ	Ⅲ	Ⅳ
ア	C，D	1～56	ℓ，m，n	1～7
イ	E，F	57～81	o，p，q	8～12
ウ	G，H	82～113	r，s，t	13～17

（手引）

情報／組合せ	Ⅰ	Ⅱ	Ⅲ	Ⅳ
1	ア	ア	ウ	イ
2	イ	ア	イ	ウ
3	イ	ウ	ウ	イ
4	ウ	ウ	ア	ア
5	対応しない			

	情報Ⅰ	情報Ⅱ	情報Ⅲ	情報Ⅳ
No.11	F	90	r	11
No.12	G	112	m	7
No.13	D	43	s	9
No.14	E	32	p	17
No.15	C	5	o	8
No.16	D	2	t	12
No.17	H	101	ℓ	3
No.18	F	98	s	10
No.19	C	50	t	6
No.20	E	10	q	15

（見本の表）

あ	い	う	え
お	か	き	く
け	こ	さ	し

					1	2	3	4	5
No.21	いか	まぐろ	うに	ほたて	うき	うく	えく	えし	かく
	ほたて	いくら	たまご	あじ					
	いくら	たまご	いか	まぐろ					
No.22	白	赤	赤	緑	おこ	おし	かさ	けこ	けさ
	緑	紫	黒	黒					
	黄	白	青	紫					
No.23	イギリス	スペイン	ドイツ	スイス	あお	おき	おし	きし	くさ
	フランス	ドイツ	イギリス	オランダ					
	オランダ	スイス	スペイン	イタリア					
No.24	さくら	かき	ひのき	うめ	あい	あお	あか	いか	かき
	さつき	つばき	いちょう	さつき					
	いちょう	かき	うめ	ひのき					
No.25	国語	音楽	数学	社会	いこ	いさ	うけ	うこ	おこ
	書道	美術	書道	社会					
	美術	理科	数学	国語					

					1	2	3	4	5
No.26	森	山	湖	林	あお	うか	うけ	えお	えけ
	海	沼	森	川					
	川	山	沼	湖					
No.27	ミカン	メロン	モモ	ミカン	きく	きさ	こさ	こし	さし
	リンゴ	バナナ	バナナ	メロン					
	モモ	リンゴ	スイカ	ブドウ					
No.28	月曜日	火曜日	月曜日	土曜日	きさ	きし	くけ	くこ	こし
	金曜日	木曜日	日曜日	火曜日					
	土曜日	木曜日	水曜日	金曜日					
No.29	ねずみ	うま	ひつじ	とら	かき	かさ	かし	けし	さし
	ひつじ	うさぎ	ねずみ	うま					
	とり	とら	たつ	とり					
No.30	中山	村山	中村	村山	あき	いき	いけ	うき	うけ
	村中	田中	山田	田中					
	山中	村中	中山	山田					

（手引）

	①	②	③	④	⑤
a	9	7	2	1	3
b	8	2	1	6	5
c	3	4	5	9	7
d	1	6	8	3	2
e	6	9	4	7	8

		1	2	3	4	5
No.31	②：全ての偶数どうしを足した値から，eを引く。	1	2	3	4	5
No.32	③：全ての偶数どうしを掛けた値を，eで割る。	12	14	16	18	20
No.33	⑤：bとcとdを足した値に，eを掛ける。	102	108	112	118	122
No.34	④：最大の値から最小の値を引いた値に，bを足す。	12	14	16	18	20
No.35	①：aとcを掛けた値に，bを足す。	31	32	33	34	35
No.36	⑤：cからaを引いた値に，cとdを掛ける。	56	58	60	62	64
No.37	①：全ての奇数どうしを足した値に，bを掛ける。	102	104	106	112	114
No.38	④：bとeを掛けた値から，cとdを掛けた値を引く。	10	15	20	25	30
No.39	③：dを2で割った値に，cを掛ける。	10	15	20	25	30
No.40	②：aとdを足した値から，bとcを足した値を引く。	1	3	5	7	9

（分類表）

情報＼分類	Ⅰ	Ⅱ	Ⅲ	Ⅳ
ア	1～11	j，k	181～235	R，S，T
イ	12～25	ℓ，m	236～280	U，V，W
ウ	26～32	n，o	281～345	X，Y，Z

（手引）

情報＼組合せ	Ⅰ	Ⅱ	Ⅲ	Ⅳ
1	ア	イ	ウ	ウ
2	イ	ア	ア	イ
3	イ	ウ	ア	ア
4	ウ	イ	イ	ウ
5	対応しない			

	情報Ⅰ	情報Ⅱ	情報Ⅲ	情報Ⅳ
No.41	17	n	213	S
No.42	30	ℓ	255	V
No.43	21	j	190	W
No.44	3	ℓ	318	Y
No.45	10	o	292	T
No.46	12	j	201	V
No.47	28	m	278	X
No.48	5	m	336	Y
No.49	32	ℓ	277	Z
No.50	19	n	182	T

（見本の表）

A	B	C	D
E	F	G	H
I	J	K	L

No.51

ゾウ	シカ	ヒョウ	キリン
シマウマ	ライオン	ゾウ	ヒョウ
キリン	サイ	ライオン	シマウマ

1	2	3	4	5
B J	B L	C I	F J	F K

No.52

山梨	福島	山口	岡山
鳥取	島根	福島	山梨
福岡	山口	福岡	鳥取

1	2	3	4	5
B D	C F	C G	D E	D F

No.53

にんじん	たまねぎ	じゃがいも	さつまいも
ながねぎ	いんげん	さつまいも	いんげん
じゃがいも	たまねぎ	さといも	ながねぎ

1	2	3	4	5
A K	A L	B G	B K	K L

No.54

二輪車	貨物列車	電車	自転車
電車	二輪車	自動車	自転車
一輪車	貨物列車	一輪車	三輪車

1	2	3	4	5
D G	G K	G L	H L	I L

No.55

アンズ	スモモ	ナシ	マンゴー
スモモ	イチゴ	アンズ	イチゴ
マンゴー	ビワ	ライチ	ナシ

1	2	3	4	5
F J	I J	I K	J K	J L

No.56

マンボウ	クジラ	イルカ	シャチ
クラゲ	サメ	エイ	エイ
クジラ	シャチ	マンボウ	サメ

1	2	3	4	5
B C	B E	B I	C E	C I

No.57

小学校	児童館	発電所	児童館
警察署	消防署	小学校	消防署
図書館	発電所	中学校	中学校

1	2	3	4	5
E I	E K	F I	I J	J L

No.58

ひらめ	たら	めかじき	かれい
さわら	さけ	たら	たい
ひらめ	かれい	さわら	めかじき

1	2	3	4	5
B D	B F	E G	E H	F H

No.59

天秤座	魚座	水瓶座	双子座
山羊座	乙女座	牡羊座	山羊座
双子座	魚座	乙女座	牡羊座

1	2	3	4	5
A B	A C	B E	C E	G K

No.60

晴	雨	雷	曇
風	雷	雨	晴
虹	雪	風	曇

1	2	3	4	5
D E	D I	E J	F J	I J

(手引)

	①	②	③	④	⑤
a	2	5	8	6	1
b	5	4	3	2	7
c	6	9	7	3	4
d	7	3	1	9	8
e	4	8	6	1	5

		1	2	3	4	5
No.61	④：dをcで割った値に，aとeを足す。	10	11	12	13	14
No.62	③：全ての偶数どうしを掛けた値から，全ての奇数どうしを足した値を引く。	24	27	34	37	41
No.63	①：aとdとeを掛ける。	52	54	56	58	60
No.64	②：最小の値とeを掛けた値を，bで割る。	6	7	8	9	10
No.65	⑤：全ての偶数どうしを足した値に，eを掛ける。	50	55	60	65	70
No.66	③：aからeを引いた値に，bとcを掛ける。	41	42	43	44	45
No.67	⑤：全ての数を足す。	21	22	23	24	25
No.68	②：全ての奇数どうしを足した値に，bを掛ける。	62	64	66	68	70
No.69	①：cとdを足した値からeを引いた値に，aを掛ける。	10	12	14	16	18
No.70	④：最大の値とbを足した値から，cを引く	5	6	7	8	9

(分類表)

情報／分類	Ⅰ	Ⅱ	Ⅲ	Ⅳ
ア	A，B，C	1～6	72～93	t，u
イ	D，E，F	7～10	94～105	v，w
ウ	G，H，I	11～13	106～122	x，y

(手引)

情報／組合せ	Ⅰ	Ⅱ	Ⅲ	Ⅳ
1	ア	ア	イ	ア
2	ア	ウ	ア	イ
3	イ	ア	ウ	イ
4	ウ	イ	ア	ウ
5	対応しない			

	情報Ⅰ	情報Ⅱ	情報Ⅲ	情報Ⅳ
No.71	D	5	109	v
No.72	I	8	85	x
No.73	E	12	113	y
No.74	A	2	72	w
No.75	G	9	90	y
No.76	B	4	99	t
No.77	F	1	118	w
No.78	C	13	80	v
No.79	H	9	120	u
No.80	A	6	105	t

（見本の表）

ア	イ	ウ	エ
オ	カ	キ	ク
ケ	コ	サ	シ

No.					1	2	3	4	5
No.81	如月	霜月	弥生	師走	カケ	カシ	キシ	クサ	コシ
	如月	文月	師走	弥生					
	葉月	霜月	葉月	睦月					
No.82	だいこん	こんにゃく	なす	れんこん	エク	エケ	エサ	オケ	オサ
	きゅうり	ごぼう	ごぼう	だいこん					
	たけのこ	きゅうり	こんにゃく	なす					
No.83	キク	ツツジ	スイセン	バラ	アイ	アウ	イオ	イケ	ウオ
	ヒマワリ	バラ	タンポポ	アジサイ					
	スイセン	タンポポ	ヒマワリ	アジサイ					
No.84	月	銀河	冥王星	太陽	イカ	イコ	ウク	クコ	クサ
	冥王星	太陽	銀河	惑星					
	彗星	海王星	月	彗星					
No.85	カナダ	キューバ	アメリカ	チリ	アオ	アカ	オカ	カク	カケ
	メキシコ	ブラジル	カナダ	キューバ					
	コロンビア	アメリカ	チリ	コロンビア					

No.					1	2	3	4	5
No.86	トンボ	ハチ	バッタ	コオロギ	アイ	イエ	ウエ	エキ	カキ
	カマキリ	チョウ	セミ	カマキリ					
	トンボ	バッタ	チョウ	セミ					
No.87	鉛筆	定規	糊	画用紙	クシ	ケコ	ケシ	コサ	サシ
	糊	画用紙	藁半紙	藁半紙					
	鋏	鉛筆	定規	色紙					
No.88	町	道	村	府	イキ	イク	ウエ	ウキ	ウケ
	町	県	都	県					
	道	市	市	府					
No.89	けまり	けんだま	かるた	たこあげ	イク	イコ	エカ	オク	オコ
	おてだま	あやとり	たこあげ	めんこ					
	けまり	かるた	おてだま	あやとり					
No.90	平成	大正	昭和	文久	イカ	イサ	ウエ	エサ	エシ
	令和	安政	平成	大正					
	安政	昭和	明治	令和					

（手引）

	①	②	③	④	⑤
a	4	6	7	3	5
b	2	8	4	9	6
c	3	1	6	7	2
d	5	9	1	8	3
e	9	4	8	2	7

		1	2	3	4	5
No. 91	①：全ての奇数どうしを掛ける。	115	120	125	130	135
No. 92	②：最大の値とaを掛けた値から，bの2倍の値を引く。	32	34	36	38	40
No. 93	③：aとcとeを足した値を，aで割る。	1	2	3	4	5
No. 94	⑤：最小の値を2倍した値に，bとdを掛けた値を足す。	20	22	24	26	28
No. 95	④：最大の値から最小の値を引いた値に，cを掛ける。	35	42	49	56	63
No. 96	⑤：aとbを掛けた値を，dで割る。	5	10	15	20	25
No. 97	④：全ての数を足す。	26	27	28	29	30
No. 98	③：aとbを掛けた値に，cを足す。	31	32	33	34	35
No. 99	①：eをcで割った値に，aとbを掛ける。	16	18	20	22	24
No.100	②：全ての偶数どうしを掛ける。	192	196	202	206	212

（分類表）

分類＼情報	Ⅰ	Ⅱ	Ⅲ	Ⅳ
ア	147～198	b，c，d	1～14	I，J
イ	199～276	e，f，g	15～30	K，L
ウ	277～351	h，i，j	31～48	M，N

（手引）

組合せ＼情報	Ⅰ	Ⅱ	Ⅲ	Ⅳ
1	ア	ウ	イ	ウ
2	イ	イ	ウ	ウ
3	ウ	ア	イ	イ
4	ウ	イ	ウ	イ
5	対応しない			

	情報Ⅰ	情報Ⅱ	情報Ⅲ	情報Ⅳ
No.101	215	f	40	I
No.102	310	d	18	K
No.103	296	e	35	L
No.104	201	c	24	I
No.105	149	h	17	N
No.106	350	f	32	K
No.107	199	g	43	M
No.108	278	b	21	L
No.109	250	e	39	M
No.110	181	i	19	N

（見本の表）

a	b	c	d
e	f	g	h
i	j	k	ℓ

No.111

酢	塩	酢	胡椒
胡椒	味醂	砂糖	醤油
砂糖	味噌	醤油	塩

No.112

テニス	卓球	バレー	サッカー
バレー	野球	テニス	バスケ
陸上	サッカー	野球	陸上

No.113

叔母	従兄弟	祖母	従姉妹
祖母	母	父	叔母
祖父	父	従兄弟	母

No.114

とうふ	ひじき	あつあげ	こんぶ
わかめ	えだまめ	わかめ	なっとう
ひじき	えだまめ	なっとう	あつあげ

No.115

年	日	年	分
時	分	週	時
月	秒	日	月

	1	2	3	4	5
No.111	f, j	f, k	h, i	h, j	k, ℓ
No.112	b, f	b, h	c, j	f, h	j, k
No.113	d, i	d, j	f, i	f, ℓ	i, j
No.114	a, c	a, d	b, e	c, e	d, g
No.115	e, f	f, i	g, j	g, k	j, ℓ

No.116

柔道	合気道	弓道	剣道
合気道	柔道	剣道	相撲
空手	弓道	相撲	柔術

No.117

目	足	鼻	手
首	目	足	耳
耳	鼻	口	手

No.118

やもり	かえる	かもめ	めだか
すずめ	めだか	かめ	かめ
かえる	やもり	とかげ	とかげ

No.119

窒素	二酸化炭素	酸素	二酸化炭素
硫化水素	酸素	水素	硫化水素
水素	窒素	酵素	炭素

No.120

毘沙門天	布袋	大黒天	福禄寿
毘沙門天	恵比寿	弁財天	寿老人
大黒天	福禄寿	寿老入	恵比寿

	1	2	3	4	5
No.116	e, i	i, ℓ	j, k	j, ℓ	k, ℓ
No.117	c, i	e, k	f, g	f, k	k, ℓ
No.118	a, d	b, c	b, e	c, d	c, e
No.119	d, h	g, i	g, ℓ	j, k	k, ℓ
No.120	b, g	b, h	c, k	d, g	d, h

正答

No.	正答	No.	正答	No.	正答	No.	正答
No. 1	4	No. 31	3	No. 61	1	No. 91	5
No. 2	5	No. 32	3	No. 62	4	No. 92	4
No. 3	2	No. 33	3	No. 63	3	No. 93	3
No. 4	5	No. 34	2	No. 64	1	No. 94	2
No. 5	3	No. 35	5	No. 65	3	No. 95	3
No. 6	1	No. 36	1	No. 66	2	No. 96	2
No. 7	3	No. 37	2	No. 67	5	No. 97	4
No. 8	1	No. 38	2	No. 68	4	No. 98	4
No. 9	4	No. 39	3	No. 69	5	No. 99	5
No. 10	4	No. 40	4	No. 70	4	No.100	1
No. 11	3	No. 41	3	No. 71	3	No.101	5
No. 12	4	No. 42	5	No. 72	4	No.102	3
No. 13	1	No. 43	2	No. 73	5	No.103	4
No. 14	2	No. 44	1	No. 74	5	No.104	5
No. 15	5	No. 45	5	No. 75	4	No.105	1
No. 16	1	No. 46	2	No. 76	1	No.106	4
No. 17	4	No. 47	4	No. 77	3	No.107	2
No. 18	3	No. 48	1	No. 78	2	No.108	3
No. 19	5	No. 49	4	No. 79	5	No.109	2
No. 20	2	No. 50	3	No. 80	1	No.110	1
No. 21	2	No. 51	1	No. 81	2	No.111	1
No. 22	5	No. 52	5	No. 82	2	No.112	2
No. 23	3	No. 53	1	No. 83	1	No.113	1
No. 24	3	No. 54	3	No. 84	4	No.114	2
No. 25	1	No. 55	4	No. 85	3	No.115	3
No. 26	4	No. 56	4	No. 86	2	No.116	2
No. 27	5	No. 57	1	No. 87	3	No.117	2
No. 28	1	No. 58	5	No. 88	4	No.118	5
No. 29	2	No. 59	2	No. 89	1	No.119	5
No. 30	5	No. 60	5	No. 90	4	No.120	1

合格ライン

120点中

100点以上

	正答数		誤答数		得点
1回目の結果		−		＝	
2回目の結果		−		＝	
3回目の結果		−		＝	

解 説

令和2年度の国家一般職／税務は，置換＋計算，分類，照合の3形式であった。**検査1**の置換＋計算は，本誌の第1章テーマ6で取り上げている複合問題の基本問題とかなり類似している。**検査2**は基本的には分類の問題であるが，本誌の第1章テーマ6で取り上げている複合問題の実践問題[3]のような工夫がされている。**検査3**は照合の問題であるが，珍しい仕組みが取り入れられている。

【検査1】

手引の列①～⑤にa～eに相当する1ケタの数字が書かれており，指定された列からa～eを置き換えた数字を取り出し，指示された文のとおりに計算した結果を選択肢から答える置換＋計算の問題である。指示の文では，加減乗除の符号は使われず，「足す，引く，掛ける，割る」の言葉が使われているので，頭の中で符号に直して計算するか，符号に書き直してから計算する。また，指示の文ではa～eのすべてが直接使われているとは限らないが，「すべての偶数どうし」などという表現でa～eのすべてを見なければならない場合もあることに気をつけよう。

【検査2】

情報Ⅰ～Ⅳとして示された4つの英文字や数字が，分類表の記号ア，イ，ウのどこに分類されるかを見つけ，4つの記号の並び順を手引の組合せ番号の中から選ぶ問題である。組合せ番号の5は「対応しない」なので，2文字目や3文字目までを見て同じ並び順のものが1つしかないと思っても，そこで正答と判断することは早合点であることに注意しよう。

「情報」と「手引」を用いるところは，複合問題の実践問題[3]と類似している。

【検査3】

12マスの表の中に意味のある日本語の単語が書かれており，二度現れる単語が5組，10マス分ある。残りの2マスは一度しか現れない単語2語である。その単語のあるマスを特定し，その位置と同じ位置にある見本の表の文字2つを選択肢から選ぶ問題である。指定の2マスと見本の表を照合することになるが，前段階として，「一度しか現れない単語」を見つけるという珍しい形式となっている。1つひとつの単語について，二度現れたら斜線などで消していき，残った2単語を○で囲むなどして確実に特定しよう。

地方初級　【平成15年度】

練習問題

190ページからの試験問題を始める前に次の説明をよく読み，やり方を理解してください。試験問題の解答時間は15分です。

【検査Ⅰ】

左の図形と同じもので，向きだけ変えた図形は**1**～**5**のうちどれか。ただし，図形は裏返さないものとする。

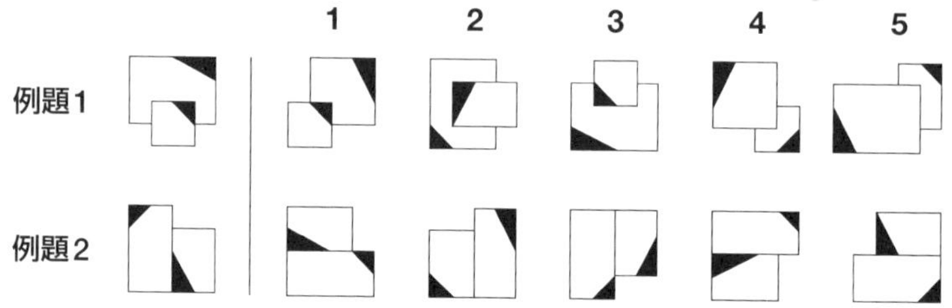

たとえば，**例題1**では，**3**の図形が左の図形と同じものなので，正答は**3**となる。

正　答　　例題1　3　　例題2　4

【検査Ⅱ】

（　　）の中のアルファベット大文字と小文字の組合せを手引に従って数字に置き換え，2ケタの数字を求める。それを式に当てはめて計算し，出た結果の大きい数から小さい数を引いた差を答えよ。ただし，答えは1～5以外にはならない。

（手引）

	a	b	c	d	e
A	3	2	5	4	1
B	1	8	6	3	2
C	2	4	9	7	0
D	0	5	2	6	4
E	6	9	1	3	8

例題3　(Bb　Eb) − (Db　Ab)

例題4　(Aa　Cd) ＋ (De　Bc)

たとえば，**例題3**では，手引に従いBb－8，Eb－9，Db－5，Ab－2に置き換えられるので，式は89－52となり，結果は37。この数の大きい数から小さい数の差は7－3＝4となるので，正答は**4**となる。

正　答　　例題3　4　　例題4　5

【検査Ⅲ】

正本と副本を照合し，異なっている箇所が手引の**1**～**5**のどれに該当するかを答えよ。

【地方初級・平成23年度】

（手引）

1	異なっている字がまったくない
2	ひらがな，カタカナ，漢字のうち1種類が1字異なる
3	ひらがな，カタカナ，漢字のうち1種類が2字以上異なる
4	ひらがな，カタカナ，漢字のうち2種類が1字ずつ以上異なる
5	ひらがな，カタカナ，漢字のうち3種類が1字ずつ異なる

	正　本	副　本
例題5	その初めてのプロジェクトはパーフェクトに実施できた	その初めてのプロジェクトはペーフェクトに実行できる
例題6	パソコンや携帯電話でデータのやり取りが出来る双方向	パソコンや携帯電話がデータのやり取りを出来る双方向

たとえば，**例題5**では，正本と副本を照合すると，パーペ，施ー行，たーる，の3つが異なっており，これは手引の**5**に該当するので，正答は**5**となる。

正　答　　例題5　5　　例題6　3

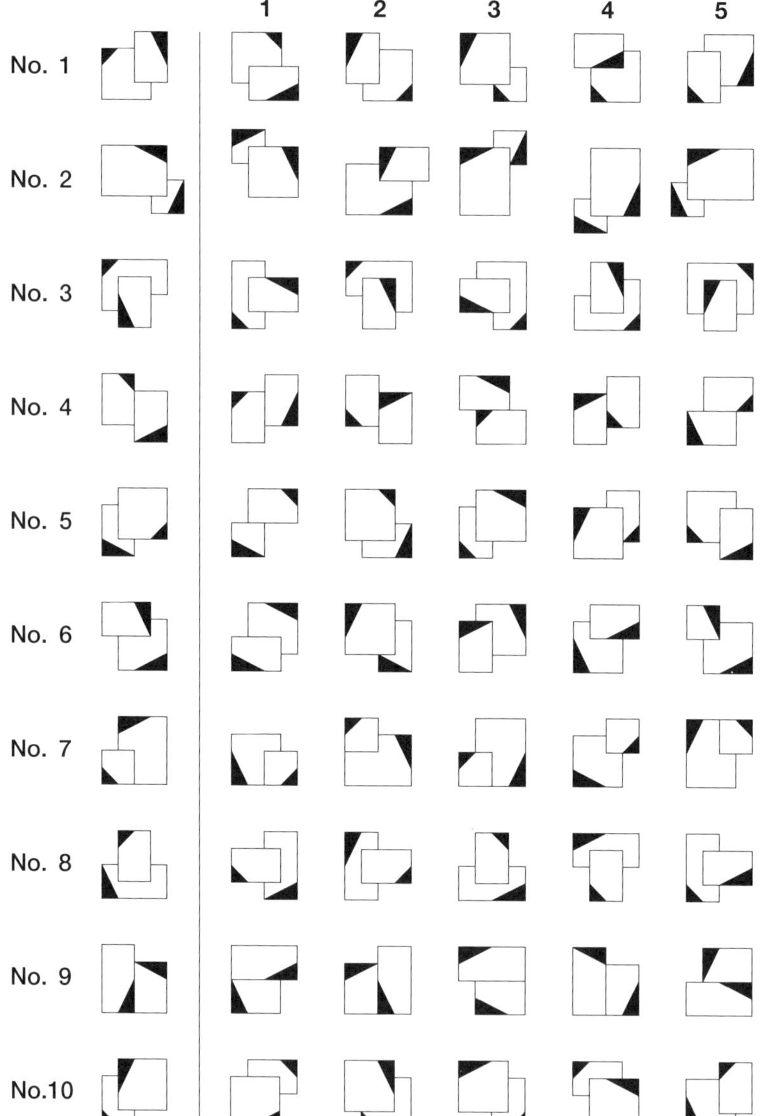
1
2
3
4
5
No. 1
No. 2
No. 3
No. 4
No. 5
No. 6
No. 7
No. 8
No. 9
No.10

（手引）

	a	b	c	d	e
A	4	1	0	5	7
B	2	3	9	1	6
C	5	8	3	2	4
D	0	6	7	8	2
E	3	9	1	6	5

No.11 (Db Ba) − (Bb Ee)
No.12 (Ec Bc) ＋ (Ea Ae)
No.13 (Cb Ed) − (Ad Da)
No.14 (Ae Bd) − (Ba Dd)
No.15 (Ea Ad) ＋ (Be Ac)
No.16 (Dc Ea) − (De Ae)
No.17 (Ca Eb) ＋ (Ab Be)
No.18 (Bc De) − (Cc Ab)
No.19 (Ce Bc) − (Cd Aa)
No.20 (Bd Ea) ＋ (Ad Db)

（手引）

1	異なっている字がまったくない
2	ひらがな，カタカナ，漢字のうち1種類が1字異なる
3	ひらがな，カタカナ，漢字のうち1種類が2字以上異なる
4	ひらがな，カタカナ，漢字のうち2種類が1字ずつ以上異なる
5	ひらがな，カタカナ，漢字のうち3種類が1字ずつ異なる

	正 本	副 本
No.21	携帯メールという新しい言文一致体の登場で日本語は今	携帯メールという新しい言丈一致体の登場が日本語は今
No.22	小麦やサツマイモなどの有機栽培を体験してもらう有料	小麦とサソマイモなどの有機裁培を体験してもらう有料
No.23	ファッションの洗礼を受けてきた団塊の世代はこれまで	ファッションの洗礼を受けていた団塊の世代はこれまで
No.24	身近な避難設備もイラストで分かりやすく説明されてい	身近な避難設備をイラストで分かりやすい説明されてい
No.25	合併後のまちづくりに関するアンケートを来年2月から	合併後のまちづくりに関するアンケートを来年2月から
No.26	開幕1か月前までにキャンセルがあった場合は登録者の	開幕1か月前までにキァンセルがあった場合は登録者の
No.27	ゲーム感覚で遊びながら消防への関心を深めてもらうコ	ゲーム感覚で遊びながら消防への関心を深めてもらうコ
No.28	地元産米を使った純米吟醸酒のラベルの図柄は市内で出	地元産米を使って純米吟譲酒のラベルの図柄に市内で出
No.29	災害発生時にリアルタイムで配信される情報を携帯電話	災害発生時にリアルタイマで配信される情報も携帯電話
No.30	消防車が緊急走行する模様を車の中から映したビデオコ	消防車が緊急走行する横様を車の中から映したビデオコ

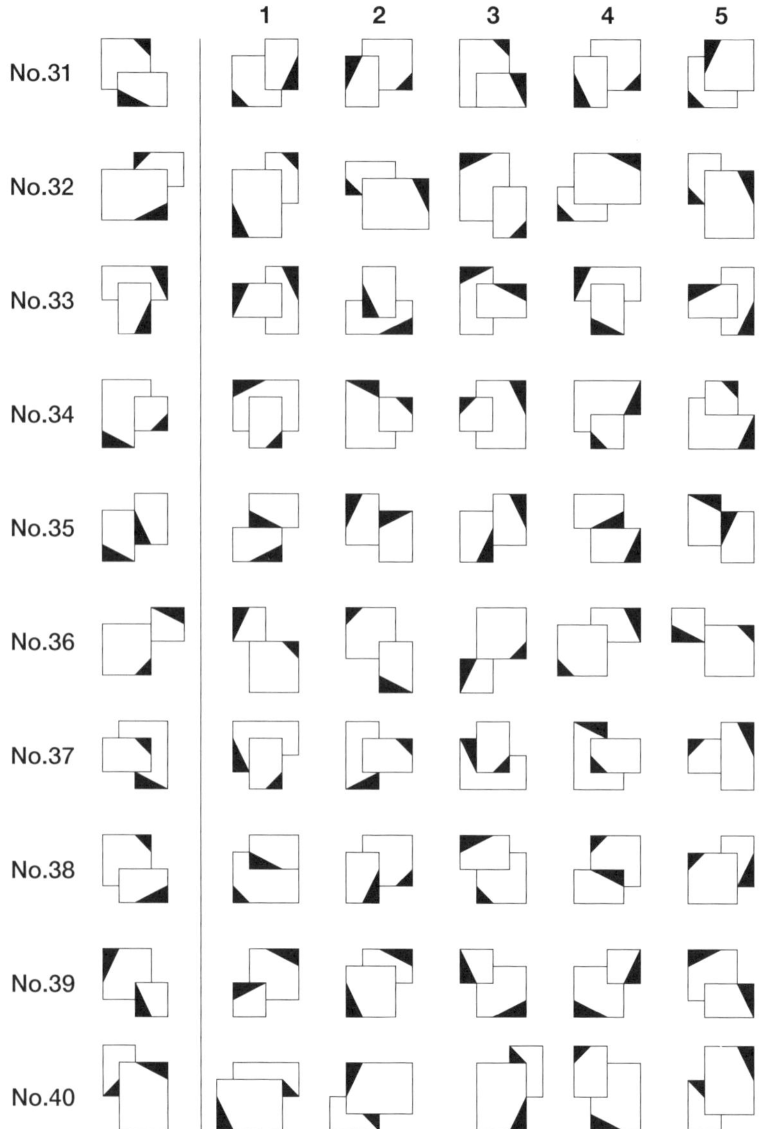

1
2
3
4
5
No.31
No.32
No.33
No.34
No.35
No.36
No.37
No.38
No.39
No.40

（手引）

	f	g	h	i	j
A	5	0	2	8	1
B	1	9	6	3	7
C	8	4	5	0	9
D	9	3	7	4	2
E	0	2	1	6	3

No.41 (Dj　Bh) ＋ (Bi　Df)
No.42 (Bj　Eh) － (Cg　Ei)
No.43 (Eg　Cf) ＋ (Af　Bh)
No.44 (Ch　Ej) － (Ah　Dh)
No.45 (Ai　Ef) － (Bh　Di)
No.46 (Cg　Bi) ＋ (Dj　Bf)
No.47 (Df　Ch) － (Cg　Aj)
No.48 (Ej　Bh) ＋ (Di　Eg)
No.49 (Af　Ci) － (Eh　Cg)
No.50 (Eh　Bj) ＋ (Di　Ah)

（手引）

1	異なっている字がまったくない
2	ひらがな，カタカナ，漢字のうち1種類が1字異なる
3	ひらがな，カタカナ，漢字のうち1種類が2字以上異なる
4	ひらがな，カタカナ，漢字のうち2種類が1字ずつ以上異なる
5	ひらがな，カタカナ，漢字のうち3種類が1字ずつ異なる

	正　本	副　本
No.51	国際経済がグローバル化するためには国際政治秩序が整	国際経済がグローバル化するためには国際政治秩序が整
No.52	題材のインパクトや話題性や地方性の豊かさと結論の広	題林のインパクトや語題性や地元性の豊かさと結論の広
No.53	激しい乱気流のために困難とされていたヒマラヤの空撮	激しい乱気流のために因難とされてきたヒナラヤの空撮
No.54	最大手携帯電話会社がリナックスの採用方針を決めたこ	最大手携帯電話会社がリナックスの採用方針を決めたこ
No.55	オリジナル曲に新たな演出を施して幻想的な空間を作り	オリジナレ曲に新たな演出を施した幻想的な空間に作り
No.56	国際社会におけるネットワークづくりに貢献すべきであ	国際社会におけるネットワークづくりに貴献すべきであ
No.57	楽曲と舞踏を一本化させてストーリー性を生み出してい	楽曲と舞踏を一本化させてストーリー性を生み出してい
No.58	製品を安くしたいメーカーが製品に組み込む動きを加速	製品を安くしたいメーカーと製品に組み込む動きが加速
No.59	卓越したデッサン力や彫刻さながらのボリューム感もこ	卓越したデッナン力や彫劾さながらのボリューム感もこ
No.60	ソプラノ歌手として年間40本のコンサートをこなす多忙	ソプラノ歌手として年間40本のコンサートもこなす多忙

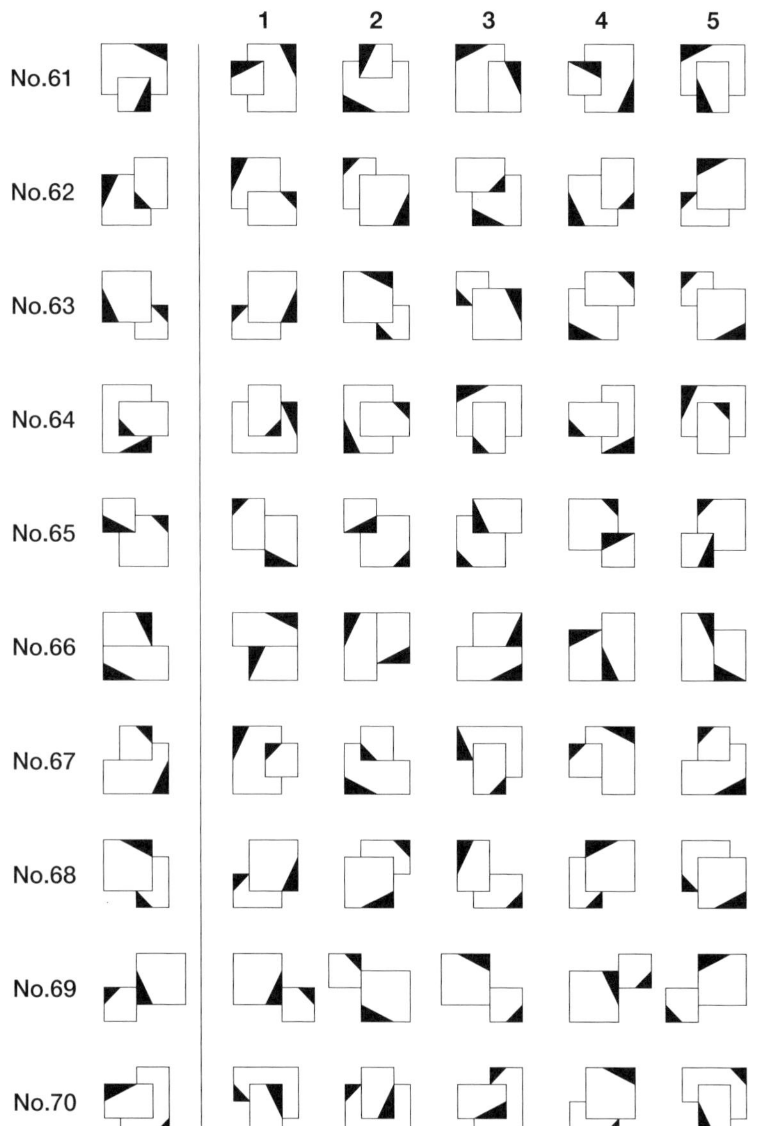

1
2
3
4
5
No.61
No.62
No.63
No.64
No.65
No.66
No.67
No.68
No.69
No.70

（手引）

	k	l	m	n	o
A	3	5	6	9	2
B	7	4	1	8	0
C	2	0	3	7	5
D	5	8	4	0	1
E	9	1	2	3	6

No.71 (Bn Eo) − (Dm An)
No.72 (Ao Cn) + (Ak Do)
No.73 (Bk El) − (Ck Am)
No.74 (Cm Bl) + (Dk Em)
No.75 (Bm Ao) + (Eo Dn)
No.76 (Co An) − (Ao El)
No.77 (Em Dk) + (Dm Bn)
No.78 (Ek En) − (Cn Dl)
No.79 (Bl Bo) + (Em An)
No.80 (Am Dl) − (En Bk)

（手引）

1	異なっている字がまったくない
2	ひらがな，カタカナ，漢字のうち1種類が1字異なる
3	ひらがな，カタカナ，漢字のうち1種類が2字以上異なる
4	ひらがな，カタカナ，漢字のうち2種類が1字ずつ以上異なる
5	ひらがな，カタカナ，漢字のうち3種類が1字ずつ異なる

	正　本	副　本
No.81	景気低迷や少子高齢化などの影響で92年上期をピークに	景気底迷や少子高齢化などの影響で92年上期をピークに
No.82	アナログ放送との混信を避けるため電波が込んでいる地	アテログ放送との混乱を避けるため電波が込んでいる地
No.83	シックハウス症候群は建材や接着剤などに含まれる化学	シックハワス症候郡は建材や接着剤などが含まれる化学
No.84	地上デジタルの番組を入り口にしてインターネットで音	地上デジタルの番組を入り口としてインターネットで音
No.85	主原因のホルムアルデヒドを吸着したり光反応で分解し	主原因のホルムアルデセドを吸着したり光友応が分解し
No.86	排ガス規制にともなうトラック販売の法人需要の伸びも	排ガス規列にともなうトラック敗売の法人需要の伸びも
No.87	ブロードバンド回線を使った有料番組配信の動きを加速	ブローズバンド改線を使って有料番組配信の動きを加速
No.88	問題文を記録したフロッピーディスクが正常に作動しな	問題文を記録したフロッピーディスクが正常に作動しな
No.89	工場の統廃合や人員削減などのコスト低減だけでなく商	工場の総廃合や人員削減などのコスト低減だけでない商
No.90	食の安全への取り組みを消費者にアピールするのが狙い	食の安全への取り組みを消費者はアピールするのが狙い

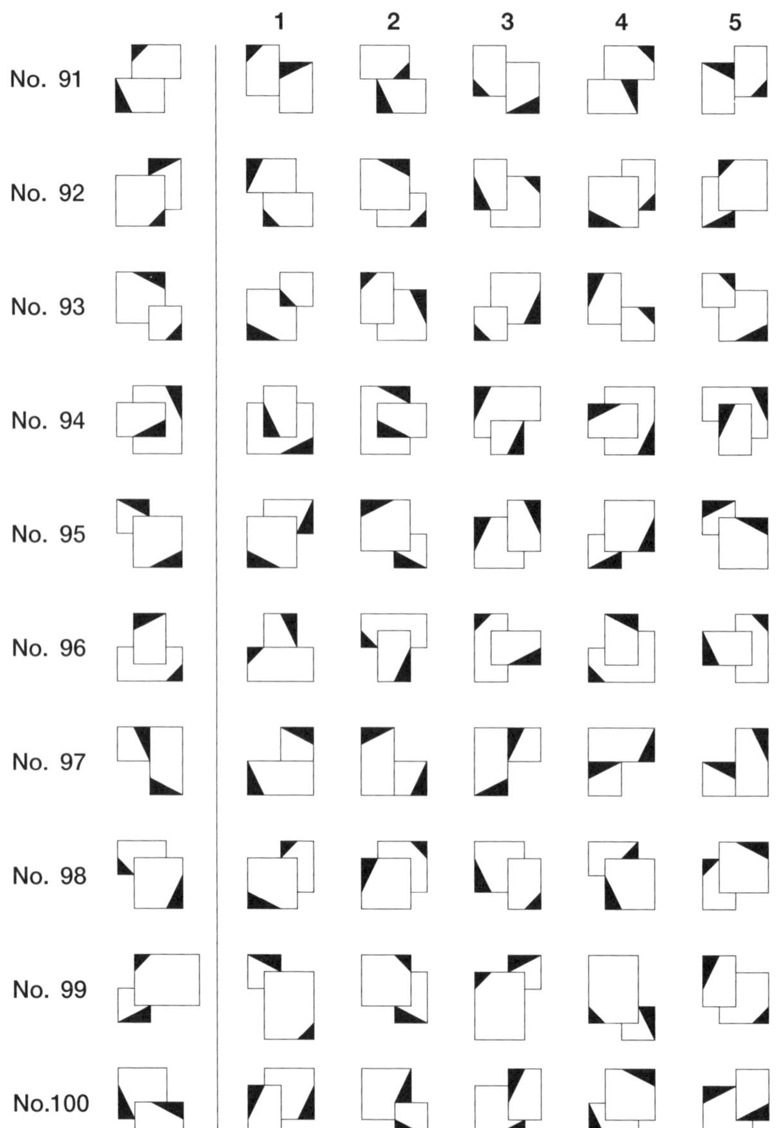
1
2
3
4
5
No. 91
No. 92
No. 93
No. 94
No. 95
No. 96
No. 97
No. 98
No. 99
No.100

（手引）

	p	q	r	s	t
A	1	4	8	3	5
B	3	7	0	2	9
C	6	2	1	4	8
D	4	9	5	6	0
E	2	8	3	1	7

No.101 (Aq Er) − (Cr Eq)
No.102 (Dp Bt) + (As Et)
No.103 (Cp Dt) − (Bs Ds)
No.104 (Ct Ep) − (Ap Br)
No.105 (Es Cp) + (Er Ct)
No.106 (Bs At) + (Dp As)
No.107 (Et Cr) − (At Cp)
No.108 (Bp Dp) + (Ep Bq)
No.109 (Dq Cp) − (Er Ar)
No.110 (Ds Cr) + (Cq As)

（手引）

1	異なっている字がまったくない
2	ひらがな，カタカナ，漢字のうち1種類が1字異なる
3	ひらがな，カタカナ，漢字のうち1種類が2字以上異なる
4	ひらがな，カタカナ，漢字のうち2種類が1字ずつ以上異なる
5	ひらがな，カタカナ，漢字のうち3種類が1字ずつ異なる

	正　本	副　本
No.111	健康志向の中間層の間で数年前からサイクリングが人気	建康志向の中間層の中で数年前からサイクリングが人気
No.112	ボランティア活動でもイベントへの参加でもみんなが森	ボランティア活動でもイバントへの参加にもみんなが森
No.113	無駄を削ぎ落としたシンプルな中に強い個性を感じさせ	無駄を消ぎ落としたシソプルな中に強く個性を感じさせ
No.114	気候の変動はアジアが最も早く影響を受けることが分か	気候の変動にアジアが最も早い影響を受けることが分か
No.115	マラッカ海峡を進む大型タンカーや貨物船が水平線のか	マラッカ海狭を進む大型タンカーや貨物船が水平線のか
No.116	研究業績において世界的に高いランキングを得ているの	研究業積において世界的に高いランキソグを得ていたの
No.117	最先端コンピューターグラフィックスが駆使されて臨場	最先端コンピューターグラソィックスで駆使されて臨場
No.118	豚肉やオレンジジュースなど農産物の市場開放を強く求	豚肉やオレンヂジュースほど農産物の市場関放を強く求
No.119	巨額の開発費を使った作品がヒットするとは限らないが	巨額の開発費を使った作品がヒットするとは限らないが
No.120	市のイベントやスポーツ大会の案内がテレビのデータ放	市のイベントやスポーツ大会の案内をテレビのデータ放

第2章 過去問題編

正 答

No. 1	1	No. 31	2	No. 61	2	No. 91	3
No. 2	4	No. 32	5	No. 62	3	No. 92	5
No. 3	4	No. 33	3	No. 63	3	No. 93	3
No. 4	5	No. 34	5	No. 64	1	No. 94	1
No. 5	2	No. 35	4	No. 65	5	No. 95	2
No. 6	3	No. 36	1	No. 66	2	No. 96	5
No. 7	2	No. 37	4	No. 67	4	No. 97	4
No. 8	1	No. 38	3	No. 68	1	No. 98	1
No. 9	5	No. 39	1	No. 69	4	No. 99	4
No. 10	4	No. 40	2	No. 70	5	No.100	3
No. 11	5	No. 41	1	No. 71	4	No.101	3
No. 12	1	No. 42	3	No. 72	3	No.102	2
No. 13	3	No. 43	4	No. 73	1	No.103	1
No. 14	1	No. 44	4	No. 74	2	No.104	5
No. 15	4	No. 45	5	No. 75	5	No.105	1
No. 16	2	No. 46	2	No. 76	5	No.106	2
No. 17	2	No. 47	1	No. 77	4	No.107	4
No. 18	5	No. 48	1	No. 78	4	No.108	5
No. 19	3	No. 49	3	No. 79	3	No.109	3
No. 20	3	No. 50	4	No. 80	2	No.110	4
No. 21	4	No. 51	1	No. 81	2	No.111	3
No. 22	5	No. 52	3	No. 82	4	No.112	4
No. 23	2	No. 53	5	No. 83	5	No.113	5
No. 24	3	No. 54	1	No. 84	2	No.114	3
No. 25	1	No. 55	4	No. 85	5	No.115	2
No. 26	2	No. 56	2	No. 86	3	No.116	5
No. 27	1	No. 57	1	No. 87	5	No.117	4
No. 28	4	No. 58	3	No. 88	1	No.118	5
No. 29	4	No. 59	4	No. 89	4	No.119	1
No. 30	2	No. 60	2	No. 90	2	No.120	2

合格ライン

120 点中

90 点以上

	正答数		誤答数		得点
1回目の結果		−		＝	
2回目の結果		−		＝	
3回目の結果		−		＝	

解説

平成15年度の地方初級は図形把握，置換＋計算＋計算，照合＋分類の3形式であった。計算問題の作業の内容，手順が少し変わっているので十分注意してほしい。

【検査Ⅰ】

2つの図形が重なっていたり，対で1つの図形となっている場合，どちらか1つの図形を基準にする。問題の図形の場合，黒塗り部分も含めてどちらか把握しやすい図形を基準にして，その図形が回転した形としてありえるもので選択肢を絞り，残りの図形との位置関係で正答を導く。たとえば**例題1**では，下記の長方形を基準とする。この長方形が回転した形で，**3**が正しいとわかるだろう。

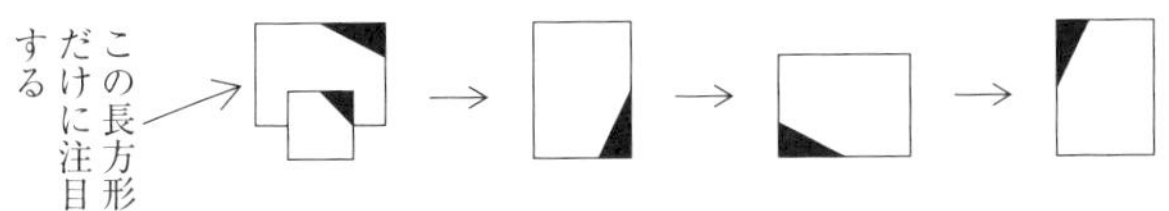

【検査Ⅱ】

問題文をよく読んで，どういう作業をどういう手順でしていくのかを十分理解してから取り組むこと。縦・横の手引なので，指と鉛筆を用いて，アルファベットを正しく数字に置き換え，2ケタの数字にして明記する。**例題4**では，37＋46＝83。「その結果の一の位の3が正答⁉」などと勘違いしないこと。83をさらに大きい数8と小さい数3にして，その差8－3＝5で，正答は**5**となるのだ。作業のしかたを間違えると，誤った答えとなってしまう。「置き換えた数で2ケタの数字を作る」，「2ケタの数字の大きい数から小さい数の差を求める」といった問題は今後もいろいろな試験で用いられると予想されるので，十分練習しておきたい。

【検査Ⅲ】

地方初級で平成23年度にも同じ問題が出題されている。手引の内容が意外と紛らわしいので，最初に十分理解しておいてほしい。指と鉛筆で正本と副本の文字を1文字ずつ押さえながら丁寧に照らし合わせ，異なる文字に○印等をつけていく。最後まで慎重に照合してから○印等のついた文字を手引に従って分類していく。手引の内容ばかりが気になって，「カタカナと漢字が異なっているから，正答は**4**だ」と早とちりしてしまったり，「ひらがなが異なっているから，次は漢字……」などと勝手に思い込んだりしないこと。照合はひたすら左右の文字だけに集中していきたい。

問題 12

地方初級 【平成22年度】

練習問題

202ページからの試験問題を始める前に次の説明をよく読み，やり方を理解してください。試験問題の解答時間は15分です。

【検査Ⅰ】

左の図形と同じで向きだけ変えたものが，右側の5つの中に1つだけある。それを探して，その番号と同じ位置にマークせよ。ただし，図形は裏返さないものとする。

例題1  | 1  2  3  4  5 

たとえば，**例題1**では，左の図形と同じで向きだけ変わっているのは**5**の図形なので，正答は**5**となる。

正　答　例題1　5

【検査Ⅱ】

与えられたアルファベット大文字を羅列順どおりに手引の表に従ってアルファベット小文字に置き換えたとき，いくつ正しく置き換えられているかを調べ，その数と同じ位置にマークせよ。

〈類題：地方初級・平成元，3，4，12年度〉

（手引）

J	C	M	X
D	K	R	E
N	P	A	H
W	G	Z	U

er	jx	fu	kd
gw	pz	ah	yi
id	ft	kg	mb
nb	ch	js	ov

例題2　A　J　P　E　W　　js　er　yi　ft　nb

たとえば，**例題2**では，J-er，W-nbの2つが正しく置き換えられているので，正答は**2**となる。

正　答　例題2　2

【検査Ⅲ】

次の式が成り立つために□に入る2ケタの数を求め，その十の位の数と一の位の数の差（絶対値）を求め，その数と同じ位置にマークせよ。ただし，答えは1～5以外にならない。

【国家Ⅲ種・平成17年度】

〈類題：地方初級・平成17，23，25年度／市役所・平成23年度〉

例題3　□－6＝72÷3＋17

たとえば，**例題3**では，式が成り立つために□に当てはまる数は，72÷3＋17＋6で47となる。47の十の位の数と一の位の数の差（絶対値）は3なので，正答は**3**となる。

正　答　　例題3　3

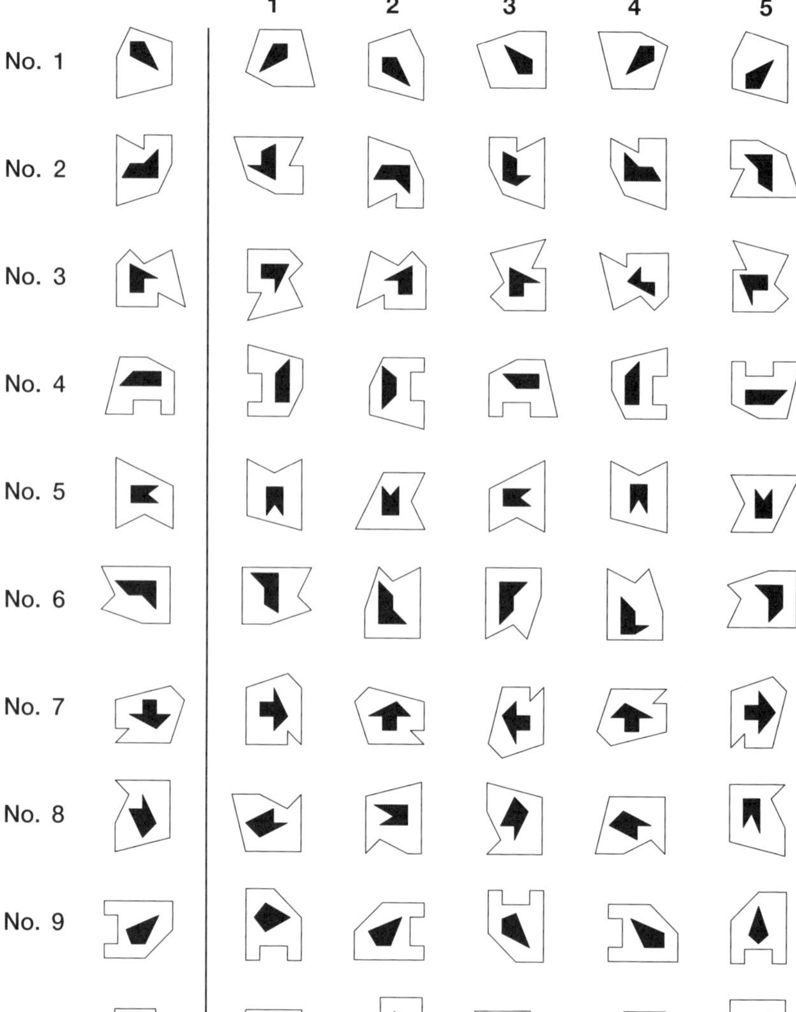
1
2
3
4
5
No. 1
No. 2
No. 3
No. 4
No. 5
No. 6
No. 7
No. 8
No. 9
No.10

（手引）

F	T	N	J
L	O	E	A
B	S	V	P
Y	I	Q	D

ps	la	iu	vd
bj	eq	zn	kf
tm	yn	hs	ro
xl	ur	cp	wg

No.										
No.11	J	V	L	E	I	vd	hs	eq	bj	ur
No.12	O	F	D	S	A	eq	ps	wg	yn	kf
No.13	T	P	Y	N	Q	ur	ro	tm	vd	cp
No.14	I	E	P	B	O	xl	iu	ro	bj	yn
No.15	N	Q	J	A	F	iu	cp	vd	zn	ps
No.16	V	T	S	L	D	hs	ps	tm	yn	ro
No.17	Y	B	N	F	E	tm	xl	iu	ps	eq
No.18	D	J	O	I	S	wg	kf	zn	ur	yn
No.19	Q	L	V	Y	P	cp	bj	hs	xl	ro
No.20	B	N	A	J	T	tm	vd	ro	iu	la

No.21 □×3＝54－36÷3

No.22 4＋□＝5×5＋16

No.23 □÷4＝6＋2×4

No.24 □－9＝42÷3＋4

No.25 2×□＝50－9×2

No.26 □÷3＝43＋10－39

No.27 13＋□＝8×6＋18

No.28 □÷2＝41－7×3

No.29 □－7＝60÷3＋16

No.30 11＋□＝9×6－17

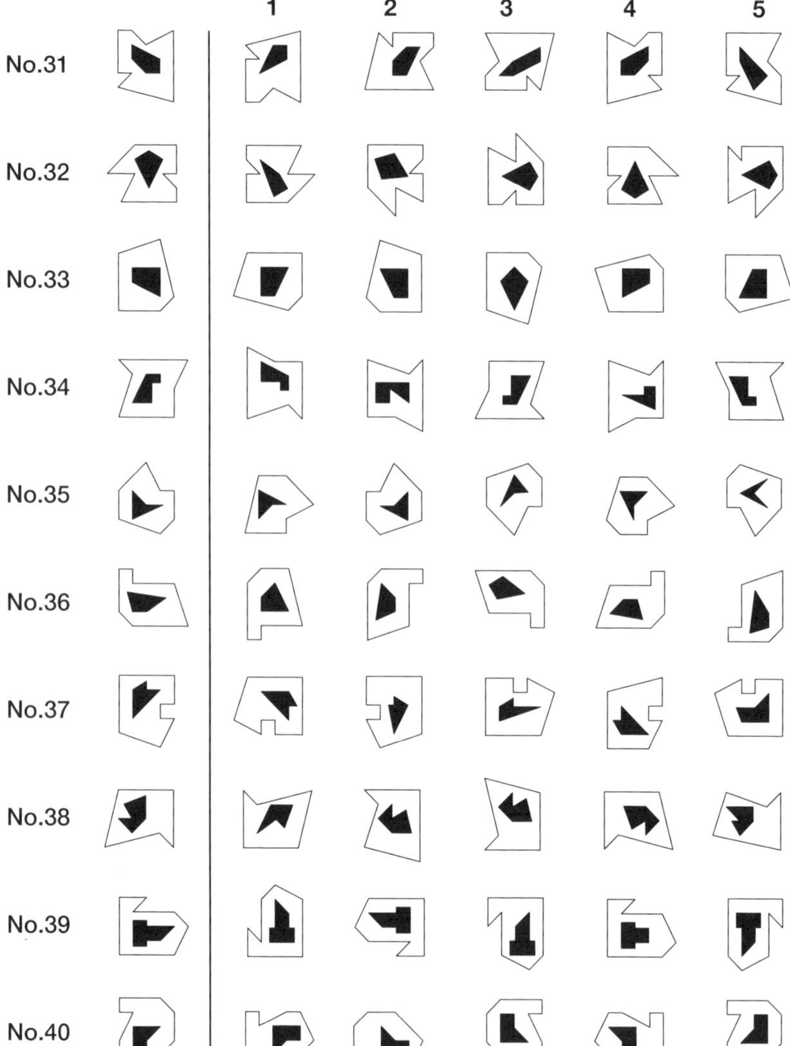
1
2
3
4
5
No.31
No.32
No.33
No.34
No.35
No.36
No.37
No.38
No.39
No.40

〔手引〕

I	W	M	A
F	Q	U	R
C	S	G	Z
K	B	H	D

fu	lx	qr	ez
pd	gi	mt	bn
om	vf	ks	yp
ia	hc	rj	wg

No.41	W	Z	R	H	S	lx	wg	mt	hc	ks
No.42	Q	A	I	C	K	pd	qr	fu	ia	om
No.43	B	U	G	M	F	vf	mt	ks	qr	gi
No.44	I	W	D	U	H	rj	lx	yp	mt	wg
No.45	K	S	A	F	B	hc	vf	ez	pd	hc
No.46	D	C	Z	M	G	wg	om	yp	qr	ks
No.47	R	I	U	D	Q	bn	fu	gi	rj	mt
No.48	G	A	H	B	Z	vf	ez	rj	ia	yp
No.49	M	K	W	I	S	mt	hc	lx	pd	fu
No.50	C	F	B	G	R	om	pd	hc	ks	bn

No.51　6＋□＝8×7－15

No.52　□÷5＝6＋28÷4

No.53　3×□＝52－19＋3

No.54　□－15＝9÷3×12

No.55　□＋8＝6×9－10

No.56　71－□＝46－5×5

No.57　□÷2＝8＋24－17

No.58　32＋□＝60÷4×3

No.59　□－14＝9×7－16

No.60　□÷3＝12＋32÷8

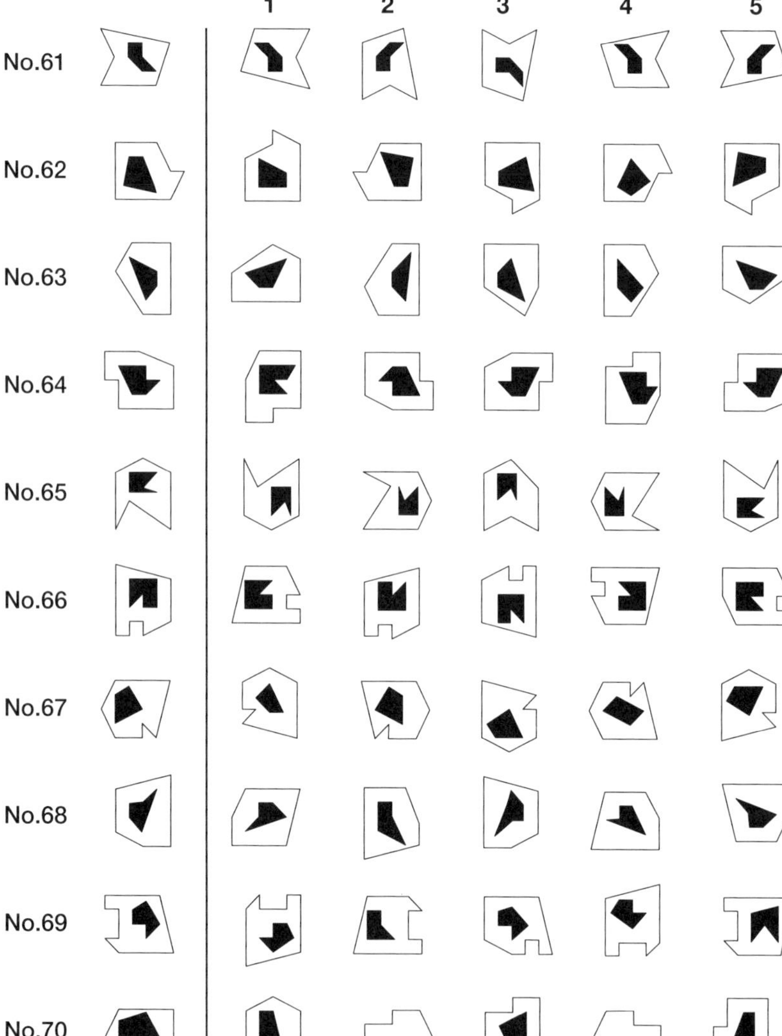
1
2
3
4
5
No.61
No.62
No.63
No.64
No.65
No.66
No.67
No.68
No.69
No.70

（手引）

Z	U	D	S
Q	H	W	K
X	R	Y	C
T	B	G	V

hy	zu	ow	rj
mx	vc	ye	ap
qf	wb	ix	vn
lr	dz	sk	gt

No.71	X	K	H	Y	Q	qf	ap	vc	ix	mx
No.72	R	Z	V	D	C	hy	wb	gt	ow	vn
No.73	U	W	T	G	B	vc	ow	dz	sk	lr
No.74	S	G	K	Q	T	rj	gt	ap	mx	qf
No.75	C	B	H	W	Z	vn	dz	vc	ap	hy
No.76	D	V	R	U	Y	zu	gt	dz	hy	ix
No.77	T	D	X	S	H	lr	rj	gt	ow	vc
No.78	W	R	B	Z	V	ye	wb	dz	hy	gt
No.79	G	C	S	R	K	ix	vn	ye	mx	rj
No.80	Y	U	Q	B	X	sk	zu	hy	dz	qf

No.81 43－□＝42÷2＋6

No.82 □÷9＝25－7×3

No.83 □＋16＝6×8－5

No.84 3×□＝14＋39－8

No.85 □÷2＝7＋3×3

No.86 8＋□＝4×16＋11

No.87 □÷3＝15＋34－41

No.88 53－□＝4×14÷2

No.89 □＋7＝76－8×3

No.90 2×□＝64÷4×5

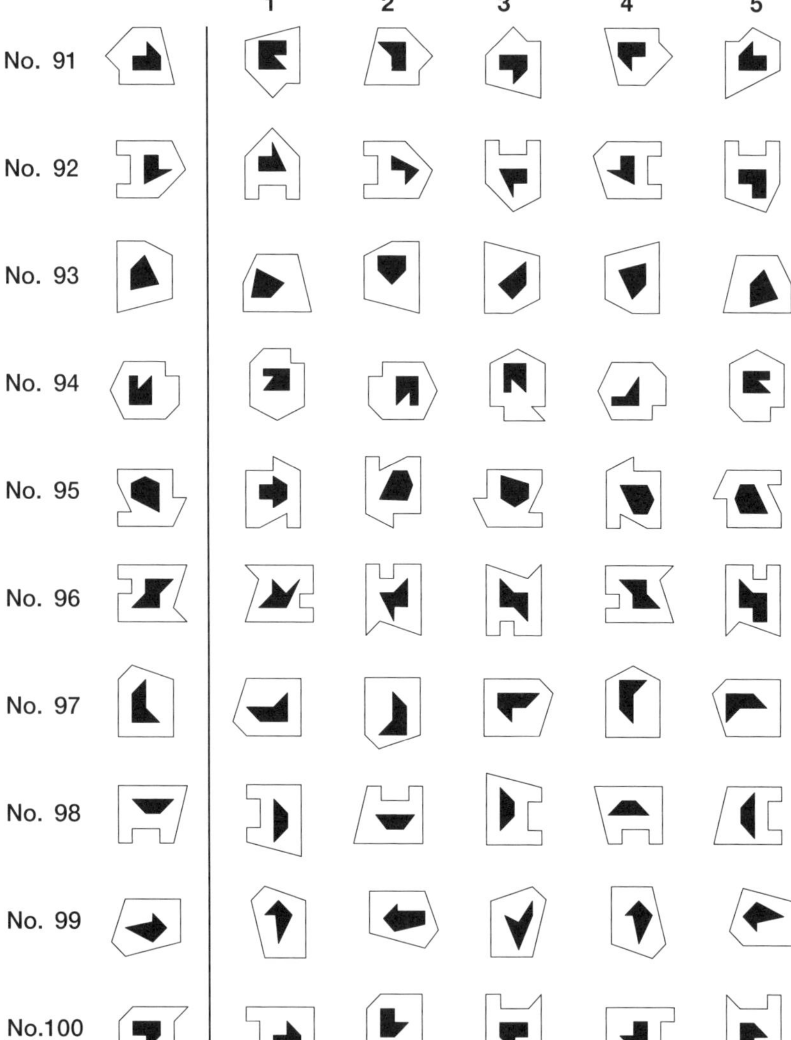
1
2
3
4
5
No. 91
No. 92
No. 93
No. 94
No. 95
No. 96
No. 97
No. 98
No. 99
No.100

（手引）

E	P	V	G
N	X	J	O
I	L	T	C
R	D	Y	M

sc	hi	qk	ny
je	aw	gb	xp
rm	uk	cn	dl
zv	ta	fo	jh

No.101	P	I	Y	T	N	hi	uk	cn	fo	je
No.102	O	R	V	M	J	je	zv	qk	jh	gb
No.103	E	L	C	X	G	sc	cn	dl	uk	ny
No.104	D	P	O	N	T	ta	hi	xp	je	cn
No.105	V	G	M	E	X	ny	qk	jh	sc	je
No.106	C	D	J	Y	L	dl	ta	gb	fo	uk
No.107	N	O	I	V	R	aw	xp	rm	gb	zv
No.108	D	E	G	J	M	fo	je	ny	cn	dl
No.109	I	X	T	R	P	rm	gb	fo	zv	jh
No.110	L	V	C	G	Y	uk	qk	xp	ny	fo

No.111 □÷4＝39－6×3
No.112 51－□＝13＋44÷2
No.113 □×3＝7×9＋30
No.114 6＋□＝65－3×4
No.115 □÷3＝27＋34－43
No.116 □－29＝13×24÷8
No.117 2×□＝83－3×5
No.118 □－17＝6×9＋2
No.119 8＋□＝25＋4×8
No.120 □÷2＝14×3－10

正答

No.	正答	No.	正答	No.	正答	No.	正答
No. 1	4	No. 31	2	No. 61	1	No. 91	4
No. 2	5	No. 32	3	No. 62	5	No. 92	3
No. 3	1	No. 33	5	No. 63	1	No. 93	4
No. 4	5	No. 34	3	No. 64	2	No. 94	5
No. 5	2	No. 35	4	No. 65	4	No. 95	2
No. 6	3	No. 36	5	No. 66	4	No. 96	3
No. 7	4	No. 37	1	No. 67	3	No. 97	1
No. 8	1	No. 38	3	No. 68	5	No. 98	3
No. 9	3	No. 39	1	No. 69	1	No. 99	4
No. 10	3	No. 40	2	No. 70	2	No.100	5
No. 11	3	No. 41	1	No. 71	5	No.101	2
No. 12	5	No. 42	1	No. 72	3	No.102	4
No. 13	2	No. 43	3	No. 73	1	No.103	3
No. 14	1	No. 44	2	No. 74	3	No.104	5
No. 15	4	No. 45	4	No. 75	4	No.105	2
No. 16	1	No. 46	5	No. 76	2	No.106	5
No. 17	2	No. 47	2	No. 77	2	No.107	3
No. 18	3	No. 48	3	No. 78	5	No.108	1
No. 19	5	No. 49	1	No. 79	1	No.109	2
No. 20	2	No. 50	5	No. 80	3	No.110	4
No. 21	3	No. 51	2	No. 81	5	No.111	4
No. 22	4	No. 52	1	No. 82	3	No.112	5
No. 23	1	No. 53	1	No. 83	5	No.113	2
No. 24	5	No. 54	4	No. 84	4	No.114	3
No. 25	5	No. 55	3	No. 85	1	No.115	1
No. 26	2	No. 56	5	No. 86	1	No.116	2
No. 27	2	No. 57	3	No. 87	2	No.117	1
No. 28	4	No. 58	2	No. 88	3	No.118	4
No. 29	1	No. 59	5	No. 89	1	No.119	5
No. 30	4	No. 60	4	No. 90	4	No.120	2

合格ライン

120点中

90 点以上

	正答数		誤答数		得点
1回目の結果		−		＝	
2回目の結果		−		＝	
3回目の結果		−		＝	

解説

平成22年度の地方初級は，図形把握，置換，計算＋計算の3形式であった。置換形式はどうしても時間がかかってしまう問題なので，図形把握，計算でスピードアップを図りたい。

【検査Ⅰ】

目新しい図形である。1つの図形として見てしまうと把握しにくい。中の黒い図形，外枠の図形，どちらか自分で特徴をつかみやすい図形にまず注目し，その図形の有無で選択肢を絞り，残りの図形の形，位置等と関連づけて選択肢を決定していくとよいだろう。

たとえば**例題1**の場合，中の黒い図形が矢印のようなので，その図形に注目すると，**4**は除外される。さらに，矢印の先が向く位置の外枠の部分が└＿直角になっていることに注目すると，**1**，**3**は除外され，**2**は線の長さが異なるので，**5**が正答とわかる。また，最初に外枠の直角になっている部分に注目すると，それが回転してあり得るのは，**4**と**5**で，**4**は中の黒い図形が異なるので，**5**が正答とわかる。自分の把握しやすい部分に注目し，うまく，素早く正答を導いていきたい。

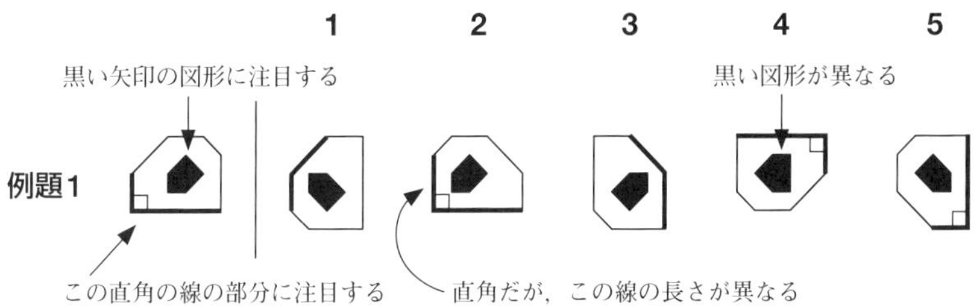
1
2
3
4
5
黒い矢印の図形に注目する
黒い図形が異なる
例題1
この直角の線の部分に注目する
直角だが，この線の長さが異なる

【検査Ⅱ】

地方初級では頻出の文字の置換問題である。1文字ずつ文字と手引を見比べて，正しいものに○印等をつけていくとよい。根気のいる作業である。集中を切らさず丁寧に，かつ素早く取り組んでいきたい。

【検査Ⅲ】

左辺だけに空欄があるので，まず，右辺の計算だけをして，その結果を書き出しておくと左辺の空欄の数値を求めるときに混乱しない。空欄に入る数値の「一の位を求める」のではなく，「数値の十の位と一の位の数の差（絶対値）を求める」ということを忘れずに。検査Ⅱで時間がかかる分，計算でスピードアップを図りたい。

問題13 地方初級 【平成25年度】

練習問題

214ページからの試験問題を始める前に次の説明をよく読み，やり方を理解してください。試験問題の解答時間は15分です。

【検査Ⅰ】

左の図形と同じで向きだけ変えたものが，右側の5つの中に1つだけある。それを探して，その番号と同じ位置にマークせよ。ただし，図形は裏返さないものとする。

例題1　1　2　3　4　5

たとえば，**例題1**では，左の図形と同じで向きだけが変わっているのは**2**の図形なので，正答は**2**となる。

正　答　　例題1　2

【検査Ⅱ】

次の文字の羅列について，語群に含まれる文字と同じものがいくつあるかを調べ，その数と同じ番号の位置にマークせよ。

（語群）

種	主	朱	酒	手
首	趣	守	取	殊

例題2　殊腫守諏酒

たとえば，**例題2**では，語群に含まれる文字は，「殊」，「守」，「酒」の3つなので，正答は**3**となる。

正　答　　例題2　3

【検査Ⅲ】

次の数式が成り立つために□に入る数値を求め，その数値がある番号の位置にマークせよ。

【国家Ⅲ種・平成17年度】
〈類題：地方初級・平成17，22，23年度／市役所・平成23年度〉

	1	**2**	**3**	**4**	**5**
例題3　10×13÷□＝26	2	3	4	5	6

たとえば，**例題3**では，数式が成り立つために□に入る数値は5で，これは**4**の位置にあるので，正答は**4**となる。

正　答　　**例題3　4**

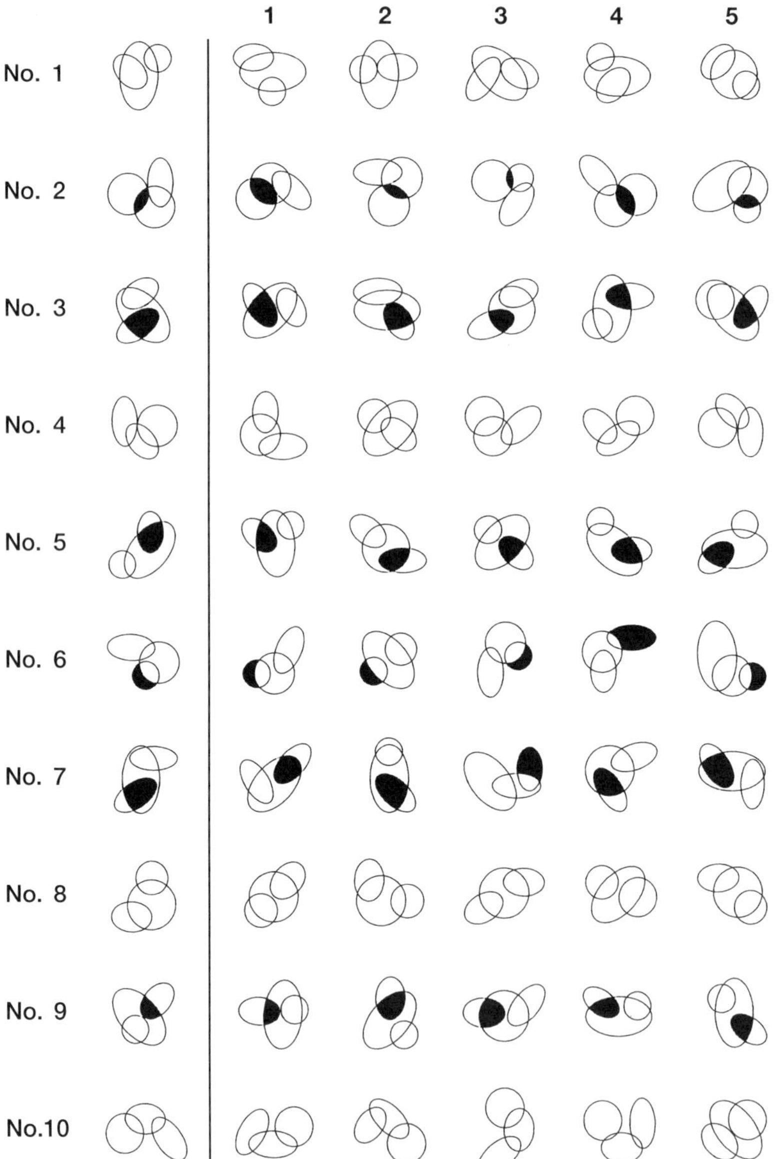
1
2
3
4
5
No. 1
No. 2
No. 3
No. 4
No. 5
No. 6
No. 7
No. 8
No. 9
No.10

（語群）

兼	見	建	研	権
券	件	検	圏	堅

No.11　権券憲研謙
No.12　健件堅県倹
No.13　圏研券兼権
No.14　剣賢献建嫌
No.15　見憲軒巻堅
No.16　券献兼研検
No.17　建倹県謙憲
No.18　堅権圏軒健
No.19　件券見兼険
No.20　献県研賢権

		1	2	3	4	5
No.21	352÷□＝44	5	6	7	8	9
No.22	65－□×3＝32	9	10	11	12	13
No.23	□×14÷4＝84	24	22	20	18	16
No.24	42÷3×□＝70	8	7	6	5	4
No.25	234÷□＝26	5	6	7	8	9
No.26	□＋7×8＝71	16	15	14	13	12
No.27	38－□÷2＝29	18	20	22	24	26
No.28	□×4＝68	15	16	17	18	19
No.29	36＋3×□＝60	6	7	8	9	10
No.30	54÷□＋15＝33	9	8	6	4	3

		1	2	3	4	5
No.31						
No.32						
No.33						
No.34						
No.35						
No.36						
No.37						
No.38						
No.39						
No.40						

（語群）

装	宋	創	走	相
層	送	壮	草	総

No.41　装草送相層
No.42　総宗走早荘
No.43　想僧装倉奏
No.44　争創聡曹窓
No.45　層走宋捜草
No.46　蒼装壮相僧
No.47　送早想宗総
No.48　宋層創走装
No.49　相荘総草送
No.50　走奏争装宋

		1	2	3	4	5
No.51	36×□÷3＝84	5	6	7	8	9
No.52	72－14×□＝16	5	4	3	2	1
No.53	198÷□＋39＝57	8	9	10	11	12
No.54	□×3＝78	16	18	24	26	28
No.55	39＋□－15＝41	17	16	15	14	13
No.56	□×18－29＝79	8	7	6	5	4
No.57	64÷□×13＝52	4	8	12	14	16
No.58	81－□×4＝33	15	14	13	12	11
No.59	352÷□＝16	22	24	26	28	32
No.60	□×15－37＝38	3	4	5	6	7

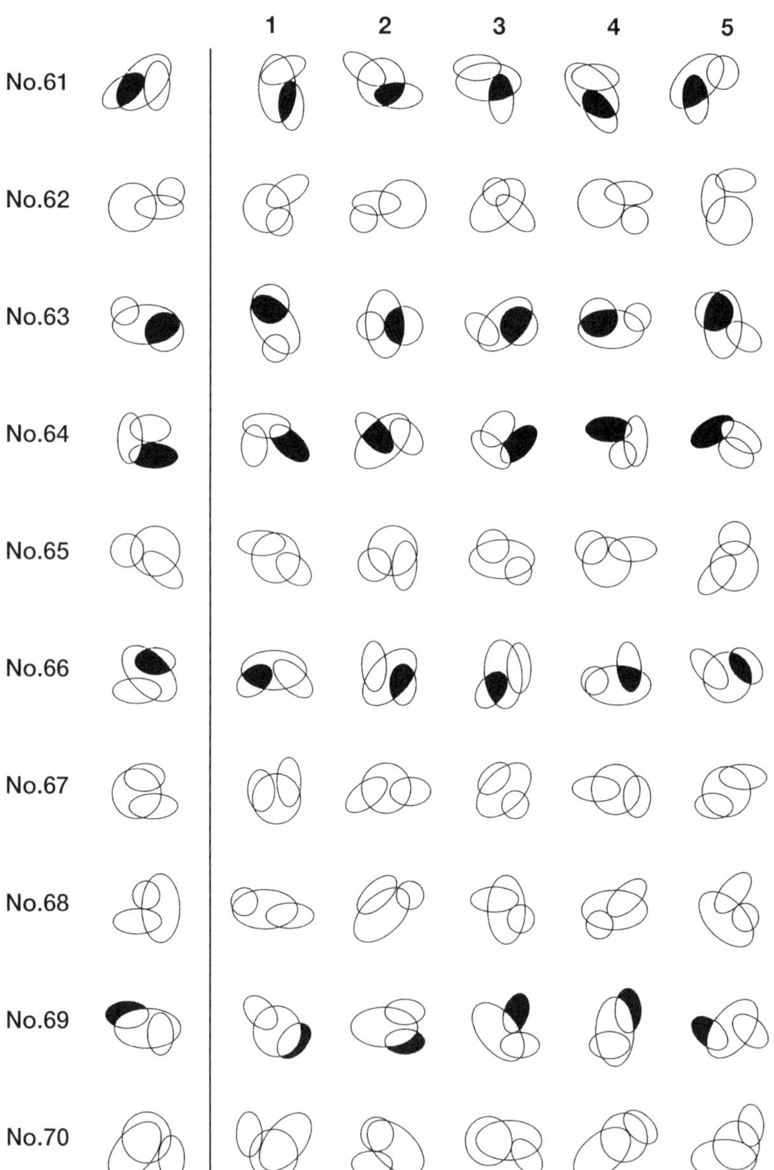
1
2
3
4
5
No.61
No.62
No.63
No.64
No.65
No.66
No.67
No.68
No.69
No.70

（語群）

伸	診	浸	森	心
新	臣	進	真	神

No.71　臣心診紳真
No.72　神深親進侵
No.73　森伸臣神診
No.74　信審進辛身
No.75　振新寝森侵
No.76　診伸心臣神
No.77　親進森審真
No.78　心臣神深伸
No.79　身寝信診進
No.80　伸森紳慎臣

		1	2	3	4	5
No.81	322÷□＝23	14	13	12	11	10
No.82	□×19－48＝66	5	6	7	8	9
No.83	47＋60÷□＝59	2	3	4	5	6
No.84	□×26÷4＝78	16	15	14	13	12
No.85	315÷□＝45	9	8	7	6	5
No.86	7×13－□＝63	32	31	30	29	28
No.87	91－□×6＝19	13	12	11	10	9
No.88	□×8－27＝85	12	13	14	15	16
No.89	68－126÷□＝50	7	8	9	10	11
No.90	22×□÷4＝33	4	5	6	7	8

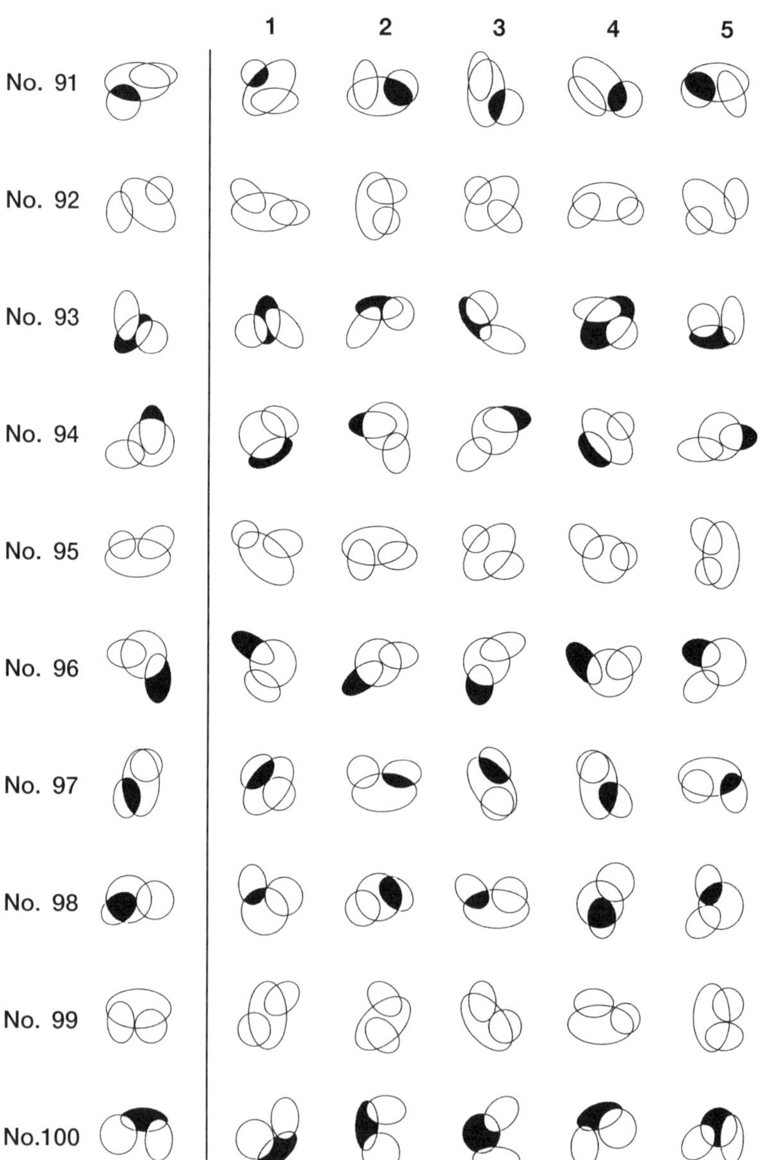
1
2
3
4
5
No. 91
No. 92
No. 93
No. 94
No. 95
No. 96
No. 97
No. 98
No. 99
No.100

（語群）

功	講	弘	杭	考
後	洪	幸	光	紅

No.101　抗後購広巧
No.102　交弘孝幸紅
No.103　光厚効行洪
No.104　考高香弘好
No.105　紅後杭幸講
No.106　降向光攻広
No.107　幸考行弘紅
No.108　洪香講効向
No.109　更弘孝杭後
No.110　功光後紅幸

		1	2	3	4	5
No.111	13×□＋25＝77	3	4	5	6	7
No.112	196÷□＝28	5	6	7	8	9
No.113	53－4×□＝37	8	7	6	5	4
No.114	60÷□＋19＝24	12	10	6	5	3
No.115	□＋28÷4＝43	33	34	35	36	37
No.116	258÷□＝86	2	3	4	5	6
No.117	29＋2×□＝55	15	14	13	12	11
No.118	□×16÷2＝72	6	7	8	9	10
No.119	144÷□＋13＝61	12	6	4	3	2
No.120	336÷□＝42	4	5	6	7	8

正答

No.	正答	No.	正答	No.	正答	No.	正答
No. 1	4	No. 31	1	No. 61	4	No. 91	3
No. 2	2	No. 32	5	No. 62	2	No. 92	5
No. 3	1	No. 33	4	No. 63	1	No. 93	1
No. 4	5	No. 34	3	No. 64	3	No. 94	2
No. 5	4	No. 35	5	No. 65	5	No. 95	5
No. 6	3	No. 36	3	No. 66	2	No. 96	4
No. 7	5	No. 37	4	No. 67	1	No. 97	3
No. 8	2	No. 38	2	No. 68	5	No. 98	4
No. 9	1	No. 39	2	No. 69	4	No. 99	5
No. 10	3	No. 40	3	No. 70	1	No.100	2
No. 11	3	No. 41	5	No. 71	4	No.101	1
No. 12	2	No. 42	2	No. 72	2	No.102	3
No. 13	5	No. 43	1	No. 73	5	No.103	2
No. 14	1	No. 44	1	No. 74	1	No.104	2
No. 15	2	No. 45	4	No. 75	2	No.105	5
No. 16	4	No. 46	3	No. 76	5	No.106	1
No. 17	1	No. 47	2	No. 77	3	No.107	4
No. 18	3	No. 48	5	No. 78	4	No.108	2
No. 19	4	No. 49	4	No. 79	2	No.109	3
No. 20	2	No. 50	3	No. 80	3	No.110	5
No. 21	4	No. 51	3	No. 81	1	No.111	2
No. 22	3	No. 52	2	No. 82	2	No.112	3
No. 23	1	No. 53	4	No. 83	4	No.113	5
No. 24	4	No. 54	4	No. 84	5	No.114	1
No. 25	5	No. 55	1	No. 85	3	No.115	4
No. 26	2	No. 56	3	No. 86	5	No.116	2
No. 27	1	No. 57	5	No. 87	2	No.117	3
No. 28	3	No. 58	4	No. 88	3	No.118	4
No. 29	3	No. 59	1	No. 89	1	No.119	4
No. 30	5	No. 60	3	No. 90	3	No.120	5

合格ライン

120点中

90 点以上

	正答数		誤答数		得点
1回目の結果		－		＝	
2回目の結果		－		＝	
3回目の結果		－		＝	

解説

平成25年度の地方初級は，図形把握，照合，計算の3形式であった。国家一般職／税務では近年，図形把握は出題されていないが，地方初級，市役所では出題されるので，地方公務員を希望する場合は図形把握も押さえておきたい。

【検査Ⅰ】

図形把握は与えられた図形の特徴を捉え，該当しないものを消去していく。例題では大きな楕円と一回り小さな楕円と円という3つの図形の位置関係の特徴を頭に入れて，図形を見てみよう。

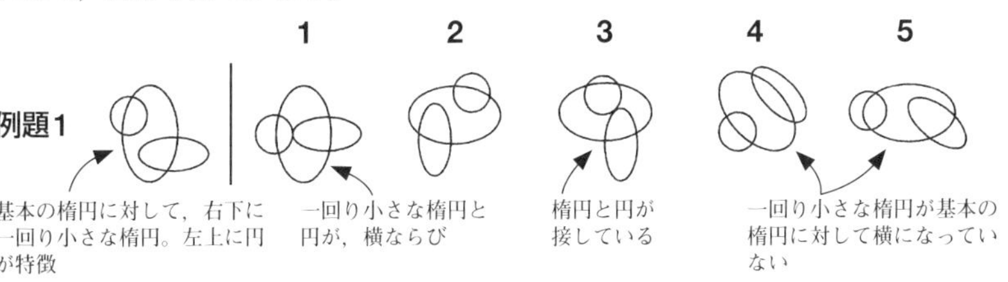
1
2
3
4
5
例題1
基本の楕円に対して，右下に一回り小さな楕円。左上に円が特徴
一回り小さな楕円と円が，横ならび
楕円と円が接している
一回り小さな楕円が基本の楕円に対して横になっていない

残る**2**が正答となる。

【検査Ⅱ】

照合する語群が漢字，ひらがな，カタカナ，英文字，数字など，照合問題はさまざまな文字で出題される。解き方は簡単だが，例題のように音読みがすべて同じになる漢字である場合，文字を暗記して照合するのは難しい。その場合は，訓読みにして照合するのも1つの方法である。例題の「殊」は「こと（さら）」，「腫」は「は(れ)」として照合してみる。1文字ずつ照合するのも1つの方法だが，できれば2，3文字まとめて語群と照合できれば時間短縮になる。

【検査Ⅲ】

平成17年度国家Ⅲ種，平成17，22，23年度地方初級，平成23年度市役所と頻出の計算問題である。空欄補充の計算問題は，計算自体は簡単な四則演算であるので，正確に素早く解答することで得点を稼ぎやすい。計算できる部分は先に計算し，移項できる部分は移項して式を単純化して計算する。例題の「10×13÷□＝26」の場合，計算できる部分「10×13＝130」を先に計算し「130÷□＝26」と，まず単純化するのがコツ。移項すると加⇔減，乗⇔除と変わることも覚えておこう。

10×13÷□＝26
　130÷□＝26
　　　□＝130÷26
　　　□＝5

問題14 市役所 【平成23年度】

練習問題

《注意事項》 1. 問題は，検査Ⅰ，Ⅱ，Ⅲの3種類の検査で構成されており，それぞれ10問，10問，5問ずつ交互に出題され，全部で100問です。各検査の解答のしかたについては，下の説明をよく読んで理解してください。

2. 試験問題（226ページより）の解答時間は10分です。

【検査Ⅰ】

次のひらがな群のうち，すべて手引の中のひらがなだけで構成されているものを**1**～**5**から選んで答えよ。 【地方初級・平成2年度】

（手引） あ ゆ さ ら も き

	1	**2**	**3**	**4**	**5**
例題1	さあま	ゆおら	もゆき	ゆちあ	もさち
例題2	ちらゆ	もきめ	ろあさ	きさり	らもあ

たとえば，**例題1**では，手引の中のひらがなだけで構成されているのは，**3**の「もゆき」なので，正答は**3**である。

正 答 例題1 **3** 例題2 **5**

【検査Ⅱ】

左の図形と同じで向きだけ変えたものを**1**～**5**から選んで答えよ。ただし，図形は裏返さないものとする。 【地方初級・平成元，19年度】

		1	**2**	**3**	**4**	**5**
例題3						
例題4						

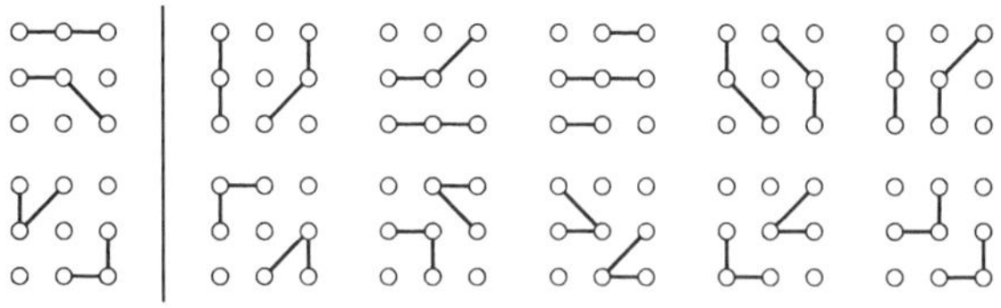

たとえば，**例題3**では，左の図形と同じで向きだけ変えた図形は**5**の図形なので，正答は**5**である。

正 答 例題3 **5** 例題4 **1**

【検査Ⅲ】

次の数式が成り立つために□に入る数字を答えよ。ただし，数字は1～5以外にはならない。

〈類題：国家Ⅲ種・平成17年度／地方初級・平成17，22，23，25年度〉

例題5　60÷□－8＝7

例題6　13＋4×□＝21

たとえば，**例題5**では，数式が成り立つために□に入る数字は4なので，正答は**4**である。

正　答　　例題5　4　　例題6　2

(手引) | す む な れ と ひ |

	1	2	3	4	5
No. 1	とわむ	ひすた	なひす	ことな	れむつ
No. 2	ひなと	むはれ	とせれ	なすね	るひす
No. 3	れむそ	とひこ	れいと	ひけむ	となれ
No. 4	すこれ	なりむ	すなね	れとら	むすひ
No. 5	なれま	めとす	むひと	こなす	ひたむ
No. 6	むてひ	れむな	ひすぬ	わひな	すれこ
No. 7	ひすこ	なとら	てむな	むとれ	まとひ
No. 8	とらな	むひす	なそひ	すにむ	えすれ
No. 9	なむひ	れとよ	すろむ	りひれ	なはと
No.10	れてす	ひぬと	むとな	はむす	とれら

	1	2	3	4	5
No.11					
No.12					
No.13					
No.14					
No.15					
No.16					
No.17					
No.18					
No.19					
No.20					

No.21 $54 \div \square + 9 = 27$

No.22 $14 + 6 \times \square = 44$

No.23 $\square \times 12 - 13 = 35$

No.24 $43 - \square \times 3 = 28$

No.25 $15 \times 4 \div \square = 20$

（手引）

めつはそりお

	1	2	3	4	5
No.26	そめお	りほつ	めうは	ありそ	はおち
No.27	はせり	おぬは	そりら	はつめ	つあそ
No.28	めつそ	はいお	りゆめ	そまり	めよお
No.29	おほつ	そらめ	めりう	おそわ	りつは
No.30	りつあ	おえり	つそは	よおそ	そねり
No.31	まおり	つおめ	そあお	そはら	りおけ
No.32	そぬつ	あはそ	りえほ	めりつ	そいめ
No.33	りよそ	めおら	はめり	つあは	つふお
No.34	おめけ	はつり	ゆおそ	よりお	めはう
No.35	そりら	つめと	いはお	めりあ	おつそ

		1	2	3	4	5
No.36						
No.37						
No.38						
No.39						
No.40						
No.41						
No.42						
No.43						
No.44						
No.45						

No.46 $39+36\div\square=51$
No.47 $24\times\square\div2=12$
No.48 $52-3\times\square=37$
No.49 $\square\times12\div3=16$
No.50 $17+\square\times13=43$

(手引) | る た え の よ ふ |

	1	2	3	4	5
No.51	ふまえ	のふる	えによ	のこふ	たよそ
No.52	たゆる	そよの	るのた	えによ	ふめる
No.53	のよは	えふた	ふろの	たする	そえの
No.54	えこる	ろえの	よたそ	ふのえ	めよた
No.55	ふたの	よふそ	にのる	よたら	すふえ
No.56	のえま	たのろ	そよす	にのえ	るのふ
No.57	よらた	ふにえ	たるめ	のふた	よそる
No.58	たえめ	のるす	よそふ	たよら	えふの
No.59	ふのそ	よえた	のゆる	にふえ	ふたら
No.60	たるよ	えあふ	そたよ	るのす	にるえ

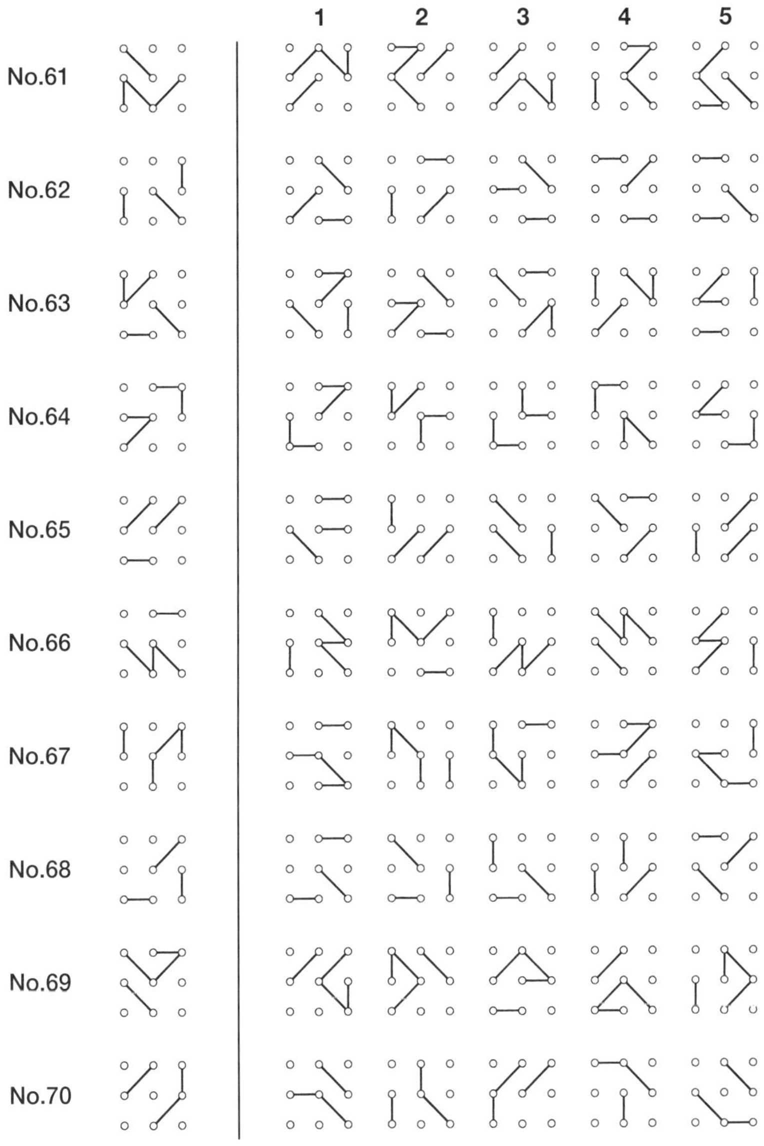

		1	2	3	4	5
No.61						
No.62						
No.63						
No.64						
No.65						
No.66						
No.67						
No.68						
No.69						
No.70						

No.71 $42 \div \square + 18 = 32$

No.72 $\square + 6 \times 7 = 43$

No.73 $53 - 40 \div \square = 45$

No.74 $14 \times \square - 19 = 37$

No.75 $\square \times 18 \div 3 = 12$

（手引） て う や ほ わ み

	1	2	3	4	5
No.76	わてな	らみほ	やつみ	ほわや	うほそ
No.77	みほれ	わまみ	ほうて	みとう	ろやて
No.78	つわみ	てうや	わやは	うほれ	やふみ
No.79	はうや	わろほ	てみう	やむて	らほう
No.80	てみら	うやね	みほさ	わはう	みわて
No.81	わまう	てみほ	むうて	ほやれ	せうや
No.82	みやて	らてわ	やみは	うゆて	ほわつ
No.83	れほみ	やうよ	ほやす	てみや	わろて
No.84	やすう	とほや	うてみ	わらほ	みゆわ
No.85	うてま	ほそわ	みらや	むみう	てやほ

		1	2	3	4	5
No.86						
No.87						
No.88						
No.89						
No.90						
No.91						
No.92						
No.93						
No.94						
No.95						

No. 96　37 − □ × 6 = 13

No. 97　□ × 12 ÷ 3 = 20

No. 98　26 + 8 × □ = 42

No. 99　48 ÷ □ − 9 = 7

No.100　57 − 7 × □ = 22

正 答

No.	正答	No.	正答	No.	正答	No.	正答
No. 1	3	No. 26	1	No. 51	2	No. 76	4
No. 2	1	No. 27	4	No. 52	3	No. 77	3
No. 3	5	No. 28	1	No. 53	2	No. 78	2
No. 4	5	No. 29	5	No. 54	4	No. 79	3
No. 5	3	No. 30	3	No. 55	1	No. 80	5
No. 6	2	No. 31	2	No. 56	5	No. 81	2
No. 7	4	No. 32	4	No. 57	4	No. 82	1
No. 8	2	No. 33	3	No. 58	5	No. 83	4
No. 9	1	No. 34	2	No. 59	2	No. 84	3
No. 10	3	No. 35	5	No. 60	1	No. 85	5
No. 11	4	No. 36	2	No. 61	2	No. 86	3
No. 12	5	No. 37	3	No. 62	4	No. 87	2
No. 13	1	No. 38	5	No. 63	3	No. 88	1
No. 14	3	No. 39	1	No. 64	4	No. 89	4
No. 15	5	No. 40	1	No. 65	3	No. 90	3
No. 16	2	No. 41	4	No. 66	5	No. 91	1
No. 17	1	No. 42	3	No. 67	1	No. 92	4
No. 18	4	No. 43	4	No. 68	3	No. 93	5
No. 19	5	No. 44	2	No. 69	1	No. 94	2
No. 20	3	No. 45	5	No. 70	5	No. 95	4
No. 21	3	No. 46	3	No. 71	3	No. 96	4
No. 22	5	No. 47	1	No. 72	1	No. 97	5
No. 23	4	No. 48	5	No. 73	5	No. 98	2
No. 24	5	No. 49	4	No. 74	4	No. 99	3
No. 25	3	No. 50	2	No. 75	2	No.100	5

合格ライン

100点中

90 点以上

	正答数		誤答数		得点
1回目の結果		−		=	
2回目の結果		−		=	
3回目の結果		−		=	

解説

平成23年度の市役所は，照合，図形把握，計算の3形式であった。どれも過去の地方初級で出題された形式で，解きやすい問題である。満点をとるつもりで臨みたい。

【検査Ⅰ】

地方初級・平成2年度で同じ形式の問題が出題されている。地方初級では，「手引のひらがなだけで構成されているのはいくつあるか」という問いだったが，今回はどれか1つを見つけ出せばよいので，比較的解きやすい。手引を見ながら選択肢の3文字「さあま，ゆおら…」と順番に見て，手引と同じ文字に✓印をつけていく。3文字すべてに✓印がついたら，正答番号を記入してさっさと次の問題にとりかかること。ひらがなの見間違いやすいもの（29ページ参照）に十分注意したい。

【検査Ⅱ】

地方初級・平成元，19年度に同じ図形が出題されている。

これも，自分で把握しやすい線，特徴ある線に注目して選択肢を絞っていくとよいだろう。たとえば，**例題3**では「中央の白丸2つを結んで，右斜め下の白丸を結んだ“て”の字のような線」に注目する。**1**は，「中央の白丸2つを結んでいない」，**2**と**4**は「“て”の字ではない」，**3**は，「すべて真っすぐの線で“て”の字の線がない」ので，**5**が正答とわかる。

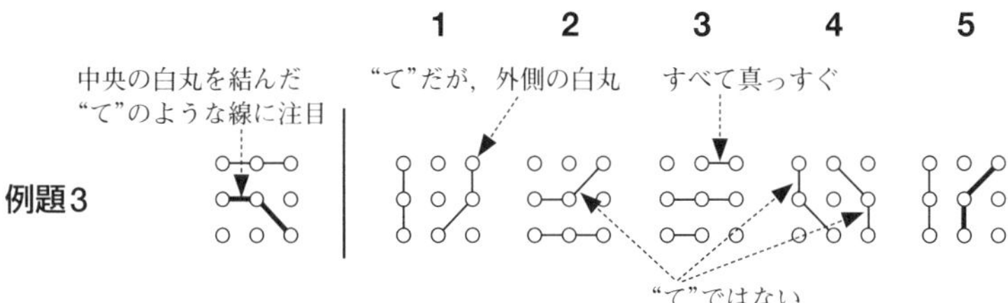

注目する部分は人によってそれぞれ違うだろう。いろいろな図形に当たり，把握のコツをつかんでいってほしい。

【検査Ⅲ】

空欄補充の計算は，近年の地方初級でも頻出である。この問題はごく基本的な空欄補充なので，素早く暗算で正答を求めていきたい。解法のカギは13ページを参照。

市役所 【平成26年度】

練習問題

《注意事項》1. 問題は，検査Ⅰ，Ⅱ，Ⅲの3種類の検査で構成されており，それぞれ10問，10問，5問ずつ交互に出題され，全部で100問です。各検査の解答のしかたについては，下の説明をよく読んで理解してください。

2. 試験問題（242ページより）の解答時間は10分です。

【検査Ⅰ】

左側に示した数字，アルファベット，記号の羅列とすべてが同じものを**1**〜**5**から選んで答えよ。

〈類題：国家Ⅲ種・平成14年度／市役所・平成15年度〉

		1	2	3	4	5
例題1	9k@s74p	6k@s74p	9mas74p	9k@s74p	9k@s74q	9k@s47p
例題2	gw745&f	gw745&f	gw745sf	gm145&f	GW745&f	gw743&f

たとえば，**例題1**では，左の文字列とすべてが同じなのは**3**なので，正答は**3**である。

正　答　　例題1　3　　例題2　1

【検査Ⅱ】

左の図形と同じで向きだけ変えたものを**1**〜**5**から選んで答えよ。ただし，図形は裏返さないものとする。

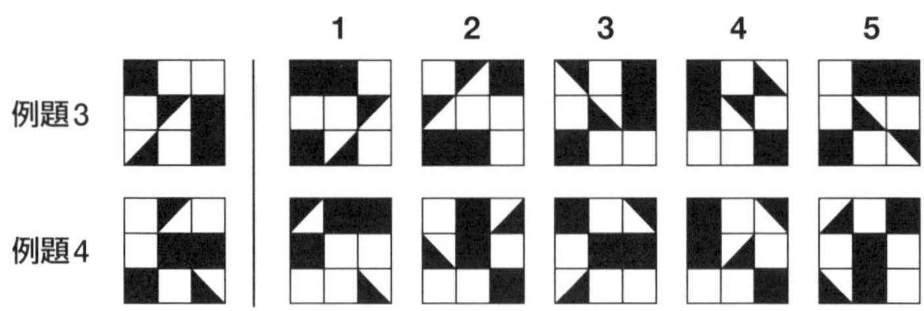

たとえば，**例題3**では，左の図形と同じで向きだけ変えた図形は**5**なので，正答は**5**である。

正　答　　例題3　5　　例題4　2

【検査Ⅲ】

与えられた2つの（　）内の3つの数字について，（左，中，右）と同じ位置に対応する数字の差（絶対値）をそれぞれ求め，求めた数値をすべて足してできる2ケタの数値の十の位の数と一の位の数の差（絶対値）と同じ数の番号を答えよ。 **【市役所・平成16，22年度】**

例題5　（ 10，　7，　3 ）　　（　4，　9，　8 ）
例題6　（　6，　2，14 ）　　（　11，5，　7 ）

たとえば，**例題5**では，（　）内の同じ位置に対応する数字の差（絶対値）は，それぞれ「10－4＝6」，「9－7＝2」，「8－3＝5」となり，その数値をすべて足すと「6＋2＋5＝13」となる。十の位の「1」と一の位の「3」の差（絶対値）は，「3－1＝2」なので，正答は**2**である。

正　答　　例題5　2　　例題6　4

		1	2	3	4	5
No. 1	k3a8＊4d	k3b9＊4d	k3a8＊4b	k3a8＊4d	k3s8＊4d	k3a3$4d
No. 2	8m5f3@s	8m5f3@s	8m5t8@s	8m5g3@s	8n6f3@s	8m5f3@a
No. 3	6#5f9an	6%5f9an	6#5f8bn	6#5f9am	6#5f9an	6%6f9an
No. 4	h4c2!b6	h7c2!b6	h4c2!d8	n4c2!b6	h4d8!b6	h4c2!b6
No. 5	¥k5e6b8	¥r8e6b8	¥k5e6b8	¥k5f6b8	¥k5e6d9	yk5e6b8
No. 6	65cs3!y	65cs3!¥	65cs81y	65es3!y	65cs3!y	56cs3!y
No. 7	2@ef47n	2@ag47n	2@ef47n	2acf47n	2@ef47m	2e@f47n
No. 8	g71#q6a	g71#q6a	g98#q6a	g71#96a	g71#q9@	g71¥q6a
No. 9	45＊av3c	45＊va3c	45＊av8c	45＊av3c	45＊aw6c	44＊av3c
No.10	3a9#1ds	3a9＊1ds	3a9#1bs	8@9#1ds	3a9#7ds	3a9#1ds

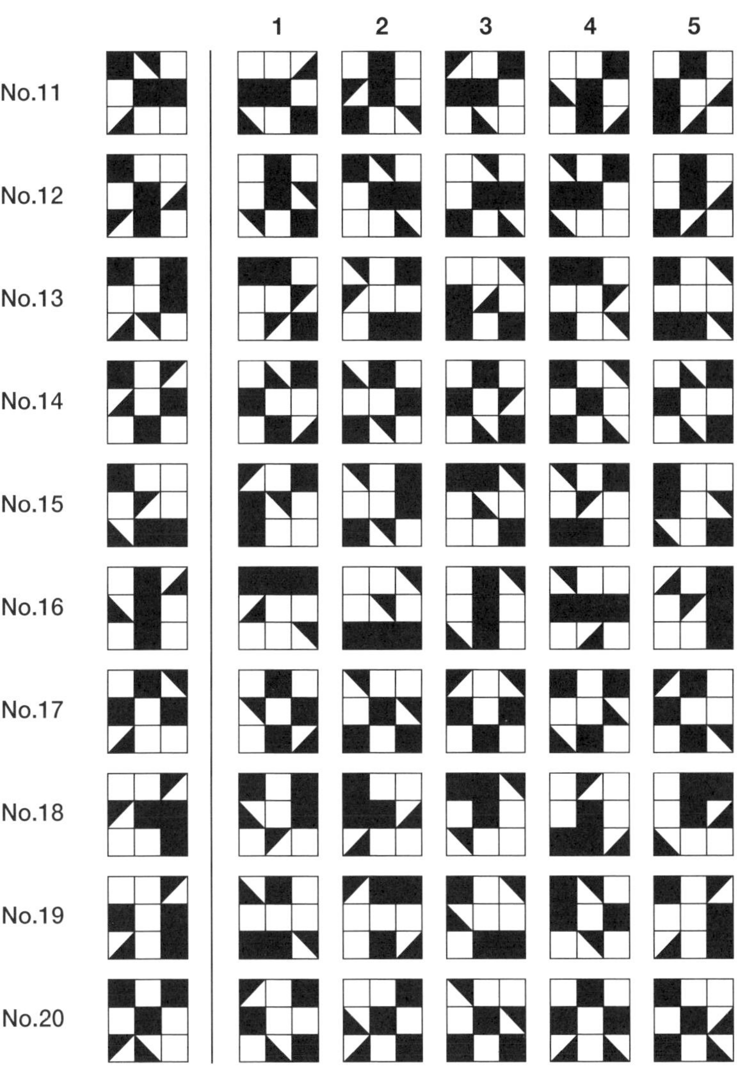
1 2 3 4 5
No.11
No.12
No.13
No.14
No.15
No.16
No.17
No.18
No.19
No.20

No.21	(32, 9, 8)	(24, 16, 7)
No.22	(9, 1, 36)	(6, 23, 29)
No.23	(17, 5, 3)	(13, 2, 9)
No.24	(3, 27, 13)	(8, 24, 6)
No.25	(7, 4, 12)	(2, 17, 5)

		1	2	3	4	5
No.26	4@2¥e6$	4@2¥e6$	4@2¥e6s	4@¥2e6$	4@8¥e6$	7a2¥e6$
No.27	＊a5&81?	＊a5&87?	＊a5%81?	＊5a&81?	＊a5&81?	＊a5s91?
No.28	$6f3#9!	$6f3#91	$6f3#9!	$6f39#!	$6e3#9!	$6f8&9!
No.29	?1b7＊@2	91b7＊@2	?1d9＊@2	?1b7＊a2	?7b1＊@2	?1b7＊@2
No.30	&34g5%?	&43g5%?	&34g5%?	&34g5#?	&34e6%?	s34g5%?
No.31	@9h$2!8	@9hs4!8	q9h$2!8	@9h$2!8	@9$h2!8	@9h¥278
No.32	7c%3¥5&	7c%3¥5&	7e%3¥5&	9o%3¥5&	7c%3y6&	7c%3¥5k
No.33	8?4i$6#	8?4i$%6	84?i$6#	8?41¥6#	8q4i$6#	8?4i$6#
No.34	%1!95d¥	%1!95¥d	%1!94d¥	%1!95b¥	%1!95d¥	%!195d¥
No.35	j@2&78#	j@2$78#	j@2&87#	j@2&78#	g@2&78#	j@2s98#

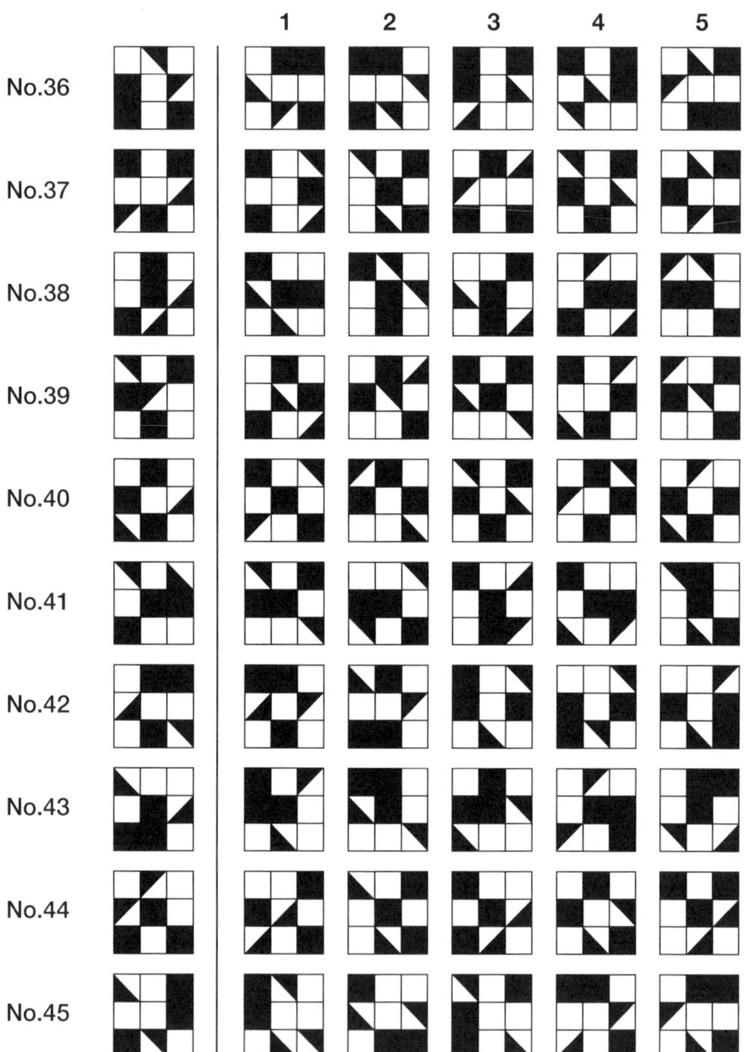
1
2
3
4
5
No.36
No.37
No.38
No.39
No.40
No.41
No.42
No.43
No.44
No.45

No.46	(8, 26, 4)	(3, 18, 7)
No.47	(14, 7, 21)	(9, 2, 5)
No.48	(4, 6, 23)	(6, 7, 12)
No.49	(1, 33, 9)	(8, 21, 4)
No.50	(24, 5, 13)	(15, 9, 3)

		1	2	3	4	5
No.51	8b25&vk	b825&vk	8b25&vk	8b25&wk	8b26&vk	8d25&vy
No.52	1@q7d8w	1a67d8w	1@q7d8v	1@q78dw	1@q7d8w	1@p9d8w
No.53	＊93i2xb	＊93!2xb	＊39i2xb	＊93i2xb	＊93i7kb	¥93i2xb
No.54	p48dc?6	p48dc?8	p48eo?6	p48dc?6	q48dc?6	p84dc?6
No.55	a7r!y21	a7r!y21	a7r!¥21	a7!ry21	@7r!y21	a9c!y21
No.56	36f9e%m	36f9e%n	36f9e%m	3f69e%m	36f9e&m	36f7o%m
No.57	e1#f4s3	e1#f4s3	e1#f3s4	e1#f4s8	f7#f4s3	e1%f4s3
No.58	2z9t＊4g	2zt9＊4g	2z9t＊4q	2z9t#4g	2z9t＊4g	z29t＊4g
No.59	k$1h54n	ks7h54n	k$1h45n	k$1n54n	k$1h54m	k$1h54n
No.60	5m3j7¥u	5m3j7yv	5m3!7¥u	53mj7¥u	5m3y9¥u	5m3j7¥u

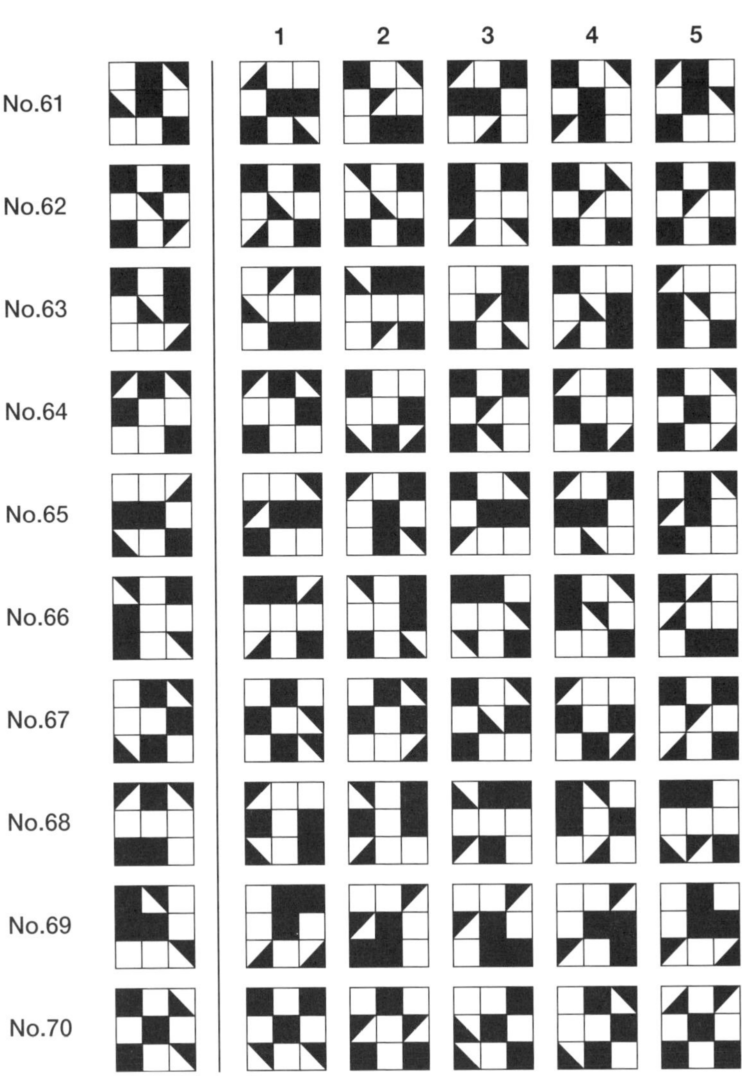
1
2
3
4
5
No.61
No.62
No.63
No.64
No.65
No.66
No.67
No.68
No.69
No.70

No.71	(5, 7, 32)	(10, 16, 30)
No.72	(21, 6, 4)	(16, 2, 1)
No.73	(8, 16, 7)	(3, 9, 10)
No.74	(39, 15, 1)	(31, 5, 7)
No.75	(2, 24, 5)	(6, 15, 4)

		1	2	3	4	5
No.76	!e∗3t#m	!e∗3t#m	!e∗t3#m	ie∗3t#m	!f∗3t#m	!e∗3t$b
No.77	n@?¥7fu	n@¥?7fu	m@?¥7fu	n@?¥7yv	n@?9$fu	n@?¥7fu
No.78	av8¥&d$	ay8¥&d$	av8¥&dq	av¥8&d$	av8¥&d$	av7¥&d$
No.79	1!w#gp%	1!w#gp$	4!w#gp%	1!w#gp%	1!w#jo%	1!#wgp%
No.80	∗9q?e¥b	∗9q?s¥b	∗9q?e¥b	∗q9?e¥b	∗9q?e¥c	∗9q8f¥b
No.81	2f%h@$y	2%fh@$y	2f#h@$y	2f%h@$y	2f%n@$y	2f%h@sv
No.82	&g!#z1r	&g!#z1r	&g!#21r	&g#1z1r	$g!#z1r	&g!#z7y
No.83	c∗4¥%ia	c∗7¥%ia	c∗4¥%!c	c∗4%¥ia	c∗4¥%ia	e∗4¥%ia
No.84	@#js$b5	@#j$sb5	@#js$b5	@#js$6d	@#gs$b5	@#is$b5
No.85	&c?6k!d	&cq9k!d	&c?6kib	&c?k6!d	#c?6k!d	&c?6k!d

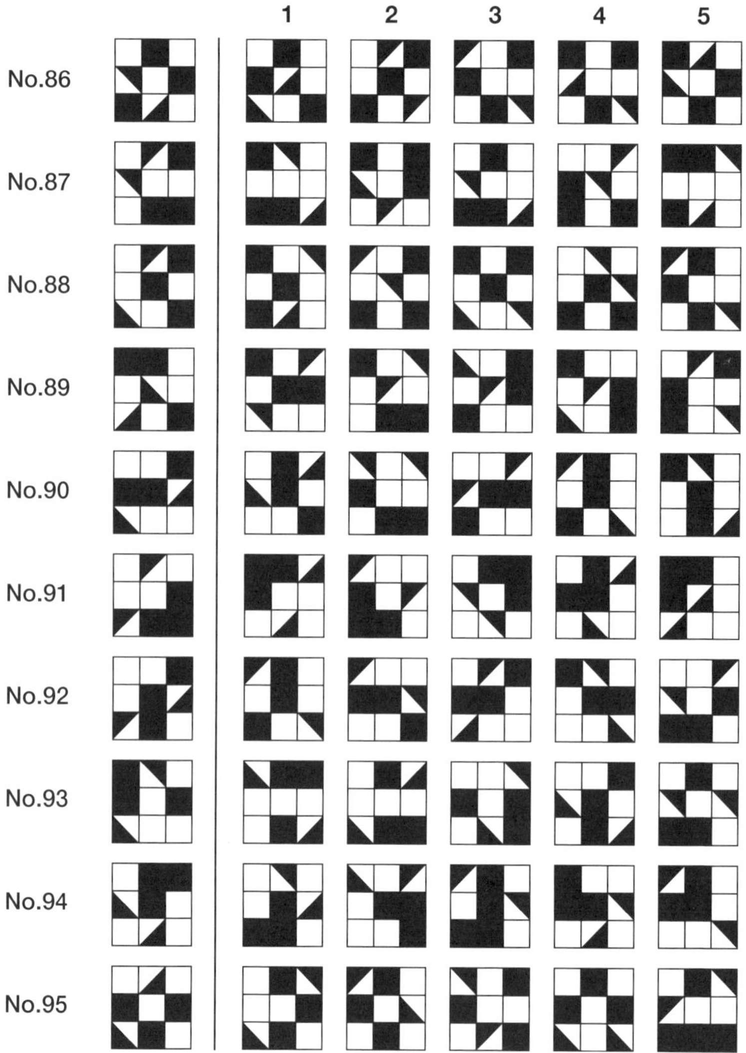
1
2
3
4
5
No.86
No.87
No.88
No.89
No.90
No.91
No.92
No.93
No.94
No.95

No. 96	(6, 17, 8)	(9, 11, 3)
No. 97	(37, 1, 7)	(4, 7, 4)
No. 98	(3, 25, 6)	(10, 14, 9)
No. 99	(18, 9, 15)	(13, 2, 1)
No.100	(4, 27, 11)	(7, 34, 5)

正 答

No.	正答	No.	正答	No.	正答	No.	正答
No. 1	3	No. 26	1	No. 51	2	No. 76	1
No. 2	1	No. 27	4	No. 52	4	No. 77	5
No. 3	4	No. 28	2	No. 53	3	No. 78	4
No. 4	5	No. 29	5	No. 54	3	No. 79	3
No. 5	2	No. 30	2	No. 55	1	No. 80	2
No. 6	4	No. 31	3	No. 56	2	No. 81	3
No. 7	2	No. 32	1	No. 57	1	No. 82	1
No. 8	1	No. 33	5	No. 58	4	No. 83	4
No. 9	3	No. 34	4	No. 59	5	No. 84	2
No. 10	5	No. 35	3	No. 60	5	No. 85	5
No. 11	2	No. 36	5	No. 61	3	No. 86	5
No. 12	3	No. 37	3	No. 62	4	No. 87	2
No. 13	4	No. 38	1	No. 63	5	No. 88	1
No. 14	2	No. 39	2	No. 64	2	No. 89	3
No. 15	1	No. 40	4	No. 65	3	No. 90	5
No. 16	4	No. 41	3	No. 66	1	No. 91	1
No. 17	5	No. 42	2	No. 67	4	No. 92	4
No. 18	2	No. 43	1	No. 68	1	No. 93	3
No. 19	1	No. 44	5	No. 69	2	No. 94	4
No. 20	5	No. 45	4	No. 70	5	No. 95	2
No. 21	5	No. 46	5	No. 71	5	No. 96	3
No. 22	1	No. 47	4	No. 72	1	No. 97	2
No. 23	2	No. 48	3	No. 73	4	No. 98	1
No. 24	4	No. 49	2	No. 74	2	No. 99	4
No. 25	3	No. 50	1	No. 75	3	No.100	5

合格ライン

100点中

90 点以上

	正答数		誤答数		得点
1回目の結果		−		＝	
2回目の結果		−		＝	
3回目の結果		−		＝	

解説

平成26年度の市役所は，照合（類題：平成14年度国家Ⅲ種），図形把握，計算の3形式であった。図形把握は国家一般職／税務では近年出題されていないが，地方初級や市役所では毎年のように出題されている。照合，図形把握，計算問題は頻出形式なので，たくさんの問題を練習し，慣れておくことが大切だ。

【検査Ⅰ】

左側に示された「数字・英字・記号」からなる7文字の羅列と同じものを選択肢から選ぶ問題である。1文字ずつ見るのもよいが，複数文字のかたまりで照合するとよい。**例題1**であれば「キュウ・ケイ・アット・エス」と，3～4文字のかたまりなら暗記して心でつぶやきながら照合できるだろう。そこで異なっている文字があった選択肢には×印などを付けて選択肢を絞り込めば，次の文字のかたまりを照合する時は見ないですむので，時間短縮になる。

【検査Ⅱ】

図形把握は，特徴を捉えて見てみる。**例題3**では，右下の2マスと左上の1マスが黒で塗られている。「右下2左上1」の部分に注目して，図形を上下左右から見ると，選択肢**2**，**4**，**5**が該当する。次に三角形に注目する。

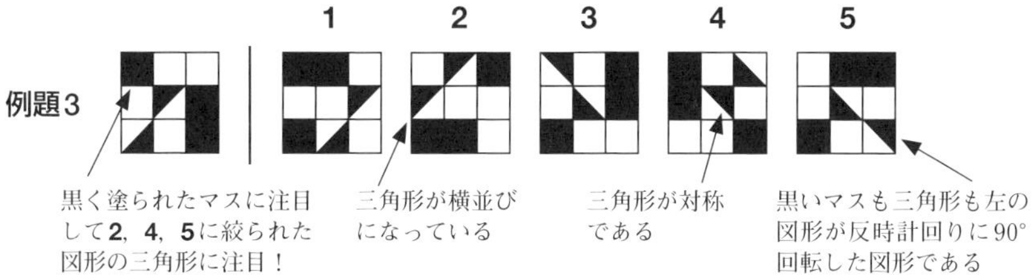

図形は全体で見てしまうとわかりづらいので，部分的に特徴を捉えて消去法で正答を導こう。

【検査Ⅲ】

平成16，22年度の市役所でも出題されている。2つの（　　）内の3つの数字について，同じ位置にある数字同士の差（絶対値）を計算し，出た3つの数字を足して，さらにその数字の一の位と十の位の差（絶対値）を求める問題である。引いて，足して，絶対値の大小の差を求めるという何度も計算をする問題である。計算自体は簡単な四則演算であるので，どれだけ速く計算できるかがポイントだ。簡単な計算ゆえに単純な計算ミスで減点にならないよう落ち着いて計算しよう。左右で対応する数字を引いた絶対値やその3つの数字の合計は，問題用紙の余白に素早くメモしておくと，忘れて再度計算するような無駄は省ける。

問題16

市役所 【令和元年度】

練習問題

258ページからの試験問題を始める前に次の説明をよく読み，やり方を理解してください。試験問題の解答時間は15分です。

【検査Ⅰ】

左の図形と同じで向きだけ変えたものが，右側の5つの中に1つだけある。それを探して，その番号と同じ位置にマークせよ。ただし，図形は裏返さないものとする。　　　　【地方初級・平成17年度／市役所・平成21年度】

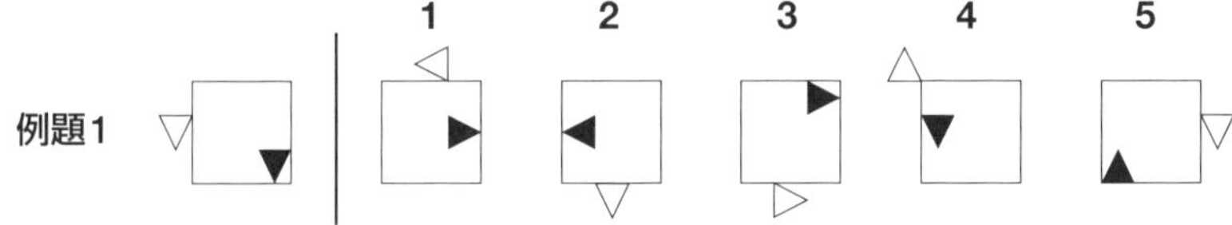

たとえば，**例題1**では，左の図形と同じで向きだけが変わっているのは**3**の図形なので，正答は**3**となる。

正　答　　例題1　3

【検査Ⅱ】

正本と副本の文を見比べて，正本と異なっている文字が副本にいくつあるかを調べ，その数と同じ位置にマークせよ。ただし，異なっている文字は4つまでで，すべて正しい場合は**5**にマークするものとする。

【地方初級・平成17，21年度】

	正　本	副　本
例題2	事業収入の多様化や光ファイバー回線網の整	事業収入の多様化は光ファイバー改線綱の整

たとえば，**例題2**では，「や」→「は」，「回」→「改」，「網」→「綱」の3つの文字が異なっているので，正答は**3**となる。

正　答　　例題2　3

【検査Ⅲ】

次の数式の，◁を足す，▷を引く，としたとき，計算した結果の数の一の位の数と同じ位置にマークせよ。

例題3　12◁56▷24

たとえば，**例題3**では，12◁56▷24は12＋56－24となり，計算結果は44となる。44の一の位は4なので，正答は**4**となる。

正　答　　例題3　4

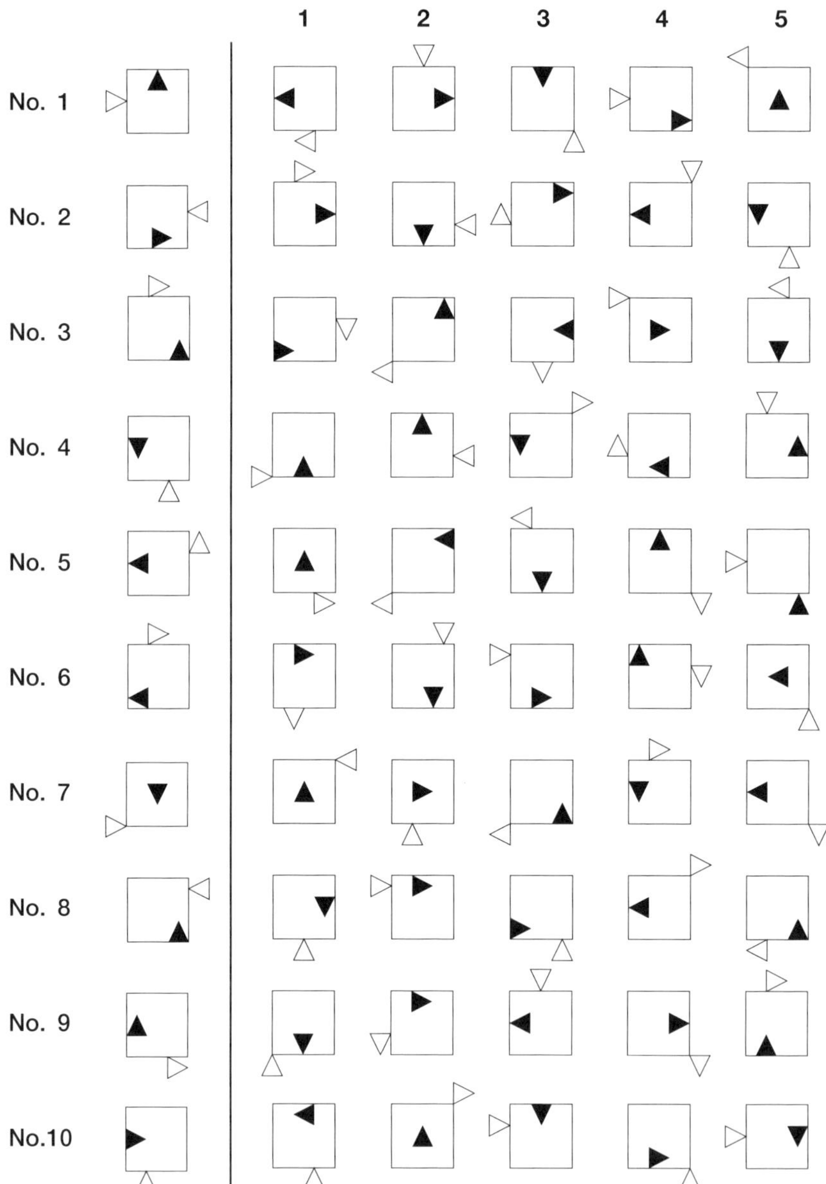
1
2
3
4
5
No. 1
No. 2
No. 3
No. 4
No. 5
No. 6
No. 7
No. 8
No. 9
No.10

	正 本	副 本
No.11	容器包装リサイクル法の改正に向けて同省の	容器抱装リサイタル法の攻正に向けた同省の
No.12	耐震化やバリアフリー化などの達成目標を定	耐震化やバリヤフリー化などの達成目標も定
No.13	分別されていないごみに警告シールを張って	分別されていないごみに警告シールを張って
No.14	地方自治体による公営住宅の建設を進めるほ	地方自治体による公宮住宅の建築を進めるほ
No.15	住民への指導を強化したりする自治体が増え	住民への指導を強加したりする自治体が増え
No.16	少子高齢化で世帯数の伸びが鈍ることから見	少子高齢化で世帯数の延びが純ることかろ見
No.17	ごみの収集は市区町村の裁量で行われている	ごみの収集に市区町村の栽量が行われている
No.18	バブル経済による地価高騰で都市部の住宅事	バブル経済による地価高騰で都市部の住宅事
No.19	質の良い住宅を造るための評価基準を作成す	質が高い住宅を造るために評価規準を作成す
No.20	民間の大規模な住宅団地やマンション開発へ	民間の大規模に住宅団地やマソション開発へ

No.21 54 ▷ 32 ◁ 11

No.22 15 ◁ 47 ▷ 38

No.23 33 ▷ 17 ◁ 25

No.24 71 ▷ 57 ◁ 21

No.25 29 ◁ 66 ▷ 83

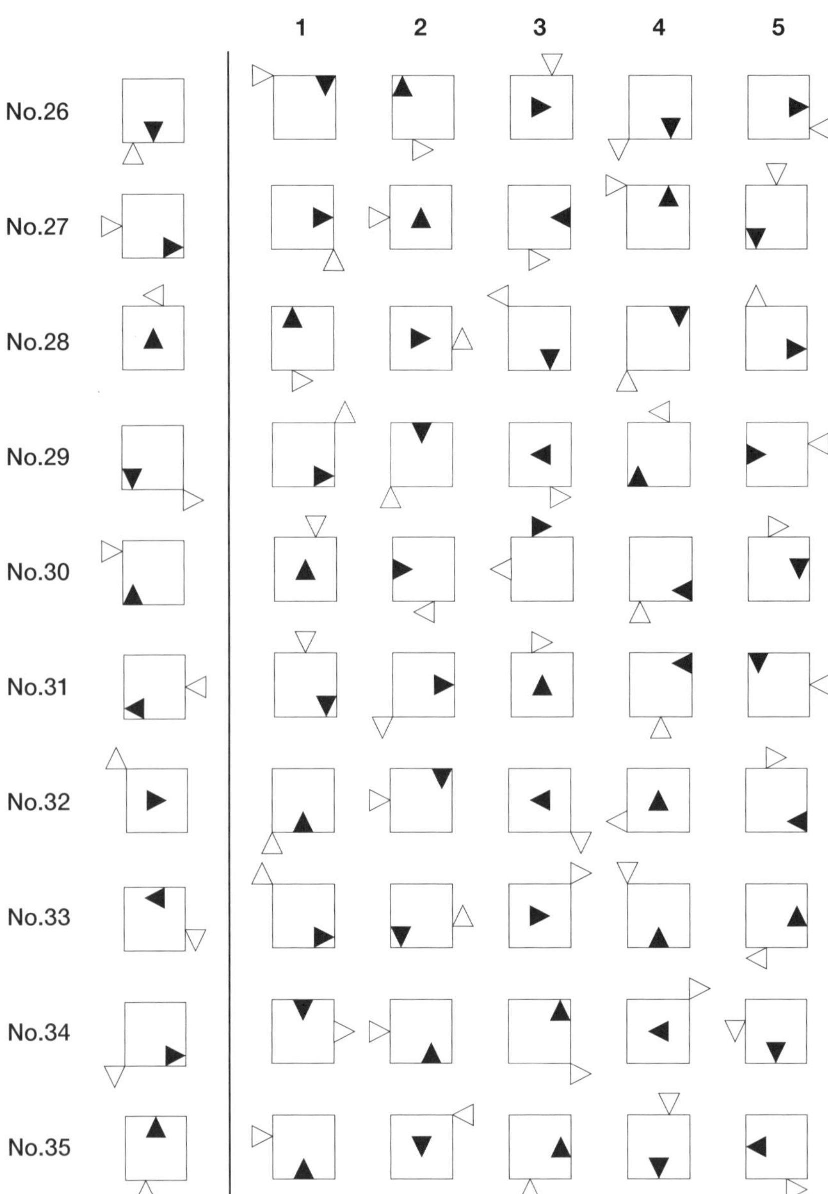
1
2
3
4
5
No.26
No.27
No.28
No.29
No.30
No.31
No.32
No.33
No.34
No.35

	正 本	副 本
No.36	気温が低い時期に暖かい部屋から寒い部屋に	気温が低い時期は暖かい部屋から寒い部屋に
No.37	常勤の管理栄養士や調理師が厨房を支えてい	常勤の管理宋養士や調理士が厨房を支えてい
No.38	保険から外れた分の費用は全額患者の負担に	保険から外れた分の費用は全額患者の負担に
No.39	地域社会の中で大人とともに奉仕の精神や社	地域社会の中で大人とともに奉任の精神や社
No.40	余分な水分をカットすることによって糖度が	余計な水分もカットすることになって糖度が
No.41	中国や日本各地から取り寄せたこだわりの食	中国や日本各地から取り寄せてこだわりの食
No.42	環境保護の観点から駆除を主張する先進国と	環境保護の観点から駆徐を主張する先進国を
No.43	冬に自宅の風呂場や脱衣場を寒いと感じてい	冬に自宅の風呂場や脱衣場を寒いと感じてい
No.44	高級食材を使った手作り料理を漆器に盛りつ	高級食材を使って手作り料埋も漆器に飾りつ
No.45	主に外食産業などでフライや焼き魚に使われ	主な外食産業などがフライや焼き魚に使われ

No.46 42 ◁ 53 ▷ 34
No.47 82 ▷ 36 ◁ 47
No.48 11 ◁ 44 ◁ 37
No.49 29 ▷ 13 ◁ 66
No.50 95 ▷ 29 ▷ 52

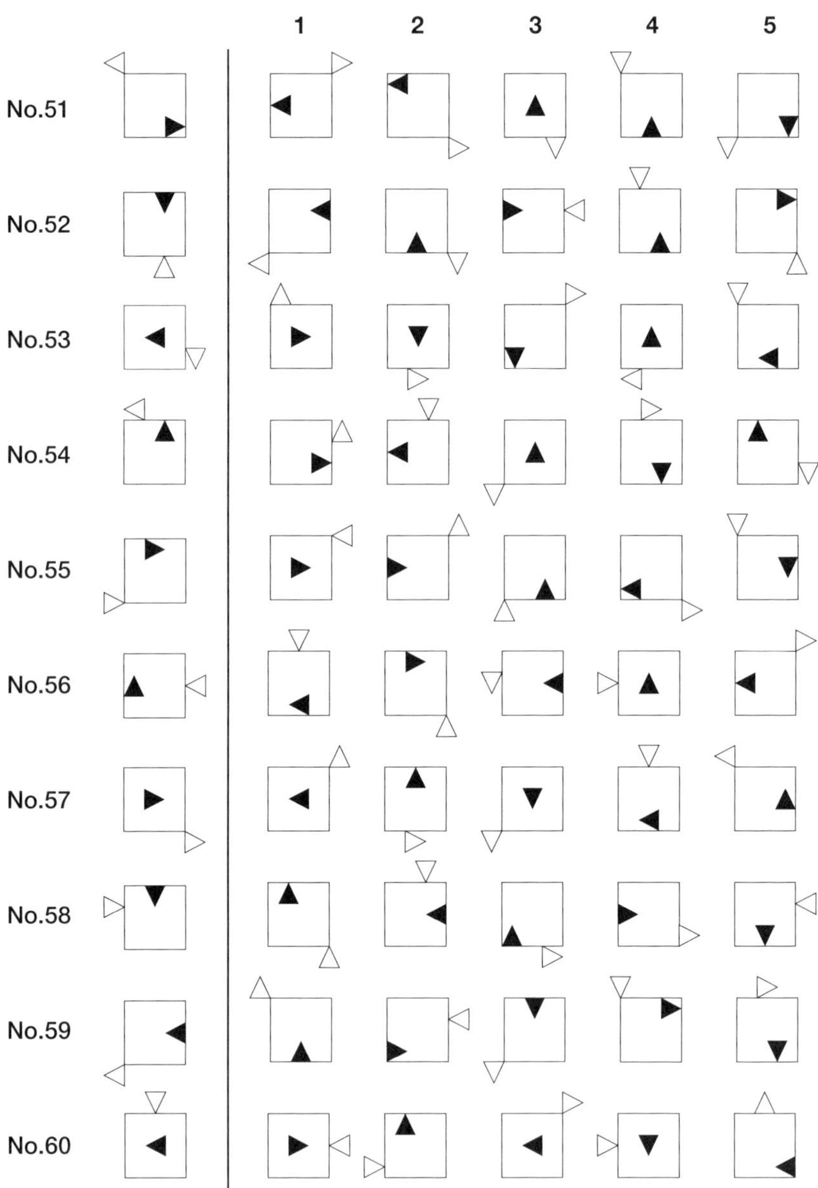
1
2
3
4
5
No.51
No.52
No.53
No.54
No.55
No.56
No.57
No.58
No.59
No.60

	正 本	副 本
No.61	職員の人事評価を進めて人件費を効率的にし	議員の人事評値を進めた人権費を効率的にし
No.62	BSEの病原体は異常プリオンと呼ばれるた	BSEの病源体は異常プリオンと叫ばれるた
No.63	植林などで森林を整備しながら木材を生産し	植林などで森林を整備しながら木林を生産し
No.64	外来魚が生態系を乱して固有種の漁獲に影響	外来魚が生態係を乱した固有種の魚穫に影響
No.65	高血圧や紫外線なども危険因子と報告されて	高血圧や紫外線などが危検因子と報吉されて
No.66	先進国が資金を支援していく枠組みが共通認	先進国が資金を支援していく枠組みが共通認
No.67	異物と認識できないのでキラーT細胞などが	異物と認識できないのでキラーT細抱などで
No.68	冥王星に向けた探査機打ち上げの準備が米国	冥王星に向けて探査機打ち上げの準備が米国
No.69	戦後の混乱期に伐採され過ぎた森林を回復す	戦後の混乱時に代採され過ぎた森林を回複す
No.70	核家族化の進行と地域社会の衰退により子ど	核家族化の進行と地域社会の衰退により子ど

No.71 32 ▷ 16 ◁ 59
No.72 67 ◁ 25 ▷ 78
No.73 52 ▷ 18 ▷ 22
No.74 41 ◁ 38 ▷ 56
No.75 19 ◁ 49 ◁ 27

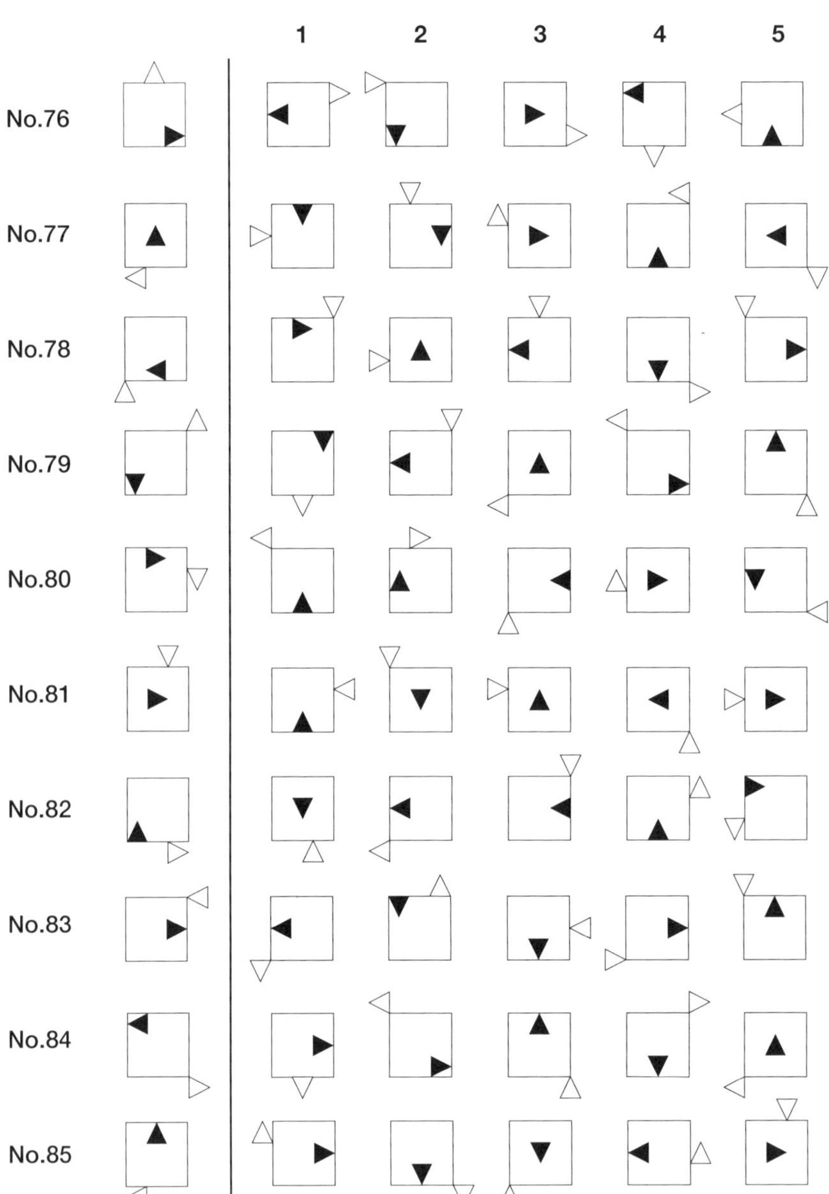
1
2
3
4
5
No.76
No.77
No.78
No.79
No.80
No.81
No.82
No.83
No.84
No.85

	正 本	副 本
No.86	他者を尊重する思いやりの心や想像力を欠落	他者を専重する思いやりの心や創像力が欠落
No.87	簡単な計算なら携帯電話の計算機能で十分で	間単な計算から携帯電語の計算機能が十分で
No.88	人格形成に多大な影響を及ぼす幼少期に社会	人格形成に多大な影響を反ぼす幼小期は社会
No.89	太陽電池を電源にしたり高度な関数を扱えた	大陽電池を電源としたり高度な開数も扱えた
No.90	湖沼から引く飲料水などが汚染されて乳幼児	湖沼から引く飲科水などが汚染されて乳幼児
No.91	分析やグラフ化など複雑な作業はパソコンに	分折やグラフ化など複雑な作乗はパソコンに
No.92	倫理観や道徳観といった精神的美徳を台木と	倫理観や道徳観といった精神的美徳を台木と
No.93	動態視力と同時に前頭葉も鍛えられたはずで	動態視力と同時に前頭棄も鍛えられたはずで
No.94	従来あった街並みの統一性を無視し周辺環境	徒来あった街並みの統一性も無視し同辺環境
No.95	ドラマの雰囲気を忠実に再現したことが人気	ドラムの雰囲気を忠実に再現したことで人気

No. 96 73 ▷ 41 ◁ 29
No. 97 61 ◁ 18 ▷ 37
No. 98 91 ▷ 25 ▷ 15
No. 99 37 ▷ 29 ◁ 45
No.100 23 ◁ 48 ◁ 14

正答

No.	正答	No.	正答	No.	正答	No.	正答
No. 1	2	No. 26	5	No. 51	2	No. 76	4
No. 2	5	No. 27	5	No. 52	3	No. 77	3
No. 3	1	No. 28	2	No. 53	4	No. 78	1
No. 4	5	No. 29	1	No. 54	1	No. 79	4
No. 5	3	No. 30	4	No. 55	5	No. 80	2
No. 6	4	No. 31	1	No. 56	1	No. 81	3
No. 7	1	No. 32	3	No. 57	3	No. 82	5
No. 8	3	No. 33	5	No. 58	2	No. 83	5
No. 9	2	No. 34	3	No. 59	1	No. 84	2
No. 10	3	No. 35	4	No. 60	4	No. 85	1
No. 11	4	No. 36	1	No. 61	4	No. 86	3
No. 12	2	No. 37	2	No. 62	2	No. 87	4
No. 13	5	No. 38	5	No. 63	1	No. 88	3
No. 14	2	No. 39	1	No. 64	4	No. 89	4
No. 15	1	No. 40	3	No. 65	4	No. 90	1
No. 16	3	No. 41	1	No. 66	5	No. 91	2
No. 17	3	No. 42	2	No. 67	2	No. 92	5
No. 18	5	No. 43	5	No. 68	1	No. 93	1
No. 19	4	No. 44	4	No. 69	3	No. 94	3
No. 20	2	No. 45	2	No. 70	5	No. 95	2
No. 21	3	No. 46	1	No. 71	5	No. 96	1
No. 22	4	No. 47	3	No. 72	4	No. 97	2
No. 23	1	No. 48	2	No. 73	2	No. 98	1
No. 24	5	No. 49	2	No. 74	3	No. 99	3
No. 25	2	No. 50	4	No. 75	5	No.100	5

合格ライン

100点中

90 点以上

	正答数		誤答数		得点
1回目の結果		−		＝	
2回目の結果		−		＝	
3回目の結果		−		＝	

解 説

令和元年度の市役所は，図形把握，照合，計算＋分類の3形式であった。どの検査も基本的な形式で解きやすいので，満点に近い点数をとりたい。

【検査Ⅰ】

正方形の内と外に黒と白の三角形が付随した図形。“内にある黒の三角形”が目につきやすいので，それを基準にして正誤を絞っていくとわかりやすい。

“内にある黒の三角形”だけに注目する。たとえば**例題1**では「黒の三角形が正方形の角にある」と基準を設けると，すぐに選択肢**3**，**5**に絞られるだろう。あとは“黒の三角形”の向き，あるいは“黒の三角形”と“白の三角形”との位置関係や向き等で**3**が正答とわかる。基準のおき方は人によって異なるかもしれないが，自分なりに目につきやすい部分を基準にしていくとよい。

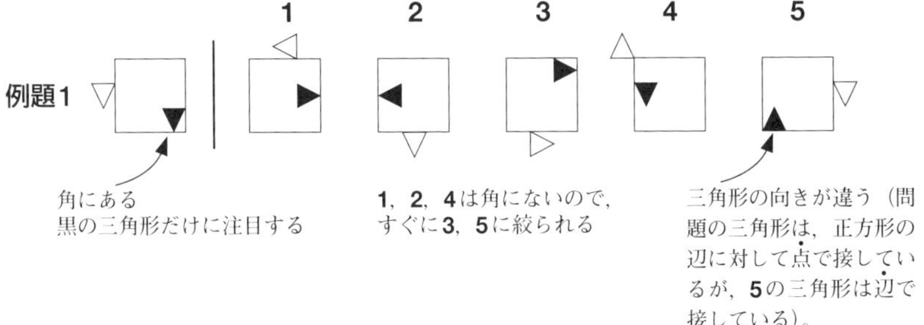
1
2
3
4
5
例題1
角にある
黒の三角形だけに注目する
1，2，4は角にないので，
すぐに3，5に絞られる
三角形の向きが違う（問題の三角形は，正方形の辺に対して点で接しているが，5の三角形は辺で接している）。

【検査Ⅱ】

20字の文章照合問題。異なっている文字の数を答える照合なので，最後まで気を抜かず，慎重に照らし合わせていくこと。指と鉛筆で1文字1文字押さえながら，異なっている文字に○や✓印でチェックしていくと，数を把握しやすい。

【検査Ⅲ】

計算式の＋と－の符号が図形に置き換わっており，まず図形を正確に＋，－に直すところから取り組む。三角形の向きだけで判断することから，間違えないように◁を足す（＋），▷を引く（－）と，メモするとよい。

簡単で早い計算方法もある。例えば，**No.21**の54▷32◁11は54－32＋11＝33で答えは3であるが，答えは一の位のみであるから，この計算式の場合は，一の位のみを計算して4－2＋1＝3としても正答にたどり着く。**No.23**の33▷17◁25＝33－17＋25のように一の位のみで計算すると3－7がマイナスになってしまうような計算式は，引かれる数の十の位を1として13－7＋5で計算する。

解答の記入のしかた

適性試験の解答はマークシートに記入する方式が主流である。マークの方式にはさまざまなものがあるが，該当する選択肢番号のところの ⬭ を，⬬ のように塗りつぶす方式が一般的となっている。

マークの記入に際しては，次の点に注意が必要である。

◎ 必ずHBの鉛筆で記入する

万年筆やボールペンはもちろんのこと，シャープペンシルも線が細いため機械で読み取れないおそれがあるので，使用は避けたい。

◎ 解答は正しい記入方法で

たとえば，⬬ とするところを ⊖ ◒ ◑ のように記入すると，機械は読み取れないため，誤答としてカウントしてしまう。はっきりとはみ出さないように丁寧に塗りつぶすこと。

◎ 必ず１つだけ解答する

答えを２つ以上記入すると誤答になる。間違ってマークしてしまった場合は，消しゴムで丁寧に消しておくこと。

※解答用紙は国家Ⅲ種，再チャレンジ試験，地方初級用の120題タイプが4回分，市役所用の100題タイプが２回分となっている。

※得点は「正答数－誤答数」で計算する。詳しくは７ページを参照のこと。

（キリトリ線）

解答用紙

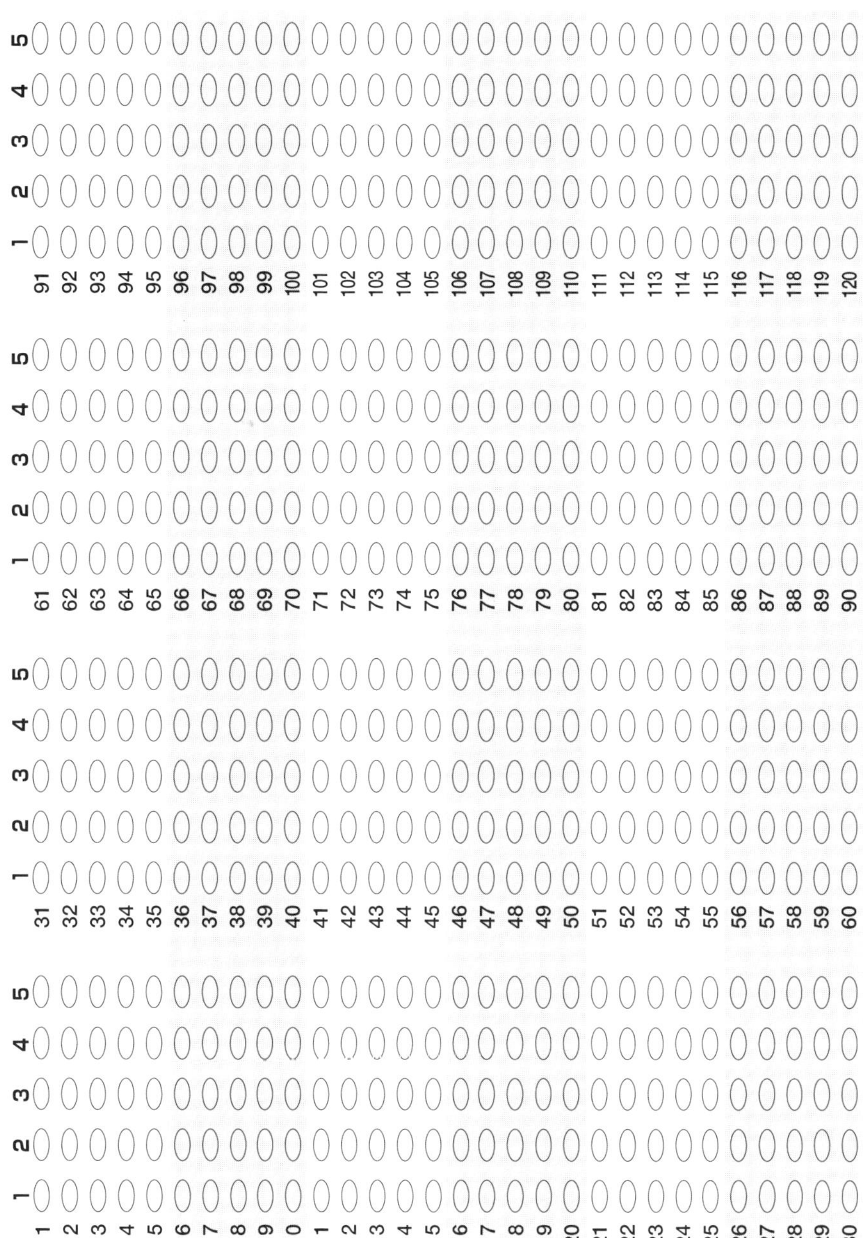

解答用紙（市役所用）

	1	2	3	4	5
1					
2					
3					
4					
5					
6					
7					
8					
9					
10					
11					
12					
13					
14					
15					
16					
17					
18					
19					
20					
21					
22					
23					
24					
25					
26					
27					
28					
29					
30					
31					
32					
33					
34					
35					
36					
37					
38					
39					
40					
41					
42					
43					
44					
45					
46					
47					
48					
49					
50					
51					
52					
53					
54					
55					
56					
57					
58					
59					
60					
61					
62					
63					
64					
65					
66					
67					
68					
69					
70					
71					
72					
73					
74					
75					
76					
77					
78					
79					
80					
81					
82					
83					
84					
85					
86					
87					
88					
89					
90					
91					
92					
93					
94					
95					
96					
97					
98					
99					
100					

（キリトリ線）

●本書の内容に関するお問合せについて

『新スーパー過去問ゼミ』シリーズに関するお知らせ，また追補・訂正情報がある場合は，小社ブックスサイト（jitsumu.hondana.jp）に掲載します。サイト中の本書ページに正誤表・訂正表がない場合や訂正表に該当箇所が掲載されていない場合は，書名，発行年月日，お客様の名前・連絡先，該当箇所のページ番号と具体的な誤りの内容・理由等をご記入のうえ，郵便，FAX，メールにてお問合せください。

〒163-8671 東京都新宿区新宿 1-1-12 実務教育出版 第二編集部問合せ窓口

FAX：03-5369-2237 E-mail：jitsumu_2hen@jitsumu.co.jp

【ご注意】

※電話でのお問合せは，一切受け付けておりません。

※内容の正誤以外のお問合せ（詳しい解説・受験指導のご要望等）には対応できません。

公務員試験［高卒程度・社会人］
初級スーパー過去問ゼミ　**適性試験**

2021年 3 月25日　初版第 1 刷発行　〈検印省略〉

編　者　資格試験研究会
発行者　小山隆之

発行所　株式会社 実務教育出版
〒163-8671 東京都新宿区新宿1-1-12
☎編集 03-3355-1812　販売 03-3355-1951
振替 00160-0-78270

印　刷　壮光舎印刷
製　本　東京美術紙工

ISBN 978-4-7889-7268-1 C0030 Printed in Japan
乱丁，落丁本は本社にておとりかえいたします。